"十二五"职业教育国家规划教材
经全国职业教育教材审定委员会审定

汽车发动机电控系统检修

（第二版）

刘德发　主　编
刘剑锋　副主编
杨柏青　主　审

内 容 简 介

本书系统地阐述了发动机电控系统的结构、原理、元件的检测、故障诊断和检测方法,并重点对柴油机电控系统进行了详尽的介绍。全书共分六个项目:电控燃油喷射系统检修,微机控制点火系统检修,进气控制系统检修,排气控制系统检修,柴油机电控燃油供给系统检修,电控发动机的故障诊断。

本书适合作为高等职业院校汽车类专业有关课程的教材,也可供专业技术人员和汽车维修技师参考。

图书在版编目(CIP)数据

汽车发动机电控系统检修/刘德发主编. —2 版. —北京:北京大学出版社,2015.11
ISBN 978-7-301-26416-4

Ⅰ.①汽… Ⅱ.①刘… Ⅲ.①汽车—发动机—电子系统—控制系统—检修—高等职业教育—教材 Ⅳ.①U472.43

中国版本图书馆 CIP 数据核字(2015)第 249316 号

书　　　名	汽车发动机电控系统检修(第二版)
著作责任者	刘德发　主编
策划编辑	温丹丹
责任编辑	桂　春
标准书号	ISBN 978-7-301-26416-4
出版发行	北京大学出版社
地　　　址	北京市海淀区成府路 205 号　100871
网　　　址	http://www.pup.cn　　新浪微博:@北京大学出版社
电子信箱	zyjy@pupcn
电　　　话	邮购部 62752015　发行部 62750672　编辑部 62756923
印　刷　者	北京溢漾印刷有限公司
经　销　者	新华书店
	787 毫米×1092 毫米　16 开本　17.25 印张　400 千字
	2009 年 12 月第 1 版
	2015 年 11 月第 2 版　2022 年 12 月第 3 次印刷(总第 5 次印刷)
定　　　价	36.00 元

未经许可,不得以任何方式复制或抄袭本书之部分或全部内容。
版权所有,侵权必究
举报电话: 010-62752024　电子信箱: fd@pup.pku.edu.cn
图书如有印装质量问题,请与出版部联系,电话: 010-62756370

第二版前言

本书为2009年出版的《汽车发动机电控系统检修》的第二版。第一版出版六年来，深受广大读者的好评，很多人积极与我们沟通，在表达喜爱的同时，也期望本书的结构和内容能与时俱进进行调整。此外，汽车技术的发展日新月异，尤其是汽车电子技术的发展对发动机电控系统的发展起到了极大的促进作用，为此，只有及时更新教材内容，才能满足读者了解发动机电控系统的新技术、新结构和新功能的需求。正是在这种背景和前提下，我们对第一版进行了修订。

由于用户对汽车发动机的动力性能要求不断提高，国家排放法规也日趋严格，迫使各大汽车厂商不断开发新装备和新技术，而电控发动机在燃油消耗、排气污染、动力性、耐用性等方面表现突出，其应用越来越广泛，因此对电控发动机的使用、保养和维修提出了更高的要求。为此，我们在第一版的基础上，对本书结构进行了重新规划，以学习项目为切入点，构建知识体系。在每个学习项目中布置具体的学习任务，每个学习任务配有相应的任务训练，确保理论和实践的有机融合，让读者理论知识水平和实践能力得到同步提高；在每个学习项目增加了知识拓展、案例分析和习题，保证了理论知识体系的完整性。

与第一版相比，本书更加强调操作技能的实用性，并对知识点和技能点进行了较多的更新。增加了汽油发动机缸内直喷技术，利用示波器对点火系统的故障诊断，Valvetronic电子可变气门控制系统、宽域氧传感器的检修、排气微粒捕集器等新技术，柴油共轨系统关键传感器的检测与维修、电控混合燃油喷射基本原理，发动机电控单元编程、利用排气诊断发动机电控系统故障等内容。在任务训练的技能项目选择上，采用近年市场上主流车型的传感器、执行器等作为学习与操作对象，便于读者及时了解和掌握汽车电控发动机的最新维修技术。

本书体现了如下特点：

1. 以项目为载体，以任务驱动。结合目前我国职业教育改革的新模式，切实按照汽车维修岗位的技术要求，以工作任务为驱动，将发动机电控系统的理论知识和实践技能重新构建成便于开展学习的具体任务。

2. 将职业岗位中"知识、技能、规范、安全、环保"等要素融入到本书内容中，具有现代职业教育"一体化"的特色。

3. 本书突出了柴油电控共轨系统的结构与维修，强化了用数据流的分析、波形的分析和排气分析等先进方法诊断电控发动机的相关内容。

4. 本书的拓展知识体现了新理论和新结构，突出了新颖性并紧跟汽车技术的前沿，案例分析突出了理论知识和实践技能的结合。

本书编写具体分工如下：项目一由刘德发（黑龙江农业工程职业学院）、李莲花（黑龙江农业工程职业学院）和焦安源（辽宁科技大学）编写；项目二、四由刘德发、袁诚坤（黑龙江农业工程职业学院）、王娜（黑龙江农业工程职业学院）编写；项目三由刘剑峰（黑龙江农业工程职业学院）编写；项目五由刘德发、李中华（黑龙江陆军预备役高射炮兵师第三团车辆修理所）和李树东（英大泰和财产保险股份有限公司）编写；项目六由韩卫东（黑龙江农业工程职业学院）编写；刘德发任主编，刘剑峰任副主编，由杨柏青教授（黑龙江农业工程职业学院）主审。

经过本书编写团队的共同努力，改版后的教材被评为"十二五"职业教育国家规划教材。在本书的编写过程中，参考了大量的相关著作和文献资料，在此一并向有关作者和文献资料的提供者表示真挚的感谢。

由于编者水平有限，书中不妥或错误之处在所难免，敬请读者批评指正。

编　者

2015 年 10 月

第一版前言

随着汽车电子控制技术的发展,各种先进的电控系统在现代汽车发动机中得到了广泛的应用。时至今日,汽车电子化、智能化程度越来越高,这使汽车的结构、性能发生了根本性的变化,在燃油消耗、排气污染、动力性等方面得到了明显的提高,还使发动机的设计、制造及检修取得了突破性的发展与进步。由于汽车新装置的结构与工作原理相继涌现,对汽车的使用与维修也提出了更高的要求。为此,我们编写了《汽车发动机电控系统检修》这本教材。

本书体现了如下特点:

1. 以项目为载体,以任务驱动。结合目前我国职业教育改革的新模式,以工作任务驱动切实按照"一线岗位人才"的要求,将发动机电控系统的知识和技能,分解成一项项由浅入深的具体任务来编排。

2. 体现理论与实践相融合,突破"理论"与"实践"的界线,体现现代职业教育"一体化"的特色。

3. 本书突出了柴油电控系统知识、发动机维修方法(如数据流的分析、波形的分析等)的讲解。

4. 本书的拓展知识体现了新知识和新结构,突出了新颖和紧跟汽车技术的前沿,案例分析突出了理论知识和实践技能的结合。

本书任务一由李莲花(黑龙江农业工程职业学院)和焦安源(辽宁科技大学)编写;任务二由袁诚坤(黑龙江农业工程职业学院)编写;任务三由刘剑峰(黑龙江农业工程职业学院)编写;任务四由王娜(黑龙江农业工程职业学院)编写;任务五由刘德发(黑龙江农业工程职业学院)和王宝臣(哈尔滨龙达柴油机维修服务有限公司)编写;任务六由韩卫东(黑龙江农业工程职业学院)编写。刘德发任主编,刘剑锋任副主编,由储江伟教授(东北林业大学)主审。

在本书的编写过程中,参考了大量的相关著作和文献资料,在此一并向有关作者和文献资料的提供者表示真挚的感谢。

由于编者水平有限,书中不妥或错误之处在所难免,敬请读者批评指正。

编 者
2014 年 05 月

目　　录

项目一　电控燃油喷射系统检修 ··· 1
任务一　电控燃油喷射系统概述 ··· 1
　　资讯 1　电控燃油喷射系统的发展过程 ··· 1
　　资讯 2　电控燃油喷射系统的分类 ··· 3
　　资讯 3　汽油机电控燃油喷射系统的组成与工作原理 ··· 7
　　资讯 4　电控燃油喷射系统的优点 ··· 12
　　任务训练　电控燃油喷射系统结构认知 ··· 13
任务二　空气供给系统 ··· 15
　　资讯 1　空气流量计的结构与工作原理 ··· 15
　　资讯 2　节气门体和节气门位置传感器 ··· 21
　　资讯 3　进气歧管压力传感器 ··· 25
　　任务训练 1　空气流量计的检测 ··· 28
　　任务训练 2　节气门位置传感器的检测 ··· 30
　　任务训练 3　进气歧管压力传感器的检测 ··· 32
任务三　燃油供给系统 ··· 33
　　资讯 1　电动燃油泵 ··· 33
　　资讯 2　燃油滤清器 ··· 38
　　资讯 3　燃油分配管 ··· 39
　　资讯 4　燃油压力调节器 ··· 39
　　资讯 5　喷油器 ··· 41
　　资讯 6　冷启动喷油器 ··· 45
　　任务训练 1　电动燃油泵的检测 ··· 46
　　任务训练 2　喷油器的检测 ··· 49
　　任务训练 3　燃油压力的检测 ··· 51
任务四　电子控制系统 ··· 52
　　资讯 1　温度传感器 ··· 52
　　资讯 2　曲轴位置传感器和凸轮轴位置传感器 ··· 54
　　资讯 3　燃油喷射控制 ··· 55
　　资讯 4　断油控制 ··· 61
　　任务训练 1　温度传感器的检测 ··· 63
　　任务训练 2　曲轴位置传感器和凸轮轴位置传感器的检测 ··· 63
拓展知识——汽油发动机缸内直喷技术 ··· 66
案例分析 ··· 69
习　　题 ··· 71

项目二　微机控制点火系统检修 ······ 74
任务一　概述 ······ 74
　　资讯 1　汽油机对点火系统的要求 ······ 75
　　资讯 2　普通电子点火系统 ······ 75
　　资讯 3　微机控制点火系统 ······ 76
　任务训练 1　微机控制点火系统认知 ······ 80
　任务训练 2　点火系统组成部件的检测 ······ 83
任务二　点火提前角和闭合角控制 ······ 87
　　资讯 1　点火提前角控制 ······ 88
　　资讯 2　闭合角控制 ······ 93
任务三　爆燃控制 ······ 93
　　资讯 1　爆燃传感器 ······ 94
　　资讯 2　爆燃控制过程 ······ 96
　任务训练　爆燃传感器的检测 ······ 97
　拓展知识——用示波器检查点火系统的故障 ······ 98
　案例分析 ······ 104
　习　　题 ······ 106

项目三　进气控制系统检修 ······ 108
任务一　电控怠速控制系统 ······ 108
　　资讯 1　电控怠速控制系统的基本原理 ······ 108
　　资讯 2　怠速控制方式 ······ 109
　　资讯 3　怠速控制装置 ······ 109
　任务训练 1　怠速控制阀的就车检测 ······ 113
　任务训练 2　旋转滑阀式怠速控制阀的检测 ······ 114
　任务训练 3　步进电动机式怠速控制阀的检测（以 2JZ-FE 型发动机为例） ······ 115
　任务训练 4　节气门直动式怠速控制阀的检测 ······ 115
任务二　进气道控制系统 ······ 116
　　资讯 1　进气惯性增压控制系统（ACIS） ······ 116
　　资讯 2　动力阀控制系统 ······ 118
　　资讯 3　三级可变进气系统 ······ 119
　　资讯 4　涡流增压系统 ······ 120
　任务训练　一汽奥迪 A6 1.8T（AEB）发动机涡轮增压系统的检测 ······ 124
任务三　可变气门正时系统 ······ 126
　　资讯 1　可变气门正时系统的功用 ······ 126
　　资讯 2　可变气门正时系统的结构与原理 ······ 128
任务四　电控节气门系统 ······ 131
　　资讯 1　电控节气门系统的组成与原理 ······ 131
　　资讯 2　加速踏板位置传感器 ······ 133
　任务训练 1　ETCS 的初始化 ······ 135
　任务训练 2　电控节气门的检测 ······ 136

拓展知识——电子可变气门（Valvetronic）系统 137
　　案例分析 139
　　习　　题 140
项目四　排气控制系统检修 142
　任务一　氧传感器与三元催化转换器检修 142
　　资讯1　氧传感器 142
　　资讯2　三元催化转换器 146
　　任务训练1　三元催化转化器检测 148
　　任务训练2　一汽大众迈腾2.0L发动机（BPY）宽域氧传感器的检修 149
　任务二　废气再循环控制 150
　　资讯1　废气再循环的功能 150
　　资讯2　废气再循环的组成与原理 151
　　任务训练　EGR控制系统的检查 154
　任务三　燃油蒸气排放控制系统 154
　　资讯1　燃油蒸气排放控制系统的功能 154
　　资讯2　EVAP控制系统的结构与工作原理 155
　　任务训练　燃油蒸气排放控制系统的检测 156
　任务四　二次空气喷射系统 157
　　资讯1　空气泵系统 157
　　资讯2　脉冲空气系统 158
　　任务训练　二次空气喷射系统的故障诊断 159
　　拓展知识——柴油机微粒捕集器 159
　　案例分析 161
　　习　　题 163
项目五　柴油机电控燃油供给系统检修 165
　任务一　柴油机电控燃油供给系统概述 165
　　资讯1　柴油机电控燃油供给系统的发展概况 165
　　资讯2　柴油机电控燃油供给系统的分类 166
　　资讯3　柴油机电控系统的组成 167
　　资讯4　柴油机电控燃油供给系统的控制内容 168
　　任务训练　柴油机电控燃油供给系统认知 171
　任务二　电控直列泵燃油系统 173
　　资讯1　电控直列泵燃油系统的特点 173
　　资讯2　电控直列泵燃油系统的组成与原理 174
　任务三　电控分配式喷油泵燃油系统 177
　　资讯1　位置控制型电子控制分配式喷油泵 177
　　资讯2　时间控制型电子控制分配式喷油泵 180
　任务四　电控泵喷嘴燃油系统 183
　　资讯1　电控泵喷嘴燃油系统 183
　　资讯2　泵喷嘴 185

任务训练　电控泵喷嘴的检查 …………………………………………………… 188
　任务五　电控高压共轨燃油供给系统 ………………………………………………… 189
　　资讯1　电控高压共轨燃油供给系统的组成与原理 …………………………… 189
　　资讯2　低压供油系统 …………………………………………………………… 192
　　资讯3　高压供油系统 …………………………………………………………… 193
　　资讯4　电子控制部分 …………………………………………………………… 200
　　任务训练　高压共轨发动机部分元件检测 ……………………………………… 205
　拓展知识——电控混合燃油喷射系统介绍 …………………………………………… 208
　案例分析 ………………………………………………………………………………… 214
　习　　题 ………………………………………………………………………………… 218

项目六　电控发动机的故障诊断 ……………………………………………………… 221
　任务一　电控发动机故障诊断的基本原则与方法 …………………………………… 221
　　资讯1　电控发动机故障诊断的基本原则 ……………………………………… 221
　　资讯2　电控发动机故障诊断的方法 …………………………………………… 222
　　任务训练　电控发动机的基本检查 ……………………………………………… 228
　任务二　故障码的分析与运用 ………………………………………………………… 229
　　资讯1　发动机电控系统故障自诊断原理 ……………………………………… 229
　　资讯2　第二代随车诊断系统（OBD-Ⅱ） …………………………………… 234
　　任务训练　故障码的读取与清除 ………………………………………………… 237
　任务三　数据流的分析与运用 ………………………………………………………… 240
　　资讯1　数据流的基本知识 ……………………………………………………… 240
　　资讯2　数据流的分析方法 ……………………………………………………… 240
　　任务训练　宝来轿车数据流的读取与故障分析 ………………………………… 243
　任务四　基本设定与编程 ……………………………………………………………… 246
　　资讯1　发动机ECU的基本设定 ………………………………………………… 246
　　资讯2　发动机电控单元编程 …………………………………………………… 247
　　任务训练1　大众轿车的基本设定 ……………………………………………… 247
　　任务训练2　奥迪发动机ECU的编码 …………………………………………… 248
　任务五　波形分析与应用 ……………………………………………………………… 249
　　资讯1　汽车电子信号 …………………………………………………………… 249
　　资讯2　汽车示波器的使用 ……………………………………………………… 250
　　任务训练　传感器的波形读取与故障分析 ……………………………………… 253
　拓展知识——废气分析与故障诊断 …………………………………………………… 256
　案例分析 ………………………………………………………………………………… 258
　习　　题 ………………………………………………………………………………… 260

参考文献 ……………………………………………………………………………… 263

项目一　电控燃油喷射系统检修

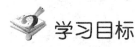

> 了解电控燃油喷射系统的优点和各部分的组成及功能，掌握电控燃油喷射系统的类型、结构和原理；能对各类型传感器和执行器进行检测；能说明电控燃油供给系统的控制原理，以及电控燃油喷射系统的常见故障的诊断与排除。

任务一　电控燃油喷射系统概述

为使汽车发动机能够正常运转，必须为其提供连续的可燃混合气。通过直接或间接测量进入发动机空气量，并按规定的空燃比计量燃油的供给量，这一过程就称为燃油配制。采用电子控制供给发动机燃油量，使发动机在各种工况下都能得到最佳的可燃混合气，可提高发动机的最大功率，节省燃油和减少排气污染，目前在各国已广泛采用。

电控燃油喷射（Electronics Fuel Injection，EFI）系统是指用电子控制器（ECU）控制喷油器，向发动机提供所需的燃油量。当发动机工作时，由电子控制器接收各种传感器送来的信息，对这些信息进行处理并计算出发动机各种工况下所需的燃油量。

资讯1　电控燃油喷射系统的发展过程

电子燃油喷射系统是在汽油机械喷射的基础上发展而来的。汽油机械喷射系统最早用于以活塞式发动机为动力的军用飞机上，20世纪50年代开始安装在赛车发动机上和极少数的豪华型轿车上。

到了20世纪60年代，由于人们对于汽车造成的空气污染日益重视，限制汽车排放污染物的标准日益严格，以降低排气污染为主要目的的汽油发动机技术革新和技术革命得到了突飞猛进的发展，以汽油喷射为主要研究方向的研究成果不断出现，并随着电子技术的发展，汽油机机电一体化的喷射控制系统日趋完善，并在轿车上得到了很好的应用。

20世纪60年代以前，车用汽油喷射装置大多数采用机械式柱塞喷射泵，其结构和工作原理与柴油机喷油泵十分相似，控制功能也是借助于机械装置实现的，结构复杂，价格昂贵。因此发展缓慢，技术上无重大突破，应用范围也仅仅局限于赛车和为数不多的追求高速和大功率的豪华型轿车上。在车用汽油发动机领域内，化油器仍占有绝对优势。

1962 年，德国 Bosch 公司着手研究电子控制汽油喷射技术。1967 年，德国 Bosch 公司研制成功机械式汽油喷射系统，由电动泵提供 0.36 MPa 低压燃油，经燃油分配器输往各缸进气管上的机械式喷油器，向进气口连续喷射，采用浮板式空气流量计操纵油量分配器中的计量槽来控制空燃比。后来，经改进发展成为机电结合式的汽油喷射系统。它在 K-Jetronic 系统的油量分配器上增设一只电液式压差调节器，用以控制计量槽前后的压差，从而能快速地、大幅度地调节燃油量，提高了操纵灵活性，并增加控制功能。由于该系统的主要功能仍由机械装置完成，因此具备良好的应急功能。

1972 年，在 D-Jetronic 系统基础上，经改进发展成为 L-Jetronic 电子燃油喷射系统，用叶片式空气流量计直接测量进气空气体积流量来控制空燃比，比用进气歧管绝对压力间接控制的方式精度高，稳定性好。

1980 年，三菱电机公司开发出卡门旋涡式空气流量计。1981 年，日立制作所和德国 Bosch 公司相继研制出热线式空气流量计，可直接测出进气空气的质量流量，无须附加专门装置来补偿大气压力和温度变化的影响，并且进气阻力小，加速响应快。

为了在满足排放法规的前提下实现最佳的燃油经济性指标，采用单项电子控制装置已远不能满足要求。德国 Bosch 公司开始生产集电子点火和电控汽油喷射于一体的 Motronic 数字式发动机集中控制系统。与此同时，美国和日本各大汽车公司也相继研制成功与各自车型配套的数字式发动机集中控制系统。例如：美国 GM 公司 DEFI 系统、Ford 公司 EEC-Ⅲ系统，以及日本日产公司 ECCS 系统、丰田公司 TECS 系统等，这些系统能够对空燃比、点火时刻、急速转速和废气再循环等多方面进行综合控制，控制精度越来越高，控制功能也更趋完善。

为了将电控燃油喷射系统进一步推广到普通轿车上，1980 年美国 GM 公司首先研制成功一种结构简单、价格低廉的节气门体喷射（TBI）系统。1983 年德国 Bosch 公司又推出了燃油压力只有 0.1 MPa 的 Mono-Jetronic 低压中央喷射系统，与化油器相比，这些中央喷射（又称单点喷射）系统在进气歧管原先安装化油器的部位，仅用一只电磁喷油器集中喷射，就能迅速输送燃油通过节气门，在节气门上方没有或极少发生燃油附着管壁的现象，因而消除了由此而引起的混合气燃烧的延迟，缩短了供油和空燃比信息反馈之间的时间间隔，提高了控制精度，排放效果得以改善。同时，采用节气门转角和发动机转速来控制空燃比的所谓"$2/n$"控制方式，省去了空气流量计，结构和控制方式均较简单，兼顾发动机性能和成本，对发动机结构的影响又较小。因此，随着排放法规日益严格，这种单点喷射系统在排量小于 2 L 的普通轿车上得到迅速的推广应用。

在借助于电子技术实现空燃比高精度控制方面，汽油喷射装置要比化油器优越，因为在电子设备与化油器之间安装执行元件将使化油器较复杂，价格昂贵与维修困难。相比之下，随着电控汽油喷射技术的愈加成熟，大规模地生产和应用，使电子燃油喷射系统的成本大幅度下降。特别是结构简单的单点喷射系统，虽然在性能上略逊色于多点喷射系统，但其生产成本仅略高于化油器，而性能却远远优于化油器。这就使得汽油发动机混合气配制方式由汽油喷射系统取代化油器成为必然趋势。事实上，在 20 世纪 70 年代末 80 年代初，电控燃油喷射系统的应用已得到迅猛的发展。在 1976—1984 年的 9 年间，各国生产的轿车中采用电控燃油喷射系统的比重不断增长：德国由8%增长到42%；日本由3%增长到18%，至1987年增长到46%；而美国的发展速度则更快，1976年电子燃油喷射系统尚未应用在轿车上，1980年即增长到39%，1984年继续增长到60%，1987年已高达87%。进入20世纪90年代，美国三大汽车公司生产的轿车上几乎100%应用电子燃油喷射系统。

随着我国加入世贸组织（WTO），我国颁布了汽车排放方面的强制性法规，使得汽车发动机电子控制技术的推广应用迫在眉睫。据市场调查，1999年EFI系统的市场需求量是107万套，而2000年达到145万套。从2000年1月1日起，新生产的轿车要采用电子喷射装置，2001年9月1日在全国范围内禁止销售化油器轿车。

自从1953年美国本迪克公司开始对电控燃油喷射系统研究以来，到目前为止，电控燃油喷射技术已经相当完善。电控燃油系统在汽车上的安装情况及零件的分配如图1-1所示，其组成如图1-2所示。

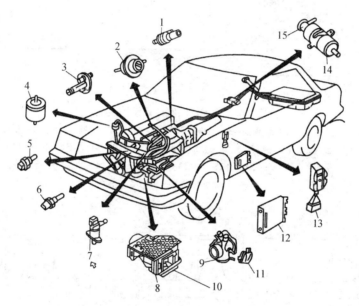

图1-1　电控燃油喷射系统在汽车上的安装情况

1—喷油器；2—燃油压力调节器；3—辅助空气阀；4—燃油滤清器；5—温度时间开关；
6—冷却液温度传感器；7—冷启动喷油器；8—空气流量计；9—节气门室；10—进气温度传感器；
11—节气门位置传感器；12—电控单元；13—降压电阻；14—电动燃油泵；15—燃油脉动阻尼器

资讯2　电控燃油喷射系统的分类

1. 按喷射方式分类

按喷射方式不同，燃油喷射系统可分为连续喷射方式和间歇喷射方式。连续喷射方式是指在发动机运转期间，汽油连续不断地喷射在进气道内，且大部分汽油是在进气门关闭时喷射的，因此大部分汽油在进气道内蒸发。除K型机械式、KE型机电组合式汽油喷射系统外，电子燃油喷射系统一般不采用此种喷射方式。间歇喷射方式是指在发动机运转期间，将汽油间歇地喷入进气道内。在目前广泛采用间歇喷射方式的多点电子燃油喷射系统中，按各缸喷油器的喷射顺序又可分为同时喷射、分组喷射和顺序喷射，如图1-3所示。

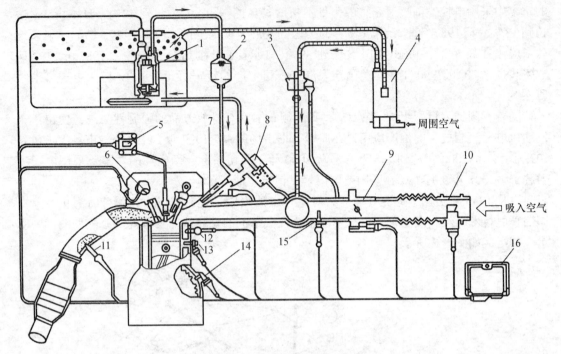

图 1-2 电控汽油喷射系统的组成

1—电动汽油泵；2—汽油滤清器；3—活性碳罐电磁阀；4—活性碳罐；5—点火线圈控制器；
6—凸轮轴位置传感器；7—喷油器；8—燃油压力调节器；9—节气门体；10—空气流量计；
11—氧传感器；12—冷却液传感器；13—爆震传感器；14—曲轴位置传感器；
15—进气温度传感器；16—电控单元

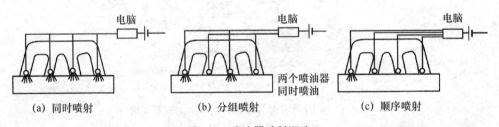

图 1-3 喷油器喷射顺序

1）同时喷射

同时喷射是将各缸的喷油器并联，在发动机运转期间，所有喷油器由电脑的同一个喷油指令控制，同时喷油、同时断油。采用此种喷射方式，对各缸而言，喷油时刻不可能都是最佳的，其性能较差，一般用在部分缸数较少的汽油发动机上，如韩国大宇轿车上装用的四缸发动机电控多点燃油喷射系统等。

采用同时喷射方式的电控燃油喷射系统，一般都是曲轴每转一圈各缸同时喷油一次，对每个汽缸来说，每一次燃烧所需的供油量需要喷射两次，即曲轴每转一圈喷射 1/2 的油量。

2）分组喷射

分组喷射是指将各缸的喷油器分成几组，电脑向某组的喷油器发出喷油或断油指令时，同一组的喷油器同时喷油或断油。

3）顺序喷射

顺序喷射是指各喷油器由电脑分别控制，按发动机各缸的工作顺序喷油。多缸发动机电控燃油喷射系统采用分组喷射或顺序喷射方式较多。

2. 按对空气量的计量方式分类

电控燃油喷射系统必须对进入汽缸的空气量进行精确的计量，才能通过对喷油量的控制，实现混合气浓度的高精度控制。按对进气量的计量方式不同，电控燃油喷射系统可分为 D 型和 L 型。

（1）D 型电控燃油喷射系统。"D"是德语 Druck（压力）的第一个字母。D 型电控燃油喷射系统利用绝对压力传感器检测进气管内的绝对压力，电脑根据进气管内的绝对压力和发动机转速推算出发动机的进气量，再根据进气量和发动机转速确定基本喷油量。D 型电控燃油喷射系统的基本工作原理如图 1-4 所示。

（2）L 型电子燃油喷射系统。"L"是德语 Luft（空气）的第一个字母。L 型电控燃油喷射系统利用空气流量计直接测量发动机的进气量，电脑不必进行推算，即可根据空气流量计信号计算与该空气量相应的喷油量。L 型电控燃油喷射系统的基本工作原理如图 1-5 所示。

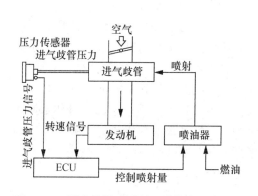

图 1-4 D 型电控燃油喷射系统基本工作原理

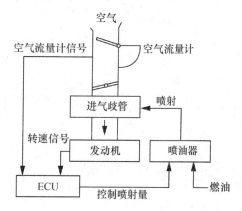

图 1-5 L 型电控燃油喷射系统基本工作原理

3. 按喷射位置分类

按喷射位置不同，电控燃油喷射系统可分为进气管喷射和缸内直接喷射两种类型。

缸内直接喷射技术是近年来研究和开发的发动机新技术，目前还未得到广泛应用。它是将喷油器安装在汽缸盖上，把燃油直接喷入汽缸内，配合缸内组织的气体流动形成可燃混合气，容易实现分层燃烧和稀混合气燃烧，可进一步提高汽油发动机的经济性和排放性。

目前汽车上应用的电控燃油喷射系统一般都是进气管喷射式，按喷油器的数量不同，又可分为单点喷射（SPI）系统和多点喷射（MPI）系统，如图 1-6 所示。

1）单点喷射系统

单点喷射系统是在节气门体上安装一个或两个喷油器，向进气管中喷油，汽油和空气在进气管中形成可燃混合气，在进气行程时混合气被吸入汽缸。该系统虽然能够提高空燃比的控制精度，但各缸混合气分配不均匀的问题仍然没有解决，因此已被淘汰。

2）多点喷射系统

多点喷射系统是在每缸进气门处装有一只喷油器，由电子控制单元（ECU）控制喷油，因此多点喷射又称为多气门喷射。多点喷射系统的燃油分配均匀性好，进气管可按最大进气量来设计，而且无论发动机处于冷态或热态，其过渡的响应及燃油经济性都是最佳的；但多点电子燃油喷射系统的控制系统比较复杂，成本较高。

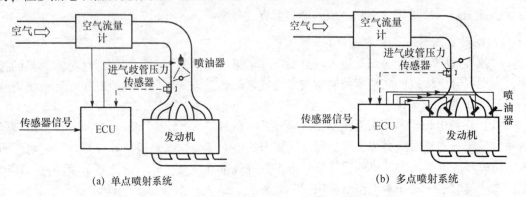

图 1-6　电控燃油喷射系统喷射位置

多点燃油喷射系统根据喷油器的安装位置可分为进气道喷射和缸内喷射两种。

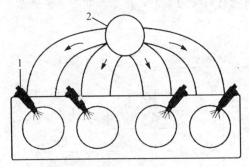

图 1-7　缸内喷射

1—喷油器；2—节气门

（1）进气道喷射。进气道喷射系统如图1-6（b）所示。

（2）缸内喷射。缸内喷射系统如图1-7所示，是将高压燃油直接喷射到汽缸内，类似于柴油机的燃油缸内喷射。由于对喷油器有耐高温、耐高压的要求且发动机设计上喷油器的安装空间等困难，使用不是很多。不过这种喷射技术使用特殊的喷油器，燃油喷雾效果更好，并可在缸内产生浓度渐变的分层混合气，改善燃烧质量，因此越来越受到重视。

4. 按有无反馈信号分类

电控燃油喷射系统按有无反馈信号可分为开环控制系统和闭环控制系统。

1）开环控制系统（无氧传感器）

如图1-8所示，它是将通过试验确定的发动机各工况的最佳供油参数预先存入电脑，在发动机工作时，电脑根据系统中各传感器的输入信号，判断自身所处的运行工况，并计算出最佳喷油量，通过对喷油器喷射时间的控制，来控制混合气的浓度，使发动机优化运行。

开环控制系统按预先设定在ECU中的控制规律工作，只受发动机运行工况参数变化的控制，简单易行。但其精度直接依赖于所设定的基准数据和喷油器调整标定的精度。喷油器及发动机的产品性能存在差异，或由于磨损等引起性能参数变化时，就不能使混合气准确地保持在预定的浓度（空燃比）上。因此，开环控制系统对发动机及控制系统各组成部分的精度要求高，抗干扰能力差，当使用工况超出预定范围时，不能实现最佳控制。

图 1-8　开环控制示意图

2）闭环控制系统（有氧传感器）

如图1-9所示，在该系统中，发动机排气管上加装了氧传感器，根据排气中含氧量的变化，判断实际进入汽缸的混合气空燃比，再通过ECU与设定的目标空燃比值进行比较，并根据误差修正喷油器喷油量，使空燃比保持在设定的目标值附近。

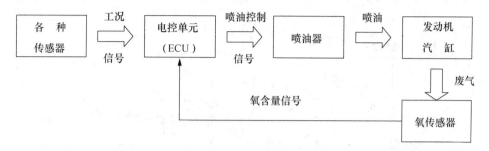

图1-9　闭环控制示意图

此外，采用闭环控制的燃油喷射系统后，可保证发动机在理论空燃比14.7附近很小的范围内运行，使三元催化转化装置对排气净化处理达到最佳效果，如图1-10所示。

但是在启动、暖机、加速、怠速以及满负荷等特殊工况，需要控制系统提供较浓的混合气来保证发动机的性能，所以，在现代汽车发动机电子控制系统中，通常采用开环与闭环相结合的控制方式。

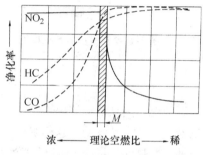

图1-10　三元催化转化器的净化特性曲线

资讯3　汽油机电控燃油喷射系统的组成与工作原理

1. 电控燃油喷射系统的组成

汽油机电控燃油喷射系统一般由三个子系统组成，即空气供给系统、燃油供给系统和电子控制系统。

1）空气供给系统

空气供给系统的功能是根据发动机的工况提供适量的空气，并根据电控单元的指令完成空气量的调节。

空气供给系统主要由空气滤清器、进气管道、节气门及节气门体、怠速辅助空气通道及怠速控制装置、进气歧管等组成，如图1-11所示。

以L型EFI系统为例，在发动机运行时，空气经空气滤清器过滤后，由空气流量计计量，通过节气门体进入进气总管（进气量由节气门开度决定），再分配到各进气歧管。在进气歧管内，从喷油器喷出的燃油与空气混合后被吸入汽缸内燃烧。

怠速时发动机的转速可以通过怠速调整螺钉调节，也可由ECU操纵怠速控制阀控制怠速与快怠速，如图1-12所示。

2）燃油供给系统

燃油供给系统的功能是向发动机精确提供各种工况下所需要的燃油量。燃油供给系统一般由油箱、电动燃油泵、燃油滤清器、燃油脉动阻尼器、燃油压力调节器、喷油器、冷启动喷油器及供油总管等组成，如图1-13所示。

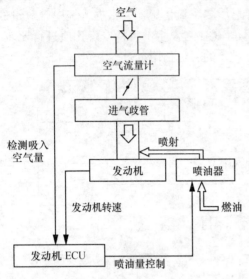

图1-11 空气供给系统框图

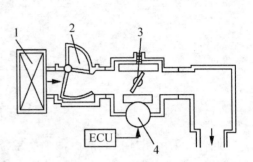

图1-12 空气供给系统
1—空气滤清器；2—空气流量计；
3—节气门；4—急速空气调节器

燃油由燃油泵从油箱中泵出，经过燃油滤清器，除去杂质及水分后，再送至燃油脉动阻尼器，以减少其脉动。这样具有一定压力的燃油流至供油总管，再经各供油歧管送至各缸喷油器。喷油器根据ECU的喷油指令，开启喷油阀，将适量的燃油喷在进气门前，待进气行程时，再将燃油混合气吸入汽缸中。装在供油总管上的燃油压力调节器是用以调节系统油压的，目的在于保持油路内的油压约高于进气管负压300 kPa。此外，为了改善发动机低温启动性能，有些车辆在进气歧管上安装了一个冷启动喷油器，冷启动喷油器的喷油时间由热限时开关或者ECU控制。

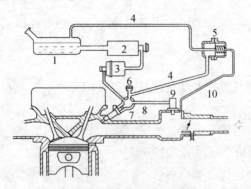

图1-13 燃油供给系统
1—燃油箱；2—电动燃油泵；3—燃油滤清器；4—回油管；5—燃油压力调节器；
6—燃油脉动阻尼器；7—喷油器；8—输油管；9—冷启动喷油器；10—真空管

3）电子控制系统

电子控制系统的功能是根据发动机运转状况和车辆运行状况确定燃油的最佳喷射量。该系统由传感器、ECU和执行器三部分组成，如图1-14所示。

(1) 传感器。传感器是一种信号转换装置，安装在发动机的各个部位，其功用是检测发动机运行状态的各种电量、物理量和化学量等参数，并将这些参数转换成电脑能够识别的电信号输入 ECU。检测发动机工况的传感器有水温传感器、进气温度传感器、曲轴位置传感器、节气门位置传感器、车速传感器、氧传感器、爆燃传感器等，如图 1-14 所示。

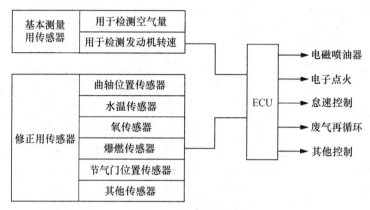

图 1-14　电子控制系统

(2) 电控单元（ECU）。电控单元是发动机控制系统的核心部件。电控单元的功用是根据各种传感器和控制开关输入的信号，对喷油量和喷油时刻采用实时控制。ECU 还可对多种信息进行处理，实现 EFI 系统以外其他诸多方面的控制，如怠速控制、点火控制、废气再循环控制等。

(3) 执行器。执行器是控制系统的执行机构，其功用是接收 ECU 输出的各种控制指令，完成具体的控制动作，从而使发动机处于最佳工作状态。发动机电子控制主要的执行部件有电动燃油泵、喷油器、点火器、怠速控制阀、节气门控制电动机、EGR 阀、进气控制阀、二次空气喷射阀、活性炭罐电磁阀、燃油泵继电器、自诊断显示与报警装置、仪表显示器等。

2. 电控燃油喷射系统的工作原理

1) D 型 EFI 系统

(1) 燃油压力的建立与燃油喷射方式。图 1-15 所示为歧管压力计量式（D 型）电控汽油机燃油喷射系统，燃油压力由燃油泵提供。燃油泵的安装方式有两种，一种是安装在油箱外靠近油箱的位置；另一种是直接安装在油箱内，浸在油箱中。油箱内的燃油被燃油泵吸出并加压至 350 kPa 左右，经燃油滤清器滤去杂质后，被送至发动机上方的分配油管。分配油管与安装在各缸进气歧管上的喷油器相通。当 ECU 控制喷油器开启时，具有压力的燃油便以雾状喷入进气歧管内，与空气混合，在进气行程中被吸进汽缸。分配油管的末端装有燃油压力调节器，其功用是调整分配油管中汽油的压力，使燃油压保持某一定值（250～300 kPa）。多余的燃油从燃油压力调节器上的回油口经回油管路返回油箱。

(2) 进气量的控制与测量。进气量由驾驶员通过加速踏板操纵节气门的开度来控制。节气门开度不同，进气量不同，同时进气歧管内的真空度也不同。在同一转速下，进气歧管真空度与进气量有一定关系。进气压力传感器可将进气歧管内真空度的变化转变成电信号的变化，并传送给 ECU，ECU 根据进气歧管真空度的大小计算出发动机进气量。

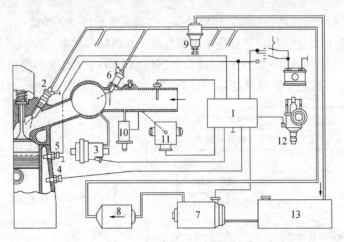

图 1-15　D 型电控汽油机燃油喷射系统

1—电控单元（ECU）；2—喷油器；3—进气压力传感器；4—冷却液温度传感器；5—热限时开关；
6—冷启动阀；7—电动燃油泵；8—燃油滤清器；9—燃油压力调节器；10—辅助空气阀；
11—节气门开关；12—带喷油脉冲触发触点的分电器；13—燃油箱

（3）喷油量与喷油时刻的确定。ECU 根据进气压力传感器、曲轴位置传感器信号计算出进气量和发动机转速，再将进气量和转速计算出相应的基本喷油量；ECU 控制各缸喷油器在每次进气行程开始之前喷油一次，并通过控制每次喷油的持续时间来控制喷油量。喷油持续时间越长，喷油量就愈大。一般每次喷油的持续时间 2～10 ms。各缸喷油器每次喷油的开始时刻则由 ECU 根据曲轴位置传感器测得的 1 缸上止点的位置来控制。由于这种类型的燃油喷射系统的每个喷油器在发动机一个工作循环中只喷油一次，故属于间歇喷射方式。

（4）不同工况下的控制模式。电控燃油喷射系统能根据各个传感器测得的发动机各种运转参数，判断发动机所处的工况，选择不同模式的程序控制发动机的运转，实现启动加浓、暖机加浓、加速加浓、全负荷加浓、减速调稀、强制怠速断油、自动怠速控制等功能。

D 型电控燃油喷射系统具有结构简单、工作可靠等优点，但在汽车突然制动或下坡行驶中节气门关闭时，加速反应效果不良；当大气状况较大变化时，会影响控制精度。因此，现代汽车采用运算速度快、内存容量大的 ECU，大大提高了控制精度，控制的功能也更加完善。

2）L 型 EFI 系统

L 型 EFI 系统是在 D 型 EFI 系统的基础上经改进而形成的，是目前应用最广泛的燃油喷射系统。L 型 EFI 系统的构造和工作原理与 D 型 EFI 系统基本相同，以空气流量计代替了 D 型 EFI 系统中的进气压力传感器，可直接测量发动机进气量，提高了控制精度。L 型 EFI 系统的结构如图 1-16 所示。

3）Mono 系统

该系统是一种低压中央喷射系统，是单点喷射（SPI）系统，其组成如图 1-17 所示。在原来安装化油器的部位仅用一只电磁喷油器进行集中喷射，与化油器相比，能迅速地输送燃油通过节气门，在节气门上方没有或极少发生燃油附着管壁现象，因而消除了由此而引起的混合与燃烧的延迟，缩短了供油和空燃比信息反馈之间的时间间隔，提高了控制精度，改善了排放。

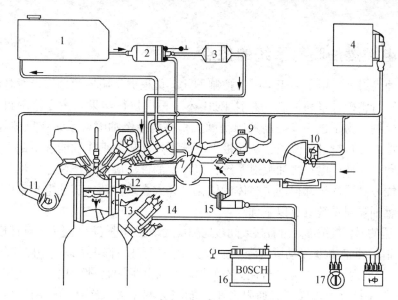

图 1-16　L 型电控汽油机燃油喷射系统

1—燃油箱；2—电动燃油泵；3—燃油滤清器；4—电子控制单元（ECU）；5—喷油器；
6—燃油分配管（油轨）和燃油压力调节器；7—进气总管；8—冷启动喷油器；9—节气门开关；
10—阻流板式空气流量计；11—氧传感器；12—温度时间开关；13—冷却液温度传感器；
14—分电器；15—辅助空气阀；16—蓄电池；17—点火开关

Mono 系统空气量可以采用空气流量计计量，也可以采用节气门转角和发动机转速（节流速度方式）来控制空燃比，而省去空气流量计。这样做，可使结构和控制方式均简化，既兼顾了发动机性能与成本，又使发动机结构变动较少。

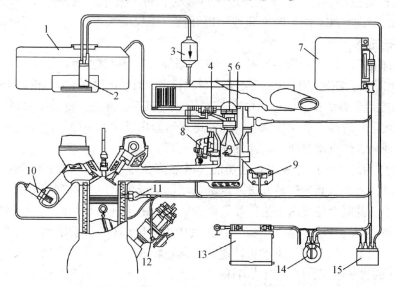

图 1-17　高尔夫、帕萨特轿车单点喷射系统

1—燃油箱；2—电动燃油泵；3—燃油滤清器；4—燃油压力调节器；5—喷油器；6—进气温度传感器；
7—ECU；8—怠速控制阀；9—节气门位置传感器；10—氧传感器；11—冷却液温度传感器；
12—曲轴位置传感器；13—蓄电池；14—点火开关；15—燃油喷射继电器

资讯4　电控燃油喷射系统的优点

电控燃油喷射系统由于采用了电子控制方式，可根据每循环的进气量对各缸所需要的燃油喷射量进行精确计量和控制，并且ECU还可根据执行结果来改变控制目标，从而实现闭环反馈控制。为了进一步提高控制精度，一些电控燃油喷射系统在反馈控制基础上，增加了学习控制并自行进行修正，从而极大改善了发动机的工作性能和控制系统的控制精度、稳定性和可靠性。电控燃油喷射系统在汽车上的广泛应用使得汽车无论是动力性、经济性、排放性、舒适性等都得到了整体的优化，并大大地推动了其他电控系统在汽车上的应用。电子燃油喷射系统具有以下优点：

① 最合适的混合气浓度。可直接或间接地测量发动机的进气量，进而精确计量出发动机燃烧所需的供油量；同时根据发动机负荷、温度等参数进行适时修正，以此精确控制发动机各种工况下的A/F，实现发动机的最优控制，有效提高其动力性、经济性和排放净化程度。

② 充气效率提高。进气管流通阻力小，能充分利用吸入空气惯性的增压作用使发动机的充气效率提高。同时，燃油喷射系统可以采用较大的重叠角，有利于废气排出，同样也可提高发动机的充气效率，以此来提高发动机的动力性。

③ 燃油雾化性及分配性较好。无须采用进气管预热方式来促进燃油蒸发，有利于进气管的设计和布置。由于汽缸内吸入较冷的混合气，因此可提高发动机的充气效率，也有利于提高发动机的抗爆性；同时，增大了燃油的喷射压力，因此雾化比较好；由于每个汽缸均安装一个喷油器（多点喷射系统），所以各缸的燃油分配比较均匀，有利于提高发动机运转的稳定性。

④ 环境适应性好。当汽车在不同地区行驶时，对大气压力或外界环境温度变化引起的空气密度的变化，ECU能及时准确地做出补偿，不仅能减少废气中有害物的排放浓度，还有利于节省能源。

⑤ 排放净化性能好。在反馈控制的基础上，增加了学习控制功能，且与三元催化转化器配合使用，大大降低了HC、CO、NO_x等有害气体的排放，有效地提高了发动机的排放性能。

⑥ 动态响应性好。由于采用了电子控制方式，其动态响应时间短，因此在汽车加减速行驶的过渡运转阶段，燃油控制系统能够迅速地做出反应，消除了汽车改变工况时燃油供给的迟滞现象，使汽车加速、减速性能更加良好。

⑦ 降低燃油消耗。具有减速断油功能，既能降低排放，也能节省燃油。减速时，节气门关闭，发动机仍以高速运转，进入汽缸的空气量减少，进气歧管内的真空度增大。在化油器系统中，此时会使黏附于进气歧管壁面的燃油由于进气歧管内真空度骤升而蒸发后进入汽缸，使混合气变浓，燃烧不完全，排气中HC和CO的含量增加。而在电控燃油喷射发动机中，当节气门关闭而发动机转速超过预定转速时，喷油就会减少或停止，使排气中HC和CO的含量减少，降低燃油消耗。

⑧ 易于启动。在发动机启动时，可以用ECU计算出启动时所需的供油量，并且能使发动机顺利经过暖机运转，使发动机启动容易，暖机性能提高。

电控燃油喷射发动机能很好地适应当今社会对汽车的使用要求，即减少排放、降低油耗、提高输出功率及改善驾驶性能。因此，电控燃油喷射发动机已成为现代汽油发动机的主流，也将在柴油发动机上得到推广和应用。

任务训练　电控燃油喷射系统结构认知

以捷达轿车电控燃油喷射系统为例。捷达轿车发动机型号为 EA1135V1.6L 的电控燃油喷射系统如图1-18 所示。它采用四缸20 气门（每缸五气门）配气机构、闭环电子控制燃油喷射系统。最大特点是集中控制，即汽油喷射和点火由同一控制单元控制，喷射系统为多点顺序喷射，点火系统采用高能无分电器点火系统。该发动机具有良好的动力性和燃油经济性。

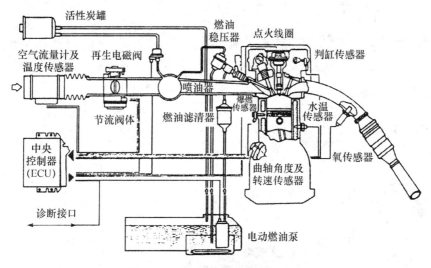

图1-18　电控燃油喷射系统示意图

电控燃油喷射系统根据其作用不同可分为四个系统，即空气供给系统、燃油供给系统、点火系统和控制系统。

1. 空气供给系统

空气供给系统主要由空气滤清器、空气流量计、节气门控制单元、稳压箱及进气管下部分等组成。

空气流量计为热膜式，安装在空气滤清器和进气软管之间。节气门控制单元也称节气门体，主要由怠速开关、怠速节气门位置传感器、节气门位置传感器及怠速电动机等组成，如图1-19 所示。

2. 燃油供给系统

燃油供给系统的作用是将燃油从油箱中吸出，加压滤清后经喷油器供给发动机。燃油供给系统主要由油箱、电动燃油泵、压力调节器、喷油器等组成，如图1-20 所示。

电动燃油泵从油箱中将汽油泵出，经燃油滤清器过滤及压力调节器调压后使油压始终高于进气管压力约 0.3 MP，并经汽油分配管输送给各缸喷嘴，喷嘴根据发

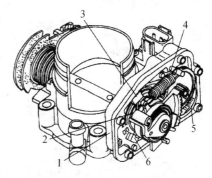

图1-19　发动机节气门体结构
1—整体式怠速稳定装置；2—怠速开关；
3—怠速节气门位置传感器；4—应急弹簧；
5—怠速电动机；6—节气门位置传感器

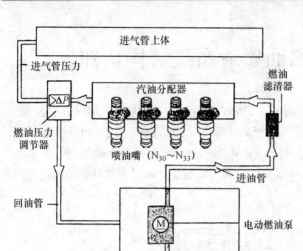

动机控制单元的指令将汽油适时定量地喷入进气管中。

3. 点火系统

捷达轿车采用无分电器点火系统。它主要由点火能量终端输出极、点火线圈、高压导线、火花塞以及各种传感器组成,点火由发动机控制单元实施集中控制。

4. 控制系统

控制系统的主要作用是收集发动机的工况信号并确定最佳喷油量、最佳点火时刻。它由传感器、电控单元和执行元件组成,如图1-21所示。它们在发动机上的安装位置如图1-22所示。

图1-20 燃油供给系统的组成

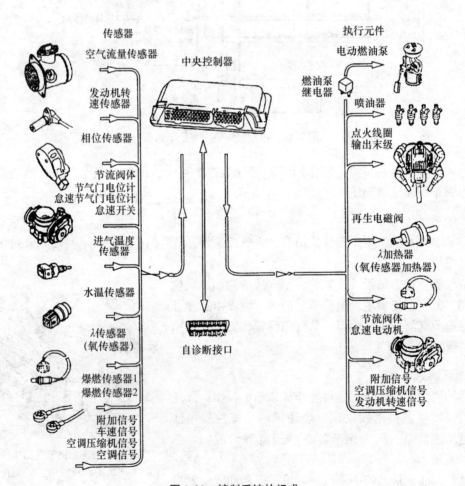

图1-21 控制系统的组成

项目一 电控燃油喷射系统检修

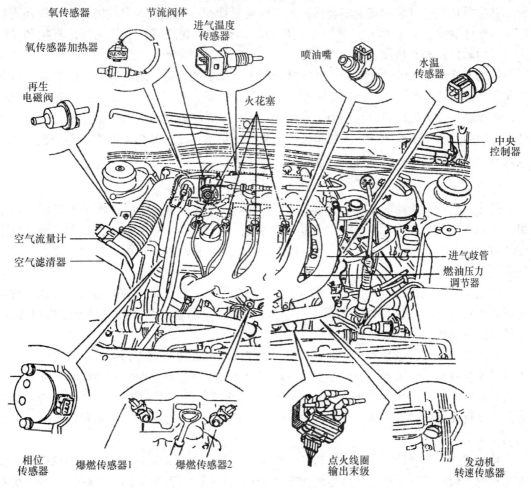

图1-22 各主要部件的安装位置

任务二 空气供给系统

资讯1 空气流量计的结构与工作原理

空气流量传感器又称为空气流量计（Air Flow meter，AFM），是 L 型电控发动机进气系统中最重要的传感器，其功用是检测发动机进气量的大小，并将进气量信号转换成电信号输入 ECU，以供 ECU 计算确定喷油时间（即喷油量）和点火时间。进气量信号是 ECU 计算喷油时间和点火时间的主要依据。

空气流量计安装在空气滤清器和节气门体之间的进气通道上，这样整个吸入汽缸的空气完全通过空气流量计。根据原理不同可分为叶片式空气流量计、卡门涡旋式空气流量计、热线式空气流量计、热膜式空气流量计、量芯式空气流量计等；根据检测方式不同可分为质量流量型和速度密度型两大类型。

质量流量型空气流量计主要有翼片式、量芯式、卡尔曼涡流式、热线式和热膜式等几

15

种。其中翼片式、量芯式与卡尔曼涡流式空气流量计测得的是吸入空气的体积，故还需根据进气温度等信息，由 ECU 计算出空气质量。而热线式和热膜式空气流量计直接测量吸入空气的质量，故其精度更高。

速度密度型空气流量计是利用进气歧管压力传感器测出进气歧管压力，ECU 根据该压力和发动机转速，推算出发动机每一循环吸入的空气量，并据此空气流量计算汽油的喷射量。由于空气在进气歧管内的压力是变化的，因此不易精确地检测吸入的空气量。采用速度密度型的空气供给系统与采用质量流量型的空气供给系统在结构上的主要差别是，用进气歧管压力传感器代替了空气流量计。

1. 热线式空气流量计

热线式空气流量计的基本构成是感知空气流量的铂金热线电阻，属于正温度系数电阻。在铂金热线旁边的是温度补偿电阻（冷线），属于负温度系数电阻，负责检测进气温度并对加热电流进行调整。另外，还有控制热线电流并产生输出信号的控制电路板以及空气流量计的壳体。

根据铂金热线在壳体内安装位置的不同，可分为主流测量方式和旁通测量方式两种结构形式的热线式空气流量计，如图 1-23 所示。通常大排量的发动机采用主流检测方式，小排量的发动机则采用旁通测量方式。

空气流量计使用过程中，会受到脏油、蜘蛛网、电器内封胶等污染，在怠速时，空气流量计就会过高估计所通过的空气量，造成混合气过浓；在高速时，就会低估所通过的空气量，造成混合气过稀。这样，发动机在怠速闭环控制中，燃油混合气将向稀的趋势调整；发动机在高速时，燃油混合气将向浓的方向调整。另外，脏的空气流量计也会引起过高 NO_x 排放。

热线式空气流量计具有自清洁功能，即发动机转速超过 1 500 r/min，关闭点火开关使发动机熄火后，控制系统自动将热线加热到 1 000℃ 以上并保持约 1 s，将附在热线上的粉尘烧掉。

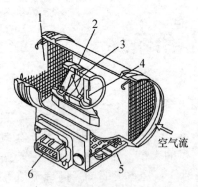
(a) 主流测量式热线空气流量计

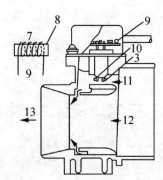
(b) 旁通测量式热线空气流量计

图 1-23 热线式空气流量计

1—防回火网；2—取样管；3—铂金热线；4—上游温度传感器；5—控制回路；6—连接器；
7—热金属线和冷金属线；8—陶瓷螺线管；9—接控制回路；10—进气温度传感器（冷金属线）；
11—旁通空气道；12—主通气路；13—通往发动机

对于主流测量方式，在主空气通道中央设有一取样管，直径 70 μm 的铂金热线布置在取样管支撑环内，其阻值随温度变化，是单臂电桥电路的一个臂 RH，如图 1-24（a）所示。热线支撑环前端为温度补偿电阻，是单臂电桥电路的另一个臂 RK。热线支撑环后端的塑料护套上黏结着一只精密电阻，并设计成能用激光修整，也是单臂电桥电路的一个臂 RB，该电阻上的电压产生热线式空气流量计的输出电压信号。单臂电桥还有一个臂 RA 的电阻器装在控制电路板上面，该电阻在最后调试实验中用激光修整以便在预定的空气流量下调整空气流量的输出特性。

热线式空气流量计的工作原理是使热线的温度与吸入空气的温度之差保持恒定，如图 1-24（b）所示。当空气质量流量增大时，由于空气带走的热量增多，热线本身变冷，RH 的电阻会降低，从而改变电桥的电压平衡，即 A 与 B 之间的电位发生变化，于是会有电流在电桥中流动，此时信号经过放大器后，送到控制系统。为使热线温度与吸入的空气温度差保持恒定，混合集成控制电路使热线 RH 通过的电流增大，反之则减小。这样，就使得通过热线 RH 的电流是空气质量流量的单一函数，电流与进气质量成正比，所以热线式空气流量计也称为质量式空气流量计。

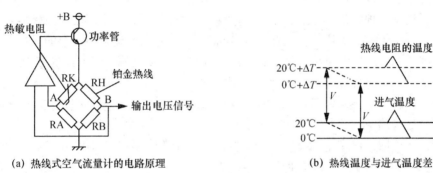

图 1-24 热线式空气流量计的工作原理

由于空气流量与加热电流间存在线性关系，即可利用加热电流测出进入发动机的空气流量。而该加热电流经由精密电阻 RB 换算为电压信号，便可以输入给 ECU 作为判断计算的依据。低电压表示低的空气流量，电压升高表示空气流量增加。电路运作完成时，热线电阻 RH 的温度又上升，从而电阻相应增大，直至 A 点与 B 点的电位相等。

2. 热膜式空气流量计

热膜式空气流量计是热线式空气流量计的改进产品，其发热元件采用平面形铂金属膜电阻器，故称为热膜电阻。图 1-25 所示为热膜式空气流量计的结构。

在传感器内部的进气通道上设有一个矩形护套（相当于取样管），热膜电阻设在护套中。为了防止污物沉积到热膜电阻上影响测量精度，在护套的空气入口一侧设有空气过滤层，用以过滤空气中的污物。为了防止进气温度变化使测量精度受到影响，在热膜电阻附近的气流上游设有铂金属膜式温度补偿电阻。

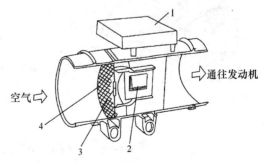

图 1-25 热膜式空气流量计
1—控制回路；2—热膜；
3—温度传感器；4—金属网膜

温度补偿电阻和热膜电阻与传感器内部控制电路连接，控制电路与线束连接器插座连接，线束插座设在传感器壳体中部。与热丝式流量计相比，热膜电阻的阻值较大，所以消耗电流较小，使用寿命较长。但是，由于其发热元件表面有一层绝缘保护薄膜，存在辐射热传导作用，因此反应灵敏度稍差。

热膜式空气流量计的结构和工作原理与热线式的基本相同。此种结构可使发热体不直接承受空气流动所产生的作用力，增加了发热体的强度，提高了其工作的可靠性。由于热膜式空气流量计与热线式空气流量计属于同类产品，故此处不再详述。

3. 卡门涡流式空气流量计

众所周知，当外架空中的电线被风吹时，就会发生"嗡、嗡……"的响声。风速越高，声音频率越高，这是气流流过电线后形成涡流所致，液体、气体等流体均会发生这种现象。在流体中，放置一个柱状物体（称为涡流发生器）后，在其下游流体中就会形成两列平行状涡流，并且左右交替出现，因此，根据涡流出现的频率就可测量出流体的流量。因为这种现象首先被卡门发现，所以称为卡门涡流。

卡门涡流是一种物理现象，涡流的测量精度由空气通道面积与涡流发生器的尺寸决定，与检测方法无关。涡流式空气流量计的输出信号是与涡流频率对应的脉冲数字信号，其响应速度是几种空气流量传感器中最快的，几乎能同步反映空气流速的变化，因此特别适用于数字式计算机处理。除此之外，还具有测量精度高、进气阻力小、无磨损等优点，长期使用时，性能不会发生变化。其缺点是制造成本较高，因此目前只有少数中高档轿车采用。因为是检测空气体积的流量，所以需要对空气温度和大气压进行修正。根据涡流频率的检测方式不同，汽车用涡流式空气流量计分为光学检测式、超声波检测式等。

1）光学式卡门涡流式空气计

光学式卡门涡流式空气流量计的结构如图1-26（a）所示，它包括涡流发生器、光电管（发光二极管和光敏晶体管）组件、反光镜。

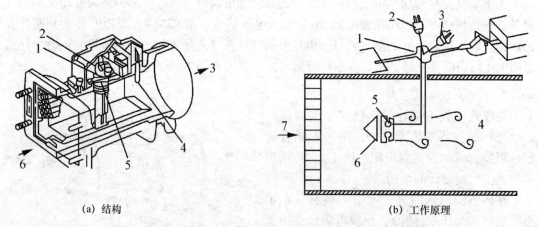

(a) 结构　　　　　　　　　　　　　　　(b) 工作原理

图1-26　光学式卡门涡流式空气流量计的结构和工作原理

1—反光镜；2—光敏三极管组件；3—进气室；　　　1—反光镜；2—发光二极管；3—光敏三极管；
4—进气温度传感器；5—导压孔；6—空气滤清器　　4—卡门涡流；5—导压孔；6—涡流发生器；7—空气

光学式卡门涡流式空气流量计的工作原理如图1-26（b）所示，当空气流经进气道时，会在涡流发生器的后部产生有规律的卡门涡流，从而导致涡流发生器周围的空气压力发生变化，变化的压力经导压孔引向金属膜制成的反光镜，使反光镜产生振动，其振动频率与涡流发生的频率相等，而涡流发生频率与空气流速（发动机负荷）成正比；反光镜再将发光二极管投射的光反射给光敏晶体管，通过光敏晶体管检测涡流发生的频率，并向 ECU 输送 0V 或 5 V 交替变化的方波信号，ECU 则根据此信号确定发动机的进气量。由于光学式卡门涡流式空气流量计容易脏污，现今已很少采用。

2）超声波卡门涡流式空气流量计

超声波卡门涡流式空气流量计的结构如图 1-27 所示。它主要由涡旋稳定器、超声波发生器、涡旋发生器、超声波发射器、超声波接收器等组成。

在三角形涡流产生柱上游侧壁上装有超声波发生器，它可以发射固定频率的超声波；在发射器的对面则装有超声波接收器。

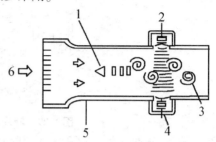

图 1-27 超声波卡门涡流式空气流量计的基本结构
1—涡流产生柱；2—超声波发射器；3—卡门涡流；
4—超声接收器；5—进气通道；6—空气

超声波卡门涡流式空气流量计的工作原理如图 1-28 所示。在卡门涡流发生器下游管路两侧相对安装超声波发射器和接收器。在发动机运转时，超声波发射器不断地向超声波接收器发出一定频率的超声波。当超声波通过进气气流到达接收器时，由于受气流中涡旋的影响，使超声波的相位发生变化，ECU 根据接收器测出的相应变化的频率，计算出单位时间内产生涡旋的数量，从而求得空气流速和流量。在没有卡门涡流的情况下，接收到的超声波为稳定的信号。有卡门涡流发生时，超声波在气流中的传播受到卡门涡流信号的影响，使接收到的超声波成为一个个与涡流数对应的脉冲信号，其频率等于卡门涡流释放的频率，反映了气流速度。此脉冲信号经转换模块转换成矩形脉冲数字信号，电脑对这个矩形脉冲计数，便可得知空气流量。

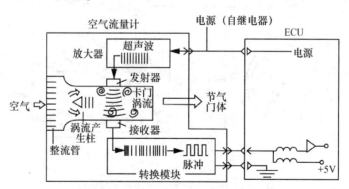

图 1-28 超声波卡门涡流式空气流量计的工作原理

4. 叶片式空气流量计

叶片式空气流量计主要由测量叶片、缓冲叶片、复位卷簧、电位计、旁通气道、怠速调整螺钉、油泵开关及进气温度传感器等组成。它具有结构简单、成本低等优点，但由于其进气阻力大、响应慢，目前已应用不多。在流量计内还设有缓冲室和缓冲叶片，利用缓冲室内的窄气对缓冲叶片的阻尼作用，使叶片转动平稳，可以减小发动机进气量急剧变化引起测量叶片的脉动，从而提高测量精度。叶片式空气流量计的内部结构如图 1-29 所示。

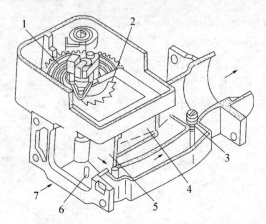

图 1-29　叶片式空气流量计的内部结构
1—卷簧；2—电位计；3—旁通空气调节螺钉；4—缓冲叶片；5—翼片；6—进气温度传感器；7—空气

怠速调整螺钉的作用是调节怠速时旁通空气量的大小，从而调节怠速时混合气的浓度。电位计的作用是将叶片转动的角度转换为电信号。电动燃油泵开关在发动机启动后保持电动燃油泵持续运转。

来自空气滤清器的空气通过空气流量计时，空气推力使测量叶片打开一个角度。当吸入空气推开测量叶片的力与卷簧变形后的回位力相平衡时，测量叶片停止转动。与测量叶片同轴转动的电位计检测出叶片转动的角度，将进气量转换成电压信号 U_S，电脑根据空气流量计送入的 U_S/U_B 信号，感知空气流量的大小。U_S/U_B 的电压比值与空气流量成反比，且呈线性下降。叶片全关时，没有进气量，产生的电压信号最强；叶片打开时，进气量由小变大，产生的电压信号由强变弱；叶片全开时，进气量最大，产生的电压信号最弱，如图 1-30 所示。

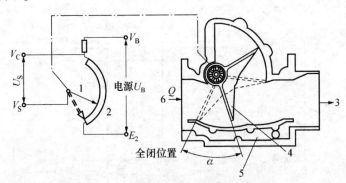

图 1-30　叶片式空气流量计的工作原理
1—电位计滑臂；2—可变电阻；3—接进气管；4—测量叶片；5—旁通空气道；6—接空气滤清器

5. 量芯式空气流量计

量芯式空气流量计的特点是进气阻力小、检测精确，可靠性高。如图 1-31 所示，一般由量芯、电位计、进气温度传感器等组成。量芯式空气流量计用一个可沿进气道方向移动的滑动量芯代替叶片式空气流量计内的旋转翼片，量芯在进气气流的推动下向后移动，打开进气通道，并停止在进气推力与复位弹簧力相平衡的位置上，量芯在移动时带动电位计滑动触点，将进气量的大小转变为电位计电阻的大小，ECU 根据电位计电阻的变化或电

压的变化测量进气量,如图 1-32 所示。量芯式空气流量计没有设置旁通道和怠速调整螺钉,当发动机处于怠速时,混合气的浓度由 ECU 根据氧传感器反馈进行调节。

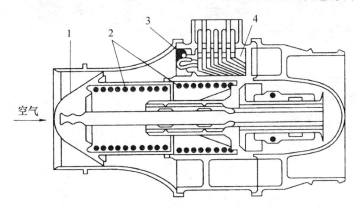

图 1-31 量芯式空气流量计的结构

1—量芯;2—复位弹簧;3—进气温度传感器;4—接线插座及印制电路板

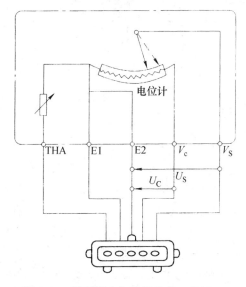

图 1-32 量芯式空气流量计的工作原理

资讯 2 节气门体和节气门位置传感器

节气门体安装在空气流量计和发动机进气总管之间。它由节气门、怠速旁通气道、怠速调节螺钉、辅助空气阀等组成,如图 1-33 所示。节气门与加速踏板加速踏板联动,驾驶员通过加速踏板控制节气门开度,对发动机的输出功率进行控制。

1. 怠速旁通气道和怠速调整螺钉

发动机怠速时,节气门处于全关闭的位置,怠速运转所需要的空气经怠速空气旁通气道进入进气总管,在旁通气道中安装了能改变通道截面积的怠速空气调整螺钉,通过旋进或旋出怠速调整螺钉,调整发动机怠速转速。现在采用发动机集中管理系统的电控汽油机由专门的电控怠速系统对怠速进行控制,而不采用上述的怠速调整和控制方法。

21

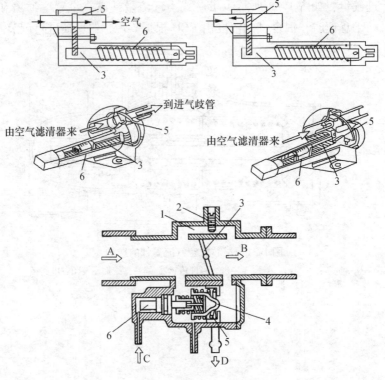

图1-33 节气门体

A—来自空气滤清器；B—至进气总管；C—冷却水进口；D—冷却水出口；1—怠速旁通气道；2—怠速调整螺钉；3—节气门；4—阀门；5—弹簧；6—感温器

2. 空气阀

发动机低温启动后，进入暖机运转时，发动机温度比较低，发动机内部的摩擦阻力较大，为了克服发动机的内部摩擦阻力，提高怠速转速，加快暖机过程，在发动机的进气系统中设置了辅助空气阀（也称高怠速控制），以增加暖机过程中所需的空气量。

发动机低温启动后，辅助空气阀打开，使空气绕过节气门，直接经过辅助空气阀进入进气总管。由于这些空气是从空气流量计下游引来的，因此通过辅助空气阀补充的空气也被空气流量计测出。由于空气量增加，ECU使喷射器的喷油量增加，从而使发动机怠速转速提高（其作用与驾驶员稍踏加速踏板，使怠速转速提高，加快暖机过程相同）。

发动机完成暖机（即达到一定温度）后，通过辅助空气阀的空气被自动切断。此时，所需的空气由怠速空气旁通气道供给，发动机恢复到正常怠速工况。

在早期的电控燃油喷射系统中使用的辅助空气阀有两种：双金属片式辅助空气阀和石蜡式辅助空气阀。

1）双金属片式辅助空气阀

双金属片式辅助空气阀是在发动机低温启动时及而后的暖机过程中，对进气量进行补充的一种快怠速机构，其结构如图1-34所示。双金属片式辅助空气阀由绕有加热线圈的双金属片、空气旁通气道、阀门、支撑销等组成。空气阀截面积的大小由双金属片操纵的阀门控制，而双金属片的动作（即变形）则由加热线圈通电时间或发动机水温决定。

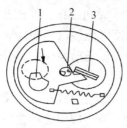
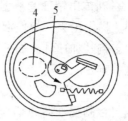

(a) 发动机温度低时　　　　(b) 发动机温度高时

图 1-34　双金属片式辅助空气阀的结构和工作原理

1—遮门开口；2—支撑销；3—双金属片；4—空气旁通道；5—遮门；6—电热线

发动机温度较低时，且加热线圈无电流通过时，阀门处于开启状态。发动机启动进入正常运行状态后，由于此时节气门处于关闭状态，空气便从辅助空气阀流入进气总管。ECU 根据此时的空气量，相应地增加喷油量，使怠速转速提高至快怠速状态。

发动机启动后，电流经点火开关流过双金属片上的加热线圈，双金属片受热弯曲，逐渐将阀门关闭，在此过程中流经辅助空气阀的空气量也逐渐减少，发动机转速也逐渐下降。加热线圈通电达到一定时间或发动机水温达到一定温度，辅助空气阀的阀门完全关闭，怠速所需空气经怠速旁通气道供给，发动机稳定在怠速转速运行。

辅助空气阀阀门的最初开度取决于发动机冷却水的温度，一般温度低于 -20℃ 时阀门全开，大于 60℃ 的则完全关闭。

2）石蜡式辅助空气阀

石蜡式辅助空气阀根据发动机的冷却水温度，由阀门改变空气旁通气道流通截面积的大小，从而控制补充空气量的多少。驱动阀门所需的力，来自感温体中石蜡的热胀冷缩，而石蜡的热胀冷缩由感温器周围冷却水的温度决定。石蜡式辅助空气阀由石蜡感温体、阀门、内外弹簧、冷却水通道、空气通道等组成。感温体浸于冷却水中，感温体内充满石蜡，石蜡体积随水温的升降而膨胀和收缩，为了简化结构，大多采用与节气门做成一体的形式共用同一冷却水路，如图 1-35 所示。

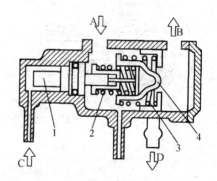

图 1-35　石蜡式辅助空气阀

A—进气口；B—出气口；C—冷却液进口；D—冷却液出口；1—石蜡感温体；2—内弹簧；3—外弹簧；4—阀门

发动机冷却水温度较低时，感温体内的石蜡凝固体积收缩，不产生向右的推力，此时外弹簧的预紧力推动阀门向左移动，阀门打开，与此同时，内弹簧被压缩，当内外弹簧的力相平衡时，阀门稳定在某一开度。当冷却水温度逐渐升高时，感温体内的石蜡熔化、体积膨胀，由于石蜡体积膨胀产生的推力及内弹簧在阀门打开时被压缩所产生的合力大于外弹簧的弹簧力，阀门被推向右边逐渐关闭，补充空气量也逐渐减小，发动机由快怠速逐渐降低到正常怠速转速。当冷却水温度大于 80℃ 时阀门完全关闭。

3. 节气门位置传感器

节气门位置传感器亦称为节气门开度传感开关。当汽车起步或加速时，节气门需迅速打开，进气歧管压力传感器或空气流量计将进气歧管内空气的增加量以电信号的方式传递给ECU，但从接收信号到传出精确的数据需有一个时间过程，即存在一个滞后现象，因而不能相应地将汽油快速提供出去，故使混合气浓度降低，汽车加速时不能充分供给发动机所需要的燃油，从而影响其加速性。而在由电控燃油喷射系统中装设这种节气门位置传感器即能较好地解决这一难题。

节气门位置传感器安装在节气门体上，它能将节气门打开的角度转换成电压信号送到ECU，ECU根据此信号控制喷油器的基本喷油量。节气门位置传感器有线性式和开关式两种形式。

1）线性式节气门位置传感器

线性式节气门位置传感器的结构及工作原理如图1-36所示。采用线性电位计，由节气门轴带动电位计的滑动触点，在不同的节气门开度下，接入回路的电阻则不同。发动机怠速运转时，怠速触点闭合，IDL信号端子电压为0 V，VTA信号端子与VC电源端子间电阻较大，传感器信号电压较低，为0.6～0.9 V。随着节气门开度的增加，电位计的滑动触点在电阻膜上滑动，从而在该触点上得到与节气门开度成比例的线性电压输出，即VTA信号电压，如图1-37所示。全负荷时VTA信号在3.5～4.7 V。ECU根据全负荷时VTA信号进行空燃比修正、加浓修正和燃油切断控制等。线性式节气门位置传感器在各种工况下的数据见表1-1。

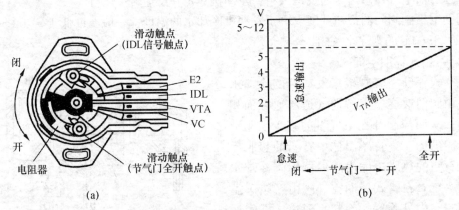

图1-36 线性式节气门位置传感器的结构及工作原理

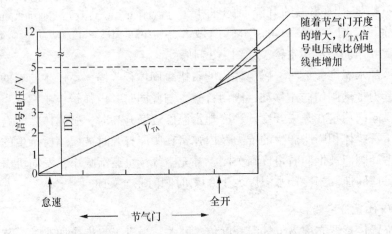

图1-37 线性式节气门位置传感器信号电压变化趋势

表 1-1　线性式节气门位置传感器数据

节气门触点位置	全负荷（全开）/V	部分负荷（部分开启）/V	怠速（关闭）/V
IDL	12	12	0
VTA	35~4.7	0.9~3.5	0.6~0.9

2）开关触点式节气门位置传感器

开关触点式节气门位置传感器内部有 3 个触点：怠速开关触点 IDL、全负荷开关触点 PSW 和搭铁的动触点 E，如图 1-38 所示。发动机在怠速或突然减速时，怠速开关触点闭合，ECU 根据此信号对怠速时的混合气进行控制，并修正点火提前角，切断废气再循环系统。减速断油时，暂时切断供油。当节气门开度超过一定角度时，全负荷开关触点闭合，ECU 据此信号加浓混合气，提高发动机输出功率。

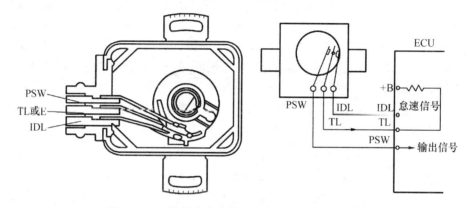

图 1-38　开关触点式节气门位置传感器的工作原理

发动机怠速运转时，IDL 触点闭合，IDL 信号电压为 0V，ECU 以此信号控制发动机怠速时的运转工况。加速时，IDL 触点断开，其电压变为 5V。当全负荷时，PSW 触点闭合，PSW 电压为 0V，ECU 控制发动机在全负荷工况工作。

资讯 3　进气歧管压力传感器

D 型电控燃油喷射系统采用进气歧管压力传感器测量节气门之后的进气歧管的真空度，来间接地测量进气量。进气压力传感器一般安装在节气门后部的进气歧管上。进气压力传感器的作用是将进气管道中的气体压力转换成电信号，并传输给电子控制装置，再由电子控制装置控制喷油器的喷油时间。

根据产生的信号原理，进气歧管压力传感器可分为电压型和频率型两种。电压型有压电效应式进气压力传感器（或称半导体压敏电阻应变计式）、电磁式进气压力传感器（或称膜盒传动的可变电感式），频率型有电容膜盒式和表面弹性波式（应用较少）。其中应用较多的是半导体压敏电阻式进气压力传感器和电容式进气压力传感器。

1. 电磁式进气压力传感器

电磁式进气压力传感器的结构与工作原理如图 1-39 所示。它主要由铁芯、传感线圈及一对真空膜盒（压力计）等组成。

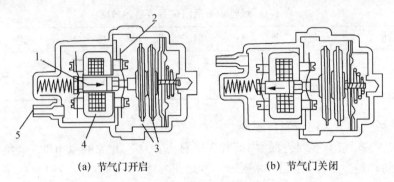

(a) 节气门开启　　　　　　(b) 节气门关闭

图 1-39　电磁式进气压力传感器的结构与工作原理

1—铁芯；2—弹片；3—真空膜盒；4—传感线圈；5—接进气歧管

工作原理是：当节气门开启时，进气歧管内气体的绝对压力增加（或真空度减小），真空膜盒（即压力计）被压缩，动铁芯往右移动［见图 1-39（a）］，于是减小了磁轭与动铁芯（衔铁）的间隙，使传感线圈中的感应电动势增大。当此信号输出给 ECU 后，电子控制装置控制喷油器工作，使喷油器的针阀打开时间延长，使燃油的喷射量增加。

当节气门关闭时，进气歧管内的气体绝对压力降低（或真空度增大），真空膜盒因膨胀拉伸而使动铁芯向左移动［见图 1-39（b）］，于是磁轭与动铁芯的间隙加大，使传感线圈中的感应电动势减小。ECU 最终使喷油器打开时间缩短，使喷油量减小。

2. 半导体压敏电阻式进气压力传感器

它由硅膜片、集成电路、滤清器、真空室和壳体等组成，如图 1-40 所示。硅膜片是压力转换元件，它是利用半导体的压电效应制成的。硅膜片的一面是真空室，另一面是导入进气压力。

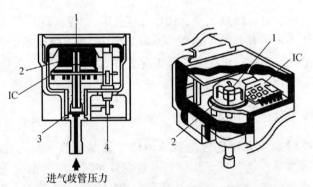

进气歧管压力

图 1-40　压电效应式进气压力传感结构示意图

1—硅膜片；2—绝对真空室；3—滤清器；4—接线端

该传感器的工作原理与电磁式进气压力传感器的工作原理基本相同。即在进气歧管内气体压力的作用下，硅膜片产生变形，使硅膜片的电阻值发生变化，从而使电桥电压变化。由于该电压值很小，经电路中混合集成电路将该信号进行放大处理，其端头与 ECU 连接。

需要说明的是，发动机电喷系统的汽油喷射，除了受进气压力、发动机转速等主要因素影响外，还考虑发动机在冷启动时、热车后、满负荷时、加速及停车时燃油供给的中断等诸多因素。要使汽车发动机得到优良的工作性能，就必须满足这些因素的要求。因此，在由电子控制的汽油喷射系统内，还设置许多附加（或辅助）装置，如节气门位置传感器和辅助空气阀等。

另外，由于压力传感器结构和测量原理的要求，压力传感器安装在振动较小的车身处，用一根橡胶管与进气总管相连作为取气管。

3. 三线高灵敏度可变电阻式进气压力传感器

三线高灵敏度可变电阻式进气压力传感器主要由壳体、膜片、可变电阻器、滑片、连接管道、电连接器等组成，如图1-41所示。它是通过进气歧管内气体的绝对压力的增加或降低，使滑片上、下移动，由滑片带动电阻中间滑动点移动，由此就可使B端的电压上升或降低，这一变化的电压就反映了进气歧管内气体的绝对压力。B端输出的电压送到ECU后，ECU根据送来的信号控制喷油器的工作，使其喷油针阀打开的时间延长或缩短，以此来控制喷油量。

4. 电容膜盒式进气歧管压力传感器

电容膜盒式进气歧管压力传感器由两片用绝缘垫圈隔开的氧化铝片组成，如图1-42所示。在铝片的内表面贴有两片极薄的硅片，分别与一根引线相连。氧化铝片和绝缘垫圈构成中部有个真空腔的膜盒。该盒装在与进气歧管相通的容器内。当进气歧管压力发生变化时，氧化铝片弯曲变形，使硅片间的距离随之改变，从而引起电容量的变化。这时，通过信号处理，ECU便可测得进气歧管的压力。

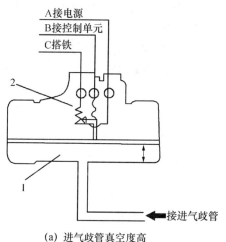

(a) 进气歧管真空度高

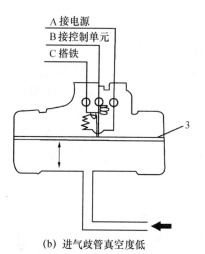

(b) 进气歧管真空度低

图1-41 电阻压电效应式进气压力传感结构示意图
1—真空室；2—可变电阻；3—滑片

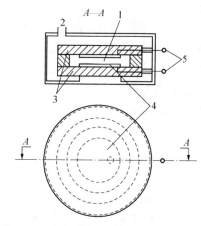

图1-42 电容膜盒式进气歧管压力传感器
1—真空腔；2—通进气歧管；
3—氧化铝片；4—硅片；5—引线

任务训练1 空气流量计的检测

1. 热膜式空气流量计的检测
1) 热膜式空气流量计电路

图1-43所示为宝来轿车AGN发动机热膜式空气流量计电路,1脚空,2脚为12 V,3脚为ECU内搭铁,4脚为5 V参考电压,5脚为传感器信号。在怠速时5脚电压为1.4 V,急加速时电压为2.8 V。

2) 热膜式空气流量计电阻的检测

(1) 线束导通性测试。将数字万用表旋转到欧姆挡,按电路图找到空气流量计图形下面的针脚号与ECU信号测试端口图相应的针脚号,分别测试空气流量计3、4、5号针脚对应至电控单元12、11、13号针脚的电阻,所有电阻都应低于0.5 Ω。

(2) 线束短路性测试。将数字万用表设置在欧姆挡200 kΩ挡,测量空气流量计针脚2与电控单元

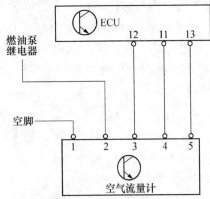

图1-43 热膜式空气流量计的接线图

针脚11、12、13之间电阻应为∞。测量空气流量计针脚与电控单元针脚:3-11、13;4-12、13;5-11、12之间电阻均应为∞。

3) 热膜式空气流量计电压的检测

(1) 电源电压检测。打开点火开关,将数字万用表置于直流电压20 V挡,红色表笔置于空气流量计针脚2,黑色表笔置于电瓶负极或发动机进气歧管壳体,当启动时应显示12 V;红色表笔置于空气流量计针脚4,黑色表笔置于电瓶负极或发动机进气歧管壳体,应显示5 V。

(2) 信号电压检测。信号电压检测分单件检测和就车检测。

① 单件检测。取一空气流量计总成部件,将12 V/5 V变压器12 V电压或电瓶电压施加在空气流量计电器插座针脚2上,将5 V电压施加在空气流量计电器插座针脚4上,将数字万用表置于直流电压20 V挡,测量空气流量计电器插座针脚3和针脚5,应有1.5 V左右的电压;使用吹风机从空气流量计格栅一端向空气流量计吹入冷空气或加热空气,测量空气流量计电器插座针脚3和针脚5,电压应瞬时上升至2.8 V回落。若不能满足上述条件,可以判定空气流量计有故障。

② 就车检测。启动发动机至工作温度,将数字万用表置于直流电压20 V挡,测量空气流量计针脚5的反馈信号,红色表笔置于空气流量计针脚5,黑色表笔置于空气流量计针脚3、电瓶负极或进气歧管壳体,怠速时应显示电压1.5 V左右;急踩加速踏板时应显示2.8 V变化。若不符合上述变化或电压反而下降,则在电源电压与参考电压完好的前提下,可以断定空气流量计损坏,必须进行更换。

2. 热线空气流量计的检测

1) 热线式空气流量计的电路图

热线式空气流量计电路如图1-44所示。

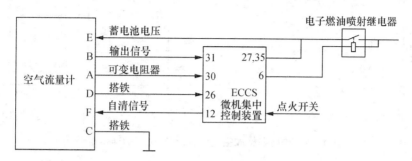

图1-44 热线式空气流量计电路图

2) 热线式空气流量计的检测

（1）单件检查。拔下空气流量计的导线连接器，拆下空气流量计；将蓄电池的电压施加于空气流量计的D和E端子之间，E接电源正极，D接电源负极。用万用表电压挡测量端子B和D之间的电压应在2～4V之间；如其电压值不符合规定，则需更换空气流量计，其方法如图1-45（a）所示。

在完成上述检查后，接着用电吹风给空气流量计吹风（不能拆卸电源），测量B与D之间的电压应在1～1.5V之间变化。如果不正常，更换空气流量计，其方法如图1-45（b）所示。

（2）就车检测。接通点火开关，不启动发动机，拔下连接器，测量线束一侧E与D之间的电压应为12V；若无电压，再测量E与C之间的电压，若测量读数为12V，说明D端搭铁不良，检查D与ECCS之间的导线和ECCS的搭铁线。测量B与D之间的电压应为2～4V，启动发动机后B与D之间的电压应在1～1.5V之间。

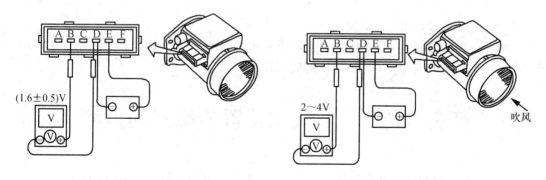

(a) 测量端子B与D间的电压　　　　(b) 用电吹风给空气流量计吹风

图1-45 热线式空气流量计的检查

（3）检查自清洁功能。拆下空气滤清器及空气流量计的防尘网，启动发动机并加速到2 500 r/min 以上，发动机停转5 s 后，可以看见空气流量计的热线自动加热烧红约1 s。

3. 卡门涡旋式空气流量计的检测

该空气流量计与ECU的连接电路如图1-46所示。

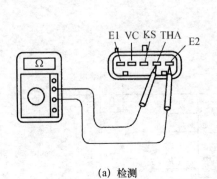
(a) 检测

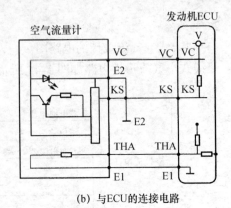
(b) 与ECU的连接电路

图1-46　卡门涡旋式空气流量计与ECU的连接电路

1）空气流量计电阻的检测

断开点火开关，拔下空气流量计的导线连接器。用万用表电阻挡测量空气流量计上THA-E1端子之间的电阻，其标准值同表1-2中所示。如不符，应更换空气流量计。

表1-2　卡门涡旋式空气流量传感器各端子间的电阻

端子	标准电阻/kΩ	温度/K	端子	电压/V	条　件
THA-E1	10.00～20.00	−293	THA-E2	0.5～3.4	急速、进气温度293 K
	4.0～7.0	273		4.5～5.5	点火开关"ON"
	2.0～3.0	293	KS-E1	2.0～4.0（脉冲发生）	急速
	0.9～1.3	313	VC-E1	4.5～5.5	点火开关"ON"
	0.4～0.7	333			

2）空气流量计输出电压的检测

插好此空气流量计的导线连接器，用万用表电压挡测量发动机ECU端子THA-E2、VC-E1、KS-E1之间电压，其标准电压值应见表1-2。

任务训练2　节气门位置传感器的检测

1. 线性节气门位置传感器的检测

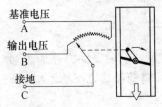

图1-47　线性式节气门位置传感器工作原理图

不同型号节气门位置传感器，其电阻值及输出电压信号值也不完全相同，下面以上海别克发动机节气门位置传感器（见图1-47）为例说明其检测方法。

1）传感器阻值检测

将点火开关置于OFF位置，拔下传感器电插头，用欧姆表测量A-B、C-B、A-C之间电阻值，应符合表1-3中的规定。如果测量值不在此范围内，则更换节气门位置传感器。

表 1-3 线性式节气门位置传感器的电阻标准值表

	节气门全关闭	节气门全开
A-B	3.98～4.50 kΩ	3.98～4.50 kΩ
C-B	1.13～1.36 kΩ	4.25～4.88 kΩ
A-C	4.25～4.88 kΩ	1.14～1.25 kΩ

2）传感器供电电压及搭铁检测

将点火开关置于OFF，拔下传感器电插头，再将点火开关置于ON，用高阻抗数字万用表电压挡测量传感器电插头A脚与搭铁之间的电压应为5 V，用高阻抗数字万用表欧姆挡测量电插头B脚与蓄电池负极之间的电阻应为0 Ω。如果测量值不符合要求，则应进一步检查ECU端子，如果C2/33端子输出电压为5 V或者C1/61端子与蓄电池负极间电阻为0 Ω，则说明电脑ECU工作正常，故障发生在电脑ECU与传感器连接线束上，应对线束进行检修。如果ECU C2/33端子输出电压不是5 V或者C1/61端子与蓄电池负极间电阻不为0 Ω，则说明ECU存在故障，应更换新的ECU。

3）传感器输出电压检测

插上传感器电插头，将点火开关置于ON，用高阻抗数字万用表电压挡测C脚的输出电压。当节气门完全关闭时，电压应为0.53 V；当节气门缓慢打开时，电压应在0.53～4.50V间平滑变化。

2. 直动式节气门位置传感器的检测

图1-48所示为直动式节气门位置传感器。

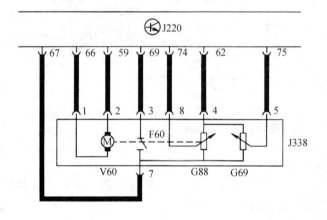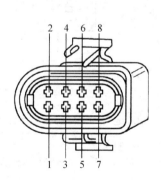

图1-48 直动式节气门位置传感器电路及连接器

1—节气门控制器的正极；2—节气门控制器负极；3—怠速开关信号；4—节气门供电线（+5V）；5、8—节气门电位计信号线；7—负极

1）供电电压的检测

测量节气门控制组件供电电压即是测量节气门控制器电位计和节气门电位计的电源电压。打开点火开关，用万用表的20 V量程挡，测量节气门控制组件插头端子4和7间电压应不低于4.5 V。

2）线束导通性的检测

检查节气门控制组件插头端子至发动机控制单元ECU相应端子（ECU 66号端子与传

感器 1 号端子、ECU 59 号端子与传感器 2 号端子、ECU 69 号端子与传感器 3 号端子、ECU 62 号端子与传感器 4 号端子、ECU 75 号端子与传感器 5 号端子、ECU 67 号端子与传感器 7 号端子、ECU 74 号端子与传感器 8 号端子）之间的电阻值，阻值不得超过 1.5Ω。

3）静态电阻检测

端子 1 与 2 之间的电阻值：3～300Ω；全闭时端子 3 与端子 7 之间的电阻应小于 1Ω；缓慢踩下加速踏板，端子 3 与 7 间阻值应为无穷大。端子 4 与端子 7 间的电阻应为无穷大。

任务训练 3 进气歧管压力传感器的检测

以半导体压敏电阻式进气歧管绝对压力传感器的检测为例。

1. 进气歧管绝对压力传感器电源电压的检测

点火开关置于"OFF"位置，拔下进气歧管绝对压力传感器的导线连接器；将点火开关置于"ON"位置（不启动发动机），用万用表电压挡测量导线连接器中电源端 VC 和接地端 E2 之间的电压（见图 1-49），其电压值应为 4.5～5.5 V。如果测量的电压值不符合要求，应检查进气歧管绝对压力传感器与 ECU 之间的线路是否导通。

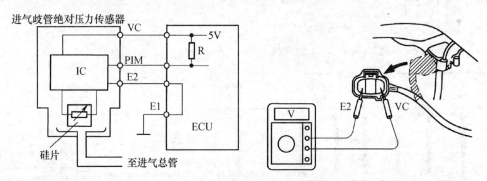

图 1-49　传感器电源电压的测量

2. 进气歧管绝对压力传感器输出电压的检测

① 将点火开关置于"ON"位置（不启动发动机），拆下连接进气歧管绝对压力传感器与进气歧管的真空软管，使之与大气相通，如图 1-50 所示。

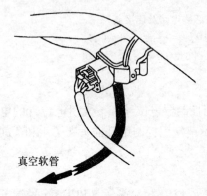

图 1-50　真空软管与大气相通

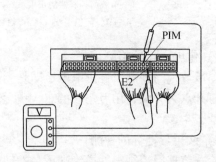

图 1-51　测量在大气压力下的输出电压

② 在 ECU 导线连接器侧用万用表电压挡测量进气歧管绝对压力传感器 PIM 与 E2 端子在大气压力状态下的输出电压，如图 1-51 所示，PIM 与 E2 之间的电压为 3.3～3.9 V。

③ 再用真空泵向进气歧管绝对压力传感器内施加真空，从 13.3 kPa（100 mmHg）起，每次递增 13.3 kPa，一直增加到 66.7 kPa（500 mmHg）为止，然后测量在不同真空度下进气歧管绝对压力传感器（PIM-E2 端子间）的输出电压。该电压值应该随真空度的增大而不断下降。

任务三　燃油供给系统

电控燃油供给系统由油箱、电动燃油泵、燃油滤清器、燃油分配管、喷油器、油压调节器等组成，如图 1-52 所示。对于不同类型的电控汽油机，燃油供给系统的组成部件会有些差异，如有的电控汽油机还有冷启动喷油器、油压脉动缓冲器等部件，但总体构成上基本相似。

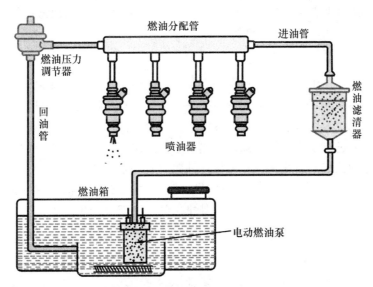

图 1-52　电控汽油机燃油供给系统简图

发动机工作时，电动燃油泵把汽油从油箱中吸入并泵送出去，汽油经燃油管和滤清器到达燃油分配管，然后分送到各个喷油器和冷启动喷油器。燃油分配管上装有压力调节器，对燃油压力进行调整，多余的燃油经压力调节器返回油箱。

有些发动机在燃油输送通道中还装有燃油压力脉动减振器，以减弱喷油器喷油过程中油压脉动的传递，降低噪声。

资讯 1　电动燃油泵

电动燃油泵的作用是将油箱中的燃油吸出经滤清后以一定的压力输送到各喷油器，并保持燃油供给系统的油压。电动燃油泵根据安装位置不同，可分为装在油箱内的内置式和安装在供油管路中的外置式；根据结构不同，可分为滚柱式、转子式、涡轮式、叶片式。而常用的电动燃油泵为安装在油箱内的滚柱式电动燃油泵和转子式电动燃油泵。下面以滚柱式燃油泵和涡轮式电动燃油泵为例介绍燃油泵的结构及工作原理。

1. 滚柱式电动燃油泵

图 1-53 所示为滚柱式电动燃油泵结构，装有滚柱的转子呈偏心状，置于泵壳内，由直流电动机驱动。图 1-54 为其工作原理图。

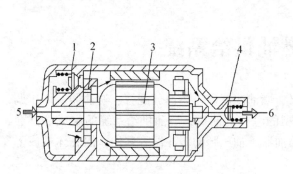

图 1-53 滚柱式电动燃油泵结构示意
1—安全阀；2—滚柱泵；3—驱动电动机；
4—止回阀；5—进油口；6—出油口

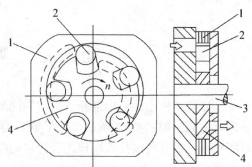

图 1-54 滚柱式电动燃油泵工作原理
1—泵体；2—滚柱；3—轴；4—转子

当转子旋转时，位于其凹槽内的滚柱在离心力的作用下，紧压在泵体内表面上，对周围起密封作用，在相邻两个滚柱之间形成了一个空腔。在燃油泵运转过程中，一部分空腔的容积不断增大，成为低压油腔，将燃油吸入；而另一部分空腔容积不断减小，成为高压油腔，受压燃油流过电动机，从出油口压出。燃油泵出口处有一个止回阀，在燃油泵不工作时，它阻止燃油倒流回油箱，这样可保持油路中有一定的残余压力，便于下次启动；当泵油压力超过规定值以上时，装在泵体内的减压阀即被推开，使部分燃油返回到进油口一侧。滚柱式电动燃油泵的转子每转一周，其排出的燃油就要产生与滚柱数目相同的压力脉动，故在出口处装有油压缓冲器，以减少出口处的油压脉动和运转噪声。

2. 涡轮式电动燃油泵

滚柱式电动燃油泵运转时噪声较大，泵油压力脉动大，易磨损，使用寿命较短，故目前已较少使用。涡轮式电动燃油泵结构与滚柱式电动燃油泵相似，但其转子是一块圆形平板，周围开有小槽，形成叶轮，如图 1-55 所示。当燃油泵运转时，叶轮周围小槽内的燃油随着叶轮一道旋转。这时由于离心力的作用，使燃油出口处的油压增高，同时在进口处产生一定的真空度，使燃油从进口处被吸入并泵向出口处。这种燃油泵的泵油量大，最大泵油压力较高，可达 600 kPa 以上。在各种工况下，它都能保持较稳定的供油压力，而且运转噪声小，叶轮无磨损，使用寿命长。

为了防止油压过高，它设有减压阀，在出油口还设有一个止回阀。

由于该燃油泵的油压脉动小，已能达到普通滚柱泵带油压缓冲器的水平，因此不用装油压缓冲器。电动燃油泵的燃油泵和电动机都浸在汽油中。在燃油泵运转时，燃油不断穿过燃油泵和电动机，使之得到润滑和冷却。使用时，严禁在无油情况下运转电动燃油泵，也不要等燃油耗尽才添加燃油，以免烧坏电动燃油泵。

项目一 电控燃油喷射系统检修

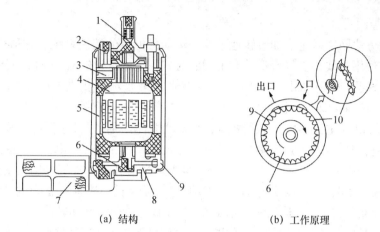

(a) 结构　　　　　　　　　　(b) 工作原理

图 1-55　涡轮式电动燃油泵的结构与工作原理

1—止回阀；2—减压阀；3—电刷；4—电枢；5—磁极；6—叶轮；7—滤网；8—泵盖；9—壳体；10—叶片

3. 电动燃油泵的控制

1) 油泵开关控制式

油泵开关控制式系统电路如图 1-56 所示。

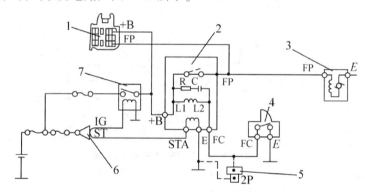

图 1-56　油泵开关控制的油泵控制电路

1—检查插座；2—断路继电器；3—油泵；4—空气流量计油泵开关；5—油泵检查开关；6—点火开关；7—主继电器

  这种控制方式适用于油泵转速不变、输油量恒定的控制系统。在油泵控制电路中，控制燃油泵电源的继电器有两组互相并联的电磁线圈，任一组电磁线圈通电都可以使继电器触点闭合。线圈 L1 的一端与点火开关的 IG 位置相连，另一端与叶片式空气流量计相连，通过叶片式空气流量计中的油泵开关搭铁。发动机不运转，即使点火开关在启动位置，由于没有进气，空气流量计的测量叶片没有偏转，油泵开关触点是断开的，线圈 L1 不通电，继电器触点不闭合，电动燃油泵也不运转；发动机运转时，进气流使空气流量计测量叶片偏转，油泵开关触点闭合，线圈 L1 通电，继电器触点闭合，燃油泵运转。

  在线圈 L1 上还并联着一个电容器，它用于由于某种原因而导致油泵开关触点断开时，电容器放电而使线圈 L1 继续通电使继电器触点保持闭合，防止油泵停转，继续保持稳定供油。

  与 L2 相连的油泵检查开关，用于检查电动燃油泵的控制电路。将接头搭铁后，只要打开点火开关，油泵电路接通后即开始运转。

  线圈 L2 的一端与点火开关 ST 启动位置相连，另一端搭铁。当点火开关转至启动位置时，线圈 K 通电，继电器触点闭合。这时，燃油泵运转，向发动机提供压力油。

35

2) ECU 控制式

这种控制方法同样运用于油泵转速不变、输油量恒定的控制系统。它适用于 D 型 EFI 控制系统以及使用热线式空气流量计和卡门涡流式空气流量计的 L 型 EFI 系统。

ECU 控制式系统电路如图 1-57 所示。电动燃油泵断路继电器由点火开关和 ECU 共同控制。断路继电器也有两组线圈,一组线圈 L2 由点火开关启动挡直接控制,在启动发动机时使油泵运转;另一组线圈 L1 由 ECU 中的三极管控制,在发动机启动后使燃油泵保持运转。发动机运转时,分电器转速信号 Ne 输入 ECU 后,会使三极管导通,使 L1 线圈通电,这时断路继电器触点闭合,使燃油泵不断地运转。如果 ECU 在 3s 内未收到发动机转速 Ne 信号时,则会切断燃油泵继电器线圈的接地电路,使油泵停止运转。发动机在未启动前,接通 3s 的目的是为了增加燃油压力,以使发动机启动迅速;但当 ECU 在 0.5~2s 内未收到发动机运转信号时,又切断燃油泵继电器的通电接地电路是为了保护油泵的安全。这样可以防止在特殊情况下(如翻车后),发动机停转而点火开关仍处于"ON"位置使油泵继续泵油发生危险。如果发动机正常运转,ECU 会一直保持继电器线圈通电接地,燃油泵会保持连续稳定运转。如果发动机停止运转,则三极管 VT 截止,断路继电器线圈 L1 断电,断路继电器触点断开,电动燃油泵则停止转动。

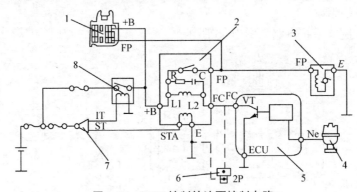

图 1-57 ECU 控制的油泵控制电路

1—检查插座;2—断路继电器;3—燃油泵;4—分电器;5—ECU;6—油泵检查开关;7—点火开关;8—主继电器

3) 油泵继电器控制式

这种控制方法适用于两级转速燃油泵控制系统,ECU 根据发动机负荷和转速信号控制燃油泵低速或高速运转,以输出不同的燃油量,适应发动机负荷需要,它的电路控制系统如图 1-58 所示。

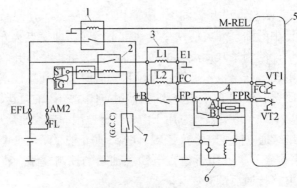

图 1-58 油泵继电器控制式系统电路

1—主继电器;2—启动继电器;3—断路继电器;4—燃油泵继电器;
5—发动机和 ECU(自动变速器);6—燃油泵;7—空挡启动开关

为实现油泵转速可变控制，该电路由 ECU、燃油泵继电器、电阻器、燃油泵断路继电器、主继电器等组成。当发动机工况处在启动、大负荷高速运转时，ECU 内的三极管是截止的，燃油泵继电器触点 B 闭合，电流经点火开关、断路继电器，经触点 B 直接加到燃油泵上，使燃油泵高速运转。当发动机处在小负荷工况运转时，ECU 内的三极管导通，燃油泵继电器中的触点 A 闭合，电流要流经电阻器产生电压降后再流到燃油泵电路中，这时燃油泵低速运转，输出较少的燃油。

图 1-59 所示为另一种形式的油泵继电器控制式系统电路。发动机工作时，ECU 根据转速和负荷，对燃油泵继电器进行控制。燃油泵继电器则控制电阻器是否串联入燃油泵电路中，以达到控制施加到油泵电动机上的不同电压，实现油泵不同转速的变化。为实现油泵转速可变控制，该电路由 ECU、燃油泵继电器、电阻器、燃油泵断路继电器、主继电器等组成。当发动机工况处在启动、大负荷高速运转时，ECU 内的三极管是截止的，燃油泵继电器触点 B 闭合，电流经点火开关、断路继电器，经触点 B 直接加到燃油泵上，使燃油泵高速运转。当发动机处在小负荷工况运转时，ECU 内的三极管导通，燃油泵继电器中的触点 A 闭合，电流要流经电阻器产生电压降后再流到燃油泵电路中，这时燃油泵低速运转，输出较少的燃油。

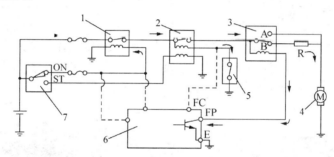

图 1-59　具有转速控制的油泵控制电路

1—主继电器；2—断路继电器；3—燃油泵继电器；4—燃油泵；5—空气流量计油泵开关；6—ECU；7—点火开关

当发动机在低速或者中、小负荷情况下工作时，ECU 内的三极管导通，燃油泵继电器触点 B 闭合，电阻器被串入燃油泵控制电路中，电流要流经电阻器产生电压降再加到燃油泵电动机上，这时燃油泵低速运转；当发动机处于高速、大负荷工况下工作时，ECU 输出控制信号，这时 ECU 中的三极管截止，燃油泵继电器触点 A 闭合，此时电阻器被旁路，燃油泵电动机直接与电源相通，燃油泵高速运转。

此外，还有一种油泵 ECU 控制式系统电路，如图 1-60 所示。这种控制方法也用于两级转速燃油泵控制系统，主要由发动机 ECU、电动燃油泵 ECU、主继电器等元件组成。发动机 ECU 控制燃油泵转速是根据发动机启动信号、节气门位置信号、发动机转速信号进行的。当发动机低于最低转速时（120 r/min），电动燃油泵 ECU 断开燃油泵电路，即使点火开关接通"ON"，电动燃油泵也不工作。当发动机在启动或高速、大负荷工况时，发动机 ECU 给电动燃油泵 ECU 的"FPC"（电动燃油泵控制）端输入一个高电平信号（5 V），燃油泵 ECU 的"FP"（电动燃油泵）端向驱动电动机提供较高的电压（蓄电池电压），燃油泵高速转动。当发动机在怠速或小负荷工况时，发动机 ECU 向燃油泵 ECU 的"FPC"端输入一个低电平（2.5 V），燃油泵 ECU 的"FP"端向驱动电动机提供低于蓄电池的电压（约 9 V），燃油泵以较低转速转动。

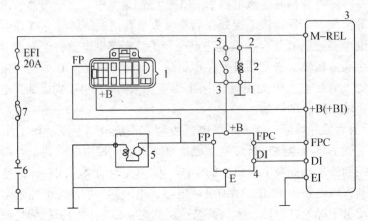

图 1-60　油泵 ECU 控制式系统电路

1—检查连接器；2—EFI 主继电器；3—发动机 ECU；4—燃油泵控制 ECU；
5—燃油泵；6—蓄电池；7—FL 主易熔线（MAIN）

资讯 2　燃油滤清器

　　燃油滤清器的作用是将燃油中的水分和粉尘、氧化铁等固体杂质除去，防止供油装置堵塞，减少机械磨损。燃油滤清器安装在电动燃油泵出口的一侧，燃油滤清器外壳有塑料和金属两种，如图 1-61 所示。

(a) 金属外壳的燃油滤清器　　　　　　(b) 塑料外壳的燃油滤清器

图 1-61　两种外壳的燃油滤清器

　　燃油滤清器的滤芯有尼龙布、聚合粉末塑料和纸质滤芯、金属片隙缝式以及多孔陶瓷式滤芯等多种。燃油滤清器必须定期更换，如帕萨特 B5 为 7 500 km。如果燃油杂质含量大，更换的里程间隔应相应缩短。燃油滤清器外壳上的箭头（或字母 IN）表示燃油的流进方向，如图 1-62 所示。安装燃油滤清器时，不允许倒装。即使它在倒装状态工作很短的时间也必须更换。

图 1-62　燃油滤清器安装标记

资讯 3　燃油分配管

燃油分配管的功用是将燃油均匀、等压地分配给各个喷油器;另外,还有储油蓄压的作用,如图 1-63 所示。

燃油分配管的截面一般都比较大,其容积油量相对于发动机的喷油量来说,要大很多,这样可防止燃油压力波动,保证各缸喷油器的喷油量尽可能相等。

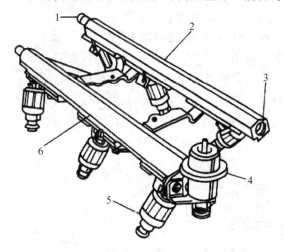

图 1-63　燃油分配管
1—燃油压力测试口；2、6—油道；3—进油口；4—燃油压力调节器；5—喷油器

燃油分配管总成用螺栓安装在进气歧管下部的固定座上,与喷油器相连,并向喷油器分配燃油。燃油由燃油泵泵出,经脉冲缓冲器,流入燃油分配管。燃油压力调节器保持正常的系统压力,多余的燃油从燃油压力调节器出油口流回油管返回燃油箱。

资讯 4　燃油压力调节器

燃油压力调节器的主要功用是保持燃油分配管内油压与进气歧管内气压的压差不变,差值依发动机的类型而异,一般为 0.25～0.3 MPa。采用压力差恒定的控制方法,使 ECU 能够用单一控制参数——喷油器开启时间,对喷油量进行既简单而又精确的控制。

根据燃油压力调节器安装位置分为有回油供油系统、有限回油供油系统、无回油供油系统。

对于有回油供油系统燃油压力调节器安装在油轨上,供油压力为 0.25～0.3 MPa;有限回对油供油系统,燃油压力调节器在油箱上部或与滤清器成为一体,油轨无回油管,供油压力为 0.35 MPa;对于无回油供油系统,燃油压力调节器在油箱内部,供油压力为 0.35 MPa。

1. 有回油供油系统的燃油压力调节器工作原理

因为在喷油器结构参数不变的情况下,喷油量不仅与喷油器保持最大开度的时间有关,而且还与燃油分配管的压力、进气歧管的压力有关。在喷油器全开时间和燃油分配管内油压不变的条件下,喷油量将随背压(即进气歧管内气压)的变化而变化,进气歧管压力高,喷油量减少,反之则增加。若喷油器全开时间和进气歧管的压力保持不变,则喷油量将随燃油分配管内油压的变化而变化，燃油分配管内油压升高，喷油量增加，反之则减少。实际发动机运转时，进气歧管的压力随发动机转速及负荷的变化而变化，燃油分配管内油压的波动与喷油器的开、关及电动燃油泵的输出特性等因素有关。因此，在其他静态因素不变的条件下，要实现喷油量的时间单一参数控制，必须在独立参数燃油分配管内油压和进气歧管内气压之间建立起某种不变的对应关系，在可以实现这一目标的诸多方法中，几乎所有电控汽油机都采用控制简单可靠、控制精度符合使用要求的压力差恒定控制方法。如果采用其他控制方法，不仅需要增加控制组件，同时使控制系统及控制过程的复杂性增加，而且对系统的动态响应特性有不利影响。

燃油压力调节器大多安装在燃油分配管的端部，其基本构造如图1-64所示。它由壳体、弹簧、膜片、球阀、进出油道及进气歧管压力引入通道等组成。膜片将燃油压力调节器的内部分隔成两个工作腔：膜片的上方是引入进气歧管负压的真空室，真空室内装着一个控制压力差的螺旋弹簧，燃油分配管内油压和进气歧管内气压的差值由弹簧的预紧力确定，弹簧的预紧力通过弹簧座作用在膜片上。膜片的下方是燃油室，燃油室上的进油管接头与燃油分配管连接，回油管接头与回油管路相连。

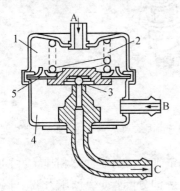

图1-64 燃油压力调节器

A—进气歧管负压的真空室；B—进油管；C—回油管；
1—真空室；2—弹簧；3—球阀；4—燃油室；5—膜片

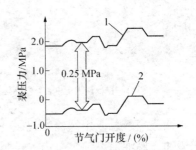

图1-65 节气门开度与进气歧管及
燃油分配管压力的关系

1—燃油分配管内油压；2—进气歧管内压力

发动机工作时，进气歧管的负压和弹簧的预紧力共同作用在膜片上部。汽油从燃油分配管进入燃油室，其油压作用在膜片下部。若压差低于设定值，在弹簧力作用下，球阀将回油孔关闭，没有汽油流回燃油箱，燃油分配管内油压继续上升。当压差超过设定值时，汽油的油压力向上推动膜片，回油孔打开，汽油经回油管回流到燃油箱，燃油分配管内油压下降，在弹簧力的作用下球阀将回油孔关闭，燃油分配管内的油压不再下降。发动机运转时，燃油分配管内汽油压力随进气歧管压力变化的规律如图1-65所示。假定弹簧的预紧力为0.25MPa，当进气歧管负压为零时，燃油分配管内的平衡油压为0.25MPa。当发动机处于怠速工况时，若进气歧管压力为-0.054MPa，此时燃油分配管内的平衡油压为

$$0.25 \text{MPa} - 0.054 \text{MPa} = 0.196 \text{MPa}$$

即在怠速时，燃油压力调节器自动把汽油压力调整为0.196MPa，使两者的差值仍保持为0.25MPa。

节气门全开时，进气歧管的压力为-0.005MPa，燃油分配管内的平衡油压为

$$0.25 \text{MPa} - 0.005 \text{MPa} = 0.245 \text{MPa}$$

此时两者的差值仍保持为0.25MPa。

当燃油分配管内的油压大于平衡压力时,回油孔打开,汽油经过回油管回流到燃油箱,直至燃油分配管内的油压低于平衡压力,回油孔才关闭。通过把进气歧管负压引入真空室,使燃油分配管内的平衡油压的变化与进气歧管压力变化一一对应,而两者的差值恒等于弹簧的预紧力,保证喷油器开启时间与喷油量单一的对应关系,使 ECU 能够用喷油器开启时间这个单一参数来控制喷油量。

发动机不工作时,球阀在弹簧力的作用下,将回油孔关闭,使电动燃油泵出口到燃油压力调节器燃油室之间的油路内保持一定的残余压力。

2. 无回油供油系统的燃油压力调节器工作原理

在汽油机传统燃油供给系统中,由燃油压力调节器根据进气管内的气体压力变化来调节输油管内燃油压力,从而保证喷油压差恒定,但输油管内的燃油压力是不恒定的,多余的燃油从回油管流回到油箱。虽然此种有回油管的燃油供给系统技术比较成熟,但由于输油管和回油管内的燃油吸收发动机热量,回油温度较高,导致油箱内的油温升高,这种情况加速了油箱内燃油的蒸发速度,使得油箱内蒸气压力升高,不仅增加了燃油蒸发损失和蒸发排放控制系统的工作负荷,而且发动机的热启动性能也会变差。为此,无回油管燃油系统的应用就更为广泛。

无回油管燃油系统实际并不是真的没有回油管,只是将回油管和燃油压力调节器与燃油泵一起组合安装在油箱内,燃油压力调节器一般安装在燃油泵壳体内,如图 1-66 所示。在无回油管燃油系统中,由于燃油泵供给的多余燃油在油箱完成回流,从而避免了回油吸收热量导致油箱内油温升高的现象。

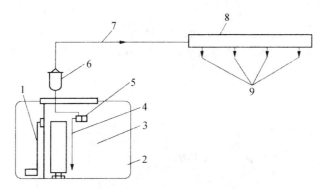

图 1-66 无回油管燃油系统示意图

1—油位传感器;2—燃油箱;3—燃油泵;4—回油管;5—燃油压力调节器;
6—燃油滤清器;7—输油管;8—燃油分配管;9—喷油器

资讯 5 喷油器

喷油器是发动机电控燃油喷射系统执行机构中的一个关键部件,其功用是根据发动机 ECU 发出的喷油脉冲信号,将计量精确的燃油喷入节气门附近的进气歧管内。喷油器实际上是一个电磁阀,由针阀与衔铁制成一个整体,当 ECU 发出脉冲信号时,衔铁与针阀一起被吸起,一定压力的燃油从喷口喷出。电磁线圈断电时,磁力消失,衔铁与针阀在弹簧弹力作用下回位,关闭喷口。ECU 输出的脉冲时间越长,阀口打开时间就越长,喷油器喷油量就越大;反之,喷油量则越小。目前应用广泛的喷油器主要有轴针式、球阀式和片阀式三种。

1. 喷油器按结构分类
1) 轴针式喷油器

图 1-67 所示为轴针式喷油器的结构，主要由燃油滤网、电接头、电磁线圈、喷油器外壳、阀体、针阀组成。当喷油器的电磁线圈无电流通过时，针阀在弹簧的作用下将喷油器的阀口关闭，喷油器不喷油。当电磁线圈通电时，线圈产生磁场，电磁吸力将铁芯吸起上移，与铁芯一体的针阀同时上移，喷油器的阀口被打开，燃油从精密的环形喷口以雾状喷出。

喷油器用专门的支座安装，支座为橡胶成型件，从而形成隔热作用防止喷油器中的燃油产生气泡，有助于提高发动机的高温启动性能。另外，橡胶成型件可保护喷油器不受过高振动力的作用。视发动机结构形式的不同，喷油器或经燃油管或经带保险夹头的连接插座与燃油分配管连接。

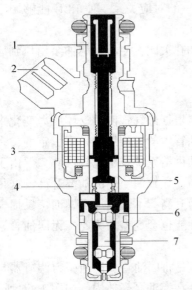

图 1-67 轴针式喷油器的结构
1—燃油滤网；2—电接头；3—电磁线圈；
4—喷油器外壳；5—衔铁；6—阀体；7—针阀

2) 球阀式喷油器

图 1-68 所示为球阀式喷油器的结构，它与轴针式喷油器的主要区别在于阀针的结构。球阀式的阀针是由钢球、导杆和衔铁用激光束焊接而成的整体结构。其质量减小到只有普通轴针式阀针的一半，这是靠采用短的空心导杆实现的。为了保证燃油密封，轴针式阀针有较长的导向杆，而球阀具有自动定心作用，无需较长的导向杆。因此，球阀式喷油器在动态流量方面和燃油密封方面，明显优于轴针式喷油器。

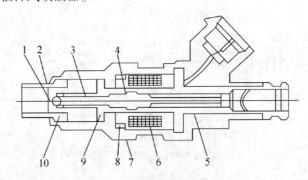

图 1-68 球阀式喷油器的结构
1—喷孔；2—阀座；3—阀针；4—弹簧；5—盖；6—电磁线圈；7—喷油器体；8—衔铁；9—挡块；10—护套

当喷油脉冲输入电磁线圈时，产生电磁吸力，固定在阀针上的衔铁向上吸起，阀针抬离阀座，燃油开始通过计量孔喷出。当喷油脉冲终止时，吸力消失，阀针在弹簧力作用下返回阀座，于是喷油结束。因此，每次喷油量取决于输入电磁线圈的电流脉冲宽度。

3) 片阀式喷油器

图 1-69 为片阀式喷油器，和轴针式喷油器相比，其内部结构的主要特点是质量较小的阀片和孔式阀座，它们与磁性优化的喷油器总成结合起来，使喷油器不仅具有较大的动

态流量范围,而且抗堵塞能力较强。

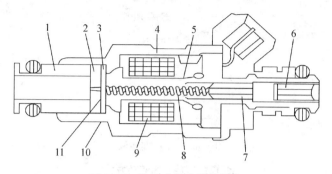

图1-69 片阀式喷油器的结构

1—喷嘴套;2—阀座;3—挡圈;4—喷油器体;5—铁芯;6—滤清器;
7—调压滑套;8—弹簧;9—电磁线圈;10—限位圈;11—阀片

片阀式喷油器的阀片工作状态如图1-70所示。当喷油器处于未通电状态(阀关闭)时,阀片被螺旋弹簧力和液压力压紧在阀座上。当来自ECU的喷油脉冲通过喷油器线圈时,即产生磁场,在电磁力足以克服弹簧力和燃油力的合力之前,阀片仍压紧在阀座上。一旦电磁力超过两者的合力,阀片即开始脱离阀座上的密封环,被铁芯吸住,于是具有压力的燃油进入阀座密封环中的计量孔。反之,一旦来自ECU的喷油脉冲结束,电磁力开始衰减,但是阀片仍短时保持阀开启状态,直到喷油器弹簧力克服衰减的电磁力为止。当弹簧力大于衰减的电磁力时,阀片将脱离挡圈返回到阀座上,切断燃油喷射。

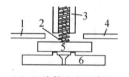 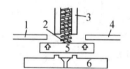 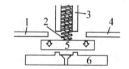

(a) 阀片静止在阀座上　　　(b) 阀片抬离阀座直至抵住挡圈　　　(c) 阀片离开挡圈返回阀座

图1-70 片阀式喷油器阀片的工作状态

1—挡圈;2—弹簧;3—铁芯;4—挡圈;5—阀片;6—阀座

2. 喷油器按驱动方式分类

喷油器的驱动方式分为电流驱动与电压驱动两种方式。电流驱动只适用于低阻喷油器,电压驱动既可用于低阻喷油器又可用于高阻喷油器,如图1-71所示。低阻喷油器指电磁线圈电阻值为2~3Ω的喷油器,高阻喷油器指电磁线圈电阻值为13~16Ω的喷油器。

电压驱动方式使驱动回路的构成较电流驱动简单,但加入附加电阻使回路阻抗加大,导致流过线圈的电流减少,喷油器上产生的电磁引力降低,针阀开启迟滞时间长。针阀开启与喷油信号导通有一段迟滞时间,称为无效喷射时间。在几种驱动方式中,电流驱动的迟滞时间(无效喷射)最短,其次为电压驱动低阻型,电压驱动高阻型最长。

1) 电流驱动

如图1-71(a)所示,在电流驱动回路中无附加电阻,低阻喷油器直接与蓄电池连接,通过ECU中的三极管对流过喷油器电磁线圈的电流进行控制。由于无附加电阻,回路阻抗小,开始导通时,大电流使针阀迅速打开,使喷油器具有良好的响应性。针阀打开后,需要的保持电流较小,可以防止喷油器线圈发热,减少功率消耗。

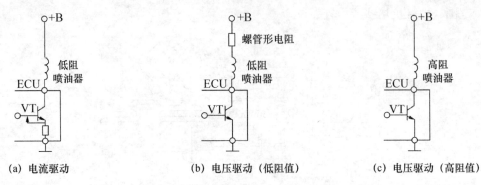

图 1-71 喷油器驱动方式

喷油器采用电流驱动时,蓄电池通过点火开关、安全保险主继电器给喷油器和 ECU 供电。安全保险主继电器与 ECU 的 FS 端相接,经过 ECU 内部喷油器驱动电路接地,如图 1-72 所示。

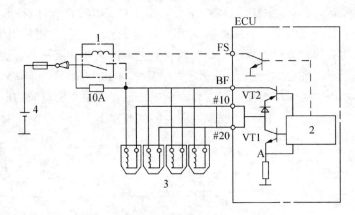

图 1-72 电流驱动电路

1—主继电器;2—喷油器驱动电路;3—喷油器;4—蓄电池

点火开关接通时,继电器触点闭合,喷油器驱动电路使 ECU 的 VT1 导通。流过喷油器线圈的电流在 VT1 发射极电阻上产生电压降。A 点电压达设定值时,喷油器驱动电路使 VT1 截止。当蓄电池电压为 14 V 时,打开针阀的峰值电流为 8 A,针阀达最大升程后处于稳定、静止状态,保持这一状态的电流为 2 A。在此过程中,VT1 以 20 kHz 的频率导通或截止,即电压变化频率为 20 kHz。VT2 吸收由于 VT1 导通和截止时在喷油器线圈中产生的反电动势,避免电流突然减小。由安全保险主继电器供电时,若喷油器线圈电流过大,继电器将自动断开,切断喷油器供电电源。

2)电压驱动

电压驱动方式的原理如图 1-71 (b)、图 1-71 (c) 所示。在电压驱动回路中使用低阻喷油器时,必须在回路中串入附加电阻。为使喷油器响应性好,在低阻喷油器中减少了电磁线圈匝数以减小电感;在回路中加入附加电阻,可以防止匝数减少后线圈中电流加大造成线圈发热而损坏。附加电阻与喷油器的连接方式如图 1-73 所示。

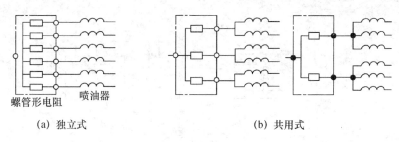

图 1-73　附加电阻连接方式

资讯 6　冷启动喷油器

1. 冷启动喷油器

汽车在低温环境下冷车启动时，混合气中有一部分汽油会发生冷凝，黏附在进气管的壁面上，使实际进入汽缸的混合气浓度变稀。为了对混合气变稀进行补偿，在冷启动时，必须额外地增加喷油量，以改善发动机的低温启动性能。

冷启动喷油器的结构如图 1-74 所示。它由插座、电磁线圈、针阀、弹簧、衔铁、旋流式喷嘴等组成。发动机低温启动时，热控正时开关使电磁线圈通电，线圈产生的电磁吸力将阀门吸起，汽油经旋流式喷嘴呈细粒状喷入进气总管，对混合气加浓，使发动机在低温下顺利启动。

2. 热控正时开关

热控正时开关是个温控开关，以螺纹连接方式安装在发动机冷却水路上。热控正时开关结构如图 1-75 所示，热控正时开关内部有一对动断触点，其中活动触点臂由双金属片制成，在双金属片上绕有加热线圈。热控正时开关对冷启动喷油器的控制原理如图 1-76 所示。

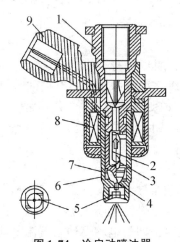

图 1-74　冷启动喷油器

1—燃油入口连接器；2—弹簧；3—衔铁；
4—阀座；5—旋流式喷嘴；6—喷油器体；
7—针阀；8—电磁线圈；9—插座

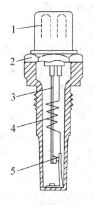

图 1-75　热控正时开关

1—电插头；2—壳体；3—活动触点臂；
4—加热线圈；5—触点

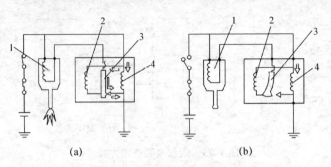

图1-76 冷启动喷油器与热控正时开关控制电路
1—冷启动喷油器；2—加热线圈1；3—双金属片动触点；4—加热线圈2

发动机低温启动时，点火开关接通，电流经启动开关、冷启动喷油器线圈、活动臂、固定触点、搭铁构成回路。与此同时，也有电流经点火开关流过加热线圈，通电的加热线圈使双金属片受热并弯曲变形，当双金属片弯曲到一定程度时，触点断开，冷启动喷油器停止喷油。发动机暖机后，由于冷却水温度升高，热控正时开关的触点保持断开状态，冷启动喷油器电磁线圈不能通电，故喷油器不会工作。热控正时开关触点闭合时间与受热有关。例如，在-20℃温度下，热控正时开关触点闭合时间最长为7.5 s，随着温度上升，闭合时间将逐渐减少；当温度达到35℃时，触点保持断开状态。

任务训练1　电动燃油泵的检测

1. 继电器控制电动燃油泵检修

以捷达汽车继电器控制电动燃油泵为例。

1) 检查电动燃油泵是否工作

① 打开油箱盖，然后打开点火开关（不要启动发动机），在油箱口处仔细听有无电动燃油泵运转的声音。如在打开点火开关后，能听到电动燃油泵运转3～5 s后又停止，说明电动燃油泵工作正常。

② 若在油箱口处听不清电动燃油泵运转的声音，可以在打开点火开关或启动起动机后，在发动机上方仔细听有无"嘶嘶"的燃油流动声，也可以用手检查进油软管有无压力。如有"嘶嘶"的燃油流动声或进油软管有压力，说明电动燃油泵工作正常。

③ 拆下发动机进油管或燃油分配管上的放气孔（无回油供油系统），打开点火开关或启动起动机，此时若油管内有大量汽油流出，说明电动燃油泵工作正常。

2) 电动燃油泵电阻的检测

将点火开关置于OFF，拔下有3个端子的电动燃油泵导线插头，如图1-77所示，端子1为油泵搭铁线、端子2为组合仪表控制单元、端子3接燃油泵继电器，从车上拆下电动燃油泵，用万用表欧姆挡测量端子1和端子3间的电阻，即为电动燃油泵直流电动机线圈的电阻，其阻值应为2～3 Ω（20℃时）。如电阻值不符，则需更换电动燃油泵。

3) 电动燃油泵工作状况的检查

关闭点火开关，使用接头导线VAG1348/3-2将遥控器VAG1348/3A接到燃油泵继电器的触点和蓄电池正极端子上。从燃油分配管上拔下输油管，将压力表VAG1318及接头VAG1318/10连接到进油管上。将软管VAG1318/1接到压力表的接口VAG1318/11上，并伸到量杯内。打开压力表的截止阀，使其接通。操作遥控器 VAG1348/3A，缓慢关上截止阀，直到压力表上显示 0.3 MPa 的压力，然后保持这一位置。将遥控器接通 30 s，泵油量一般应大于 580 mL。如果没有达到最低的泵油量，故障原因可能为进油管弯曲或阻塞、燃油滤清器阻塞及燃油泵故障等。

如图 1-78 所示，在进行电动燃油泵工作状况的检测时，将电动燃油泵与蓄电池相接（正负极不能接错），并使电动燃油泵尽量远离蓄电池，每次接通不超过 10 s（时间过长会烧坏电动燃油泵电动机的线圈）。如电动燃油泵不转动、泵油量没有达到标准值，则应更换电动燃油泵。

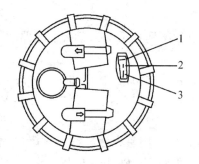

图 1-77　燃油泵导线插头
1、2、3—插头端子

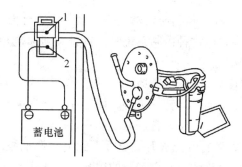

图 1-78　电动燃油泵工作状态的检查
1、2—端子

4）电动燃油泵控制电路的检修

检修前应确定蓄电池电压正常、燃油滤清器正常。其检修方法是：

① 打开点火开关，油泵应运转约 2 s。

② 如果油泵不运转，应关闭点火开关，拔下中央继电器电路板上 12 号位的油泵继电器。如图 1-79 所示，检测继电器供电情况时，插座第 2 脚、第 6 脚与搭铁之间电压应为蓄电池电压（12 V 左右）。

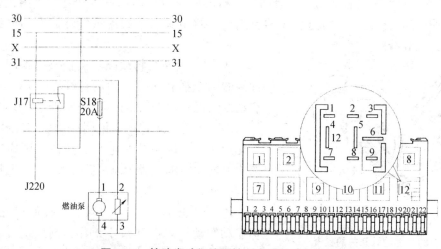

图 1-79　捷达发动机油泵控制电路及继电器位置

③ 在油泵继电器插座第 4 脚和蓄电池间接入一跳线开关，打开跳线开关，油泵应连续运转。如果油泵仍然不运转，则检查熔断器盒 18 号位熔丝。若熔丝未断，则打开行李箱

饰板,从密封凸缘拔下4个端子的油泵导线插头,用万用表测量插头上端子1和端子4之间的电压,应为12 V的蓄电池电压。

④ 拆下中央继电器板18号熔丝,用测试二极管将18号熔丝的一端与地连接,短时启动发动机(不得多于4 s),油泵继电器必须吸合(可听到声音),二极管应闪亮。否则在18号熔丝的另一端重试。若二极管仍不亮,检查油泵继电器插座第6脚与18号熔丝间有无断路故障。若无断路故障,则应更换油泵继电器。

⑤ 若油泵继电器能吸合而油泵不运转,则应检查油泵继电器插座第6脚与油泵插头端有无断路故障。若无断路故障而油泵仍然不运转,说明油泵有故障,应进行更换。

2. ECU控制的电动燃油泵控制系统的检修

在检修这种控制系统时,首先应判别是ECU内部故障还是ECU外部的控制电路故障。其方法是:

① 打开油箱盖,将点火开关置于ON位置(但不要启动发动机),在油箱口处倾听有无电动燃油泵运转的声音。如果在打开点火开关后,能听到电动燃油泵运转3～5 s后又停止,说明控制系统各部分工作正常。

② 若打开点火开关后听不到电动燃油泵运转的声音,可用一根短导线将故障检测插座内两个检测电动燃油泵的插孔(如丰田汽车故障检测插座内的FP和+B两插孔)短接。此时,打开点火开关,如果能听到电动燃油泵运转的声音,说明ECU外部的电动燃油泵控制电路工作正常,故障在ECU内部,应更换ECU;若仍听不到电动燃油泵运转的声音,则为ECU外部的控制电路故障,应检查熔丝、继电器有无损坏,各电路有无断路或接触不良。

3. 不受ECU控制的电动燃油泵控制电路的检修

以博世L型燃油喷射系统为例,该系统的电动燃油泵不受ECU控制,应按下述方法进行检修:

① 卸除燃油管路内的油压,拆下分配油管上的进油管接头,将油管插入容器内。

② 将点火开关转至启动挡,在启动发动机的同时应有燃油从进油管内喷出;若无油喷出,说明电路有故障,就应进一步检查熔丝、继电器、空气流量传感器内的燃油泵开关、点火开关和线路。

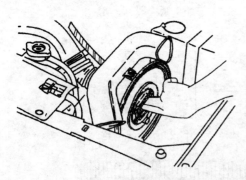

图1-80 燃油泵开关的检查

③ 用一根导线将故障检测插座内检测电动燃油泵的两个插孔短接,然后打开点火开关(不要启动发动机),打开油箱盖,并倾听有无燃油泵运转的声音。若有运转声,说明控制电路工作正常;若无运转声,说明控制电路有故障,则应检查电路中的熔丝、继电器有无损坏,线路有无接触不良或折断。

④ 若上述检查中电动燃油泵控制电路正常,但启动发动机时燃油泵不工作,则应检查叶片式空气流量传感器内的燃油泵开关触点。拆下空气滤清器,打开点火开关,用手指或旋具(起子)推动叶片式空气流量传感器的测量叶片,如图1-80所示。此时,在油箱口应能听到燃油泵运转的声音;若听不到燃油泵运转的声音,说明空气流量传感器内的燃油泵开关损坏,应更换空气流量传感器;也可通过用万用

表欧姆挡在测量叶片不同位置测量燃油泵开关两端子的导通性进行判断。

任务训练 2　喷油器的检测

1. 喷油器的检测
1) 简单检查方法

在发动机工作时,用手触试或用听诊器检查喷油器针阀开闭时的振动声响。如果感觉无振动或听不到声响,说明喷油器或其电路有故障。

2) 喷油器电阻检查

拆开喷油器线束连接器,用万用表测量喷油器两端子之间的电阻,低阻值喷油器应为 $2\sim3\Omega$,高阻值喷油器应为 $13\sim16\Omega$,否则应更换喷油器。

注意:低阻喷油器不能直接与蓄电池连接,必须串联一个 $8\sim10\Omega$ 的附加电阻。若为低阻喷油器,还应检测串接电阻是否正常。

2. 喷油器控制电路

各车型喷油器控制电路基本相同,一般都是通过点火开关和主继电器(或熔丝)给喷油器供电,ECU 控制喷油器搭铁。只是不同发动机的喷油器数量、喷射方式、分组方式不同,ECU 控制端子的数量不同,前面已有叙述。

在使用中,若喷油器不工作,拆开喷油器线束连接器,将点火开关转至"ON"位置,但不启动发动机。用万用表测量其电源端子与搭铁间的电压,应为蓄电池电压,否则应检查供电线路、点火开关、主继电器或熔丝是否有故障。若电压正常,则说明喷油器、喷油器线路(与 ECU 连接线路,即喷油器控制电路)或 ECU 有故障。

1) 喷油器控制电路故障分析

执行喷油器开关动作的控制电路,是由三极管控制喷油器线圈的搭铁回路,三极管的集电极(C)连接喷油器,发射极(E)搭铁。如果 C 极和 E 极短路,就会出现打开点火开关后,喷油器始终喷油的故障;如果 C 极断路,就会使喷油器无法完成搭铁回路,导致喷油器不喷油。另外,如果与三极管 C 极并联的保护二极管短路,也会出现喷油器一直喷油的现象。

2) 喷油器控制检测方法

可以使用数字万用表、示波器或 LED 试灯等工具进行检测,严禁带电插拔线束插头,以免引起瞬间大电流造成发动机 ECU 内部三极管损坏。将 LED 测试灯连接在喷油器插头两个插孔中,打开点火开关。如果 LED 灯一直点亮,表示三极管 C 极和 E 极短路;如果 LED 灯不亮,启动发动机,如果 LED 灯仍不亮,表示三极管 C 极和 E 极断路。启动发动机时,LED 灯会闪亮,说明传感器和 ECU 无问题。

LED 试灯制作方法是:将 2 只发光二极管并联,将一只的正极接另一只的负极,再与一只 $510\Omega/0.25W$ 的电阻串联(见图 1-81),然后在 2 只二极管之间及电阻的另一端连

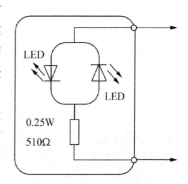

图 1-81　LED 试灯制作方法

接检测线即可完成制作。

3. 喷油器加压后的检查与清洗

① 在使用仪器之前,应仔细阅读注意事项,以便能够正确操作。

② 超声波清洗。可同时对多个喷油器进行超声波清洗,能彻底清除喷油器上的积炭。

③ 喷油量检测功能。可以检测喷油器在 15 s 常喷情况下的喷油量。

④ 均匀性雾化性检测功能。检测各个喷油器喷油量的均匀性,同时可利用背景灯全面仔细地观察喷油器的喷射雾化情况,还能对喷油器进行反向冲洗,如图 1-82 所示。

⑤ 密封性测试功能。可检测喷油器在系统压力下的密封性和滴漏情况。检查时,在 1 min 内喷油器油滴超过 1 滴,应更换喷油器,如图 1-83 所示。

⑥ 自动清洗检测功能。在特定的工况参数下,真实模拟喷油器在各种工况下的测试。

⑦ 免拆清洗功能。带有多种免拆清洗接头,可进行多种车型免拆清洗维护。

⑧ 最小开启脉宽检测。

详细操作内容见所使用的喷油器清洗检测仪说明书。

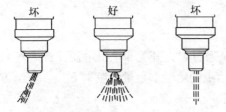

图 1-82　喷油器雾化情况

图 1-83　喷油器滴漏的检查

4. 注意事项

① 喷油器滴漏的检查。可采用专用设备进行检查,也可将喷油器和燃油总管拆下,再与燃油系统连接好,用专用导线将诊断座上的燃油泵测试端子跨接到 12 V 电源上,然后打开点火开关,或直接用蓄电池给燃油泵通电。燃油泵工作后,观察喷油器有无滴漏现象,如图 1-84 和图 1-85 所示。

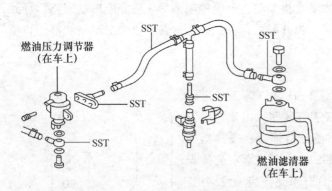

图 1-84　喷油器及燃油总管的拆装

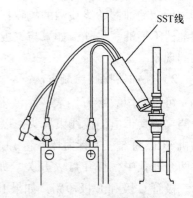

图 1-85　喷油器加压测试

② 喷油器喷油量的检查。喷油器的喷油量可在专用设备上进行检查,也可按滴漏检查。做好准备工作,燃油泵工作后,用蓄电池和导线直接给喷油器通电,并用量杯检查喷油器的喷油量。每个喷油器应重复检查 2~3 次,各缸喷油器的喷油量和均匀度应符合标准,否则应清洗或更换喷油器。各车型喷油器的喷油量和均匀度标准不同,一般喷油量为

50～70 mL/15 s，各缸喷油器的喷油量相差不超过10%。

任务训练 3 燃油压力的检测

检测发动机运转时燃油管路内的油压，可以判断电动燃油泵或燃油压力调节器有无故障、燃油滤清器是否堵塞等。检测燃油压力时，应准备一个量程为 1 MPa 左右的油压表及专用的油管接头，按下列步骤检测燃油压力。

1. 系统卸压

启动发动机，在发动机运转中拔下油泵保险或电动燃油泵继电器，待发动机自行熄灭后，再转动启动开关，启动发动机 2～3 次，燃油压力即可完全释放，然后关闭点火开关，装上油泵保险或电动燃油泵继电器。

2. 安装油压表

拆除蓄电池负极搭铁线，松开进油管接头，拆开螺栓时，要用一块棉布包住油管接头，以防燃油喷溅，将油压表串接在进油管中（见图 1-86），擦干溅出的燃油，重新装上蓄电池负极搭铁线。

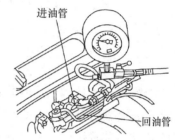

图 1-86 发动机燃油供给系统压力的检测

油压表也可以安装在燃油滤清器油管接头上、分配油管进油接头上、或用三通接头接在燃油管道上，便于安装和观察的任何部位，如图 1-87 所示。

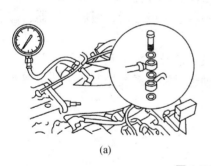
(a)

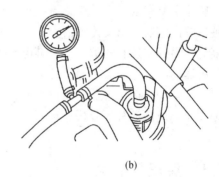
(b)

图 1-87 油压表的安装

3. 检测油压

1) 发动机运转时燃油压力的测量

打开燃油压力表开关，启动发动机并怠速运转，测量此时的燃油压力，正常值约为 250 kPa。缓慢开大节气门（踩下加速踏板），测量此时的燃油压力，应在 280～300 kPa 之间跳动。

拔下燃油压力调节器上的真空管，测量此时的燃油压力应和节气门全开时的燃油压力基本相等，正常值约为 300 kPa。重新接上真空管，燃油压力有 50 kPa 的下降。若测得油压过高，应检查燃油压力调节器及其真空软管。若测得的油压过低，则应检查电动燃油泵、燃油滤清器及燃油压力调节器。

2) 系统保持压力的测量

关闭点火开关，10 min 后，燃油保持压力应大于 150 kPa。如果保持压力小于 150 kPa，启动发动机并怠速运转。当油压建立起来后，关闭点火开关，同时关闭燃油压力表开关，继续观察压力表指针是否会下降。如果压力仍然下降，可能的原因有燃油压力调节器阀门密封不严、喷油器滴油、管路有渗漏。如果压力变为正常，则说明燃油压力表开关之前的油路密封存在问题；如管路渗漏，说明燃油泵出油止回阀关闭不严。

4. 拆卸油压表

测量好燃油压力后，按下列步骤拆卸油压表：释放燃油系统的油压；拆下蓄电池负极搭铁线；拆下油压表；重新装好油管接头；接好蓄电池负极搭铁线；预置燃油系统的油压；检查油管各处有无漏油。

任务四　电子控制系统

电子控制系统的功用是电控单元根据发动机运转状况和车辆运行状况确定汽油最佳喷射量。该系统由传感器、电子控制装置（ECU）、执行装置三部分组成。

控制系统的核心是 ECU。ECU 根据发动机中各种传感器送来的信号控制喷油时间、点火定时等。传感器监测发动机的实际工况，计量各种信号并传输给 ECU。ECU 输出的各种控制指令由执行装置执行。主要有喷油脉宽控制、点火提前角控制、怠速控制、自诊断、故障备用程序启动、仪表显示等。

传感器是装在发动机各部位的信号转换装置，用来测量或检测反映发动机运行状态下的各种物理量、电量和化学量等，并将它们转换成电脑能接受的电信号后再送给 ECU。常用的传感器主要有空气流量传感器（L型）、进气管绝对压力传感器（D型）、发动机转速与曲轴位置传感器、温度传感器、节气门位置传感器、氧传感器、爆燃传感器、稀空燃比传感器等；另外，还有各类开关、继电器等。

传感器输出信号的波形通常分为三种类型：模拟信号、数字开关量信号及连续脉冲数字信号。了解和掌握传感器输出信号的特征，有助于对控制系统控制原理的理解及电路分析，便于系统故障的分析及快速诊断。

资讯1　温度传感器

传感器的内部大都是一个半导体热敏电阻，热敏电阻有负温度系数和正温度系数两种。一般采用负温度系数热敏电阻（简称 CTN），负温度系数电阻在温度上升时，其电阻值是下降的。在 ECU 中有一标准电阻与传感器的热敏电阻串联，并由 ECU 提供标准电压，传感器搭铁端子通过电脑搭铁端子搭铁，当热敏电阻随着进气温度或冷却液温度变化时，ECU 通过传感器端子测得的分压值随之变化，ECU 根据此分压值判断进气温度或发动机冷却液温度。

1. 冷却液温度传感器

冷却液温度传感器的功用是修正喷油量和修正点火时刻；在低温中断超速挡工作，以保证发动机动力；发动机 ECU 根据冷却液温度传感器提供的温度信号，驱动步进电动机的动作步数来控制怠速进气量；保证发动机在冷启动时，适当加大混合气的浓度。

冷却液温度传感器安装在发动机缸体或缸盖的水套上，与冷却液直接接触，用于测量发动机的冷却液温度。如图 1-88 所示，其内部装有负温度特性的热敏电阻，温度越低，电阻越大；温度越高，电阻越小。ECU 根据这一变化便可测得发动机冷却液的温度，进行喷油量修正。

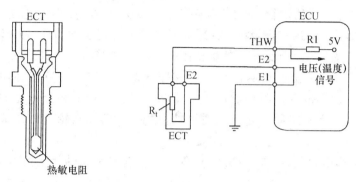

图 1-88　冷却液温度传感器电路原理

2. 进气温度传感器

进气温度传感器的功用是对体积流量型的空气流量传感器所测的空气量信号进行修正；修正喷油量和喷油正时；修正点火时刻；在发动机转速低于规定值或点火开关接通启动挡时，ECU 根据冷却液温度传感器确定基本喷油时间，根据进气温度传感器信号对喷油时间作修正（延长或缩短）。

空气质量大小与进气温度和大气（进气）压力高低有关。当进气温度低时，空气密度大，相同体积气体的质量增大；反之，当进气温度升高时，相同体积的气体质量将减小。在采用歧管压力式、翼片式、卡门涡旋式、量芯式空气流量传感器的燃油喷射系统中，由于空气流量传感器测定的空气流量为体积流量，因此需要装配进气温度传感器和大气压力传感器。ECU 根据发动机的进气温度和大气压力信号修正喷油量，使发动机自动适应外部环境温度（寒冷、高温）和大气压力（高原、平原）的变化。当进气温度低（空气密度大）时，热敏电阻阻值大，传感器输入 ECU 的信号电压高，ECU 控制喷油器增加喷油量；反之，当进气温度高（空气密度小）时，热敏电阻阻值小，传感器输入 ECU 的信号电压低，ECU 控制喷油器减少喷油量。

进气温度传感器通常安装在空气流量传感器内或空气滤清器之后的进气管上，用于测量进气温度，供 ECU 修正喷油量使用。进气温度传感器的结构和工作原理与冷却液温度传感器相同，如图 1-89 所示。

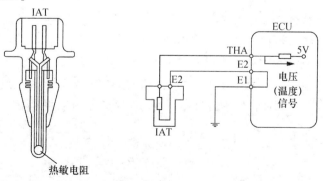

图 1-89　进气温度传感器的结构与电路原理

资讯2　曲轴位置传感器和凸轮轴位置传感器

曲轴转速传感器与曲轴位置传感器虽然所检测的内容不同，在电控系统中两者通常都采用对脉冲的检测方法进行测量。转速是通过对随发动机转速变化的脉冲信号频率进行测量而得到的，曲轴转角是由相对曲轴转角位置不变的脉冲信号所产生的时刻与发动机转速值的运算得来的。因此，发动机转速传感器一般与曲轴位置传感器制成一体，有些就共用同一个传感器或一个脉冲信号，这样就将曲轴转速传感器和曲轴位置传感器合在一起，其安装部位有在曲轴前端、凸轮轴前端、飞轮上和分电器内，不同车辆所采用的结构形式不完全一样。同样，凸轮轴位置传感器和凸轮轴转速传感器也是做成一体。

曲轴位置传感器的作用是向ECU提供发动机的转速和曲轴转角信号。发动机转速是ECU判断发动机运行工况、选择控制程序和确定初始控制参数的主要依据，也是ECU对发动机一个工作循环吸入空气量进行计算所必需的基本参数。

凸轮轴位置传感器的作用是向ECU提供关于发动机基准汽缸所处的工作行程和活塞运动方向的信号，一般称为判缸信号。在采用顺序喷射方式的电控燃油喷射系统中，表明基准汽缸所处工作行程和活塞位置的判缸信号是ECU进行喷油正时和顺序控制的唯一依据，因此在采用顺序喷射方式的电控燃油喷射系统中必须有凸轮轴位置传感器，对于采用分组喷射或同时喷射方式的电子燃油喷射系统则可省略。

电控燃油喷射系统中使用的曲轴位置传感器和凸轮轴位置传感器，按它们的工作原理有电磁感应式、霍尔效应式和光电感应式三种类型。这三种类型的传感器可以不同的组合方式，完成各自承担的参数采集任务。

1. 电磁感应式传感器工作原理

电磁感应式传感器的结构及工作原理如图1-90所示。传感器由信号轮、永久磁铁和铁芯组成的感应头及感应线圈组成，感应头的端部与信号轮齿顶之间具有1 mm左右的间隙。信号轮旋转时，每当信号轮轮齿接近和离开感应头时，通过感应线圈的磁通量将随着齿形的凹凸产生相应的变化，从而在感应线圈上感应出交流信号。信号轮转过一圈，在感应线圈的输出端，将产生与信号轮齿数相同的交流信号，ECU根据输出信号的个数、周期及与发动机转速的关系，就能计算出发动机转速和曲轴转角。电磁感应式传感器具有结构简单、价格便宜的优点，但也存在输出电压随发动机转速波动的不足。

2. 霍尔效应式传感器工作原理

霍尔效应原理指出：在磁场中，当电流以垂直于磁场方向流过置于磁场中的霍尔半导体基片时，在与电流和磁场垂直的霍尔基片两个横向侧面上，将产生一个与电流和磁场强度成正比的电位差，称为霍尔电压 U_H，如图1-91（a）所示。霍尔电压 U_H 与霍尔半导体材料的特性、基片厚度、通过电流的大小及磁场强度等因素有关，可用下式表示：

$$U_H = \frac{R_H}{d}IB$$

式中　R_H—霍尔系数；d—基片厚度；I—流过基片的电流；B—磁场强度。

对于一定的结构，当电流为定值时，霍尔电压 U_H 与磁场强度 B 成正比。

利用霍尔效应原理制成的霍尔效应式传感器的基本结构，如图 1-91（b）所示。传感器由带有叶片或触发轮齿的信号轮（叶轮）和包括永久磁铁、导磁板及霍尔集成电路的霍尔信号发生器（霍尔组件）组成。霍尔效应式传感器具有输出电压不受发动机转速影响的优点，但由于叶片或触发轮齿数量受自身结构的限制，存在分度较粗的不足。

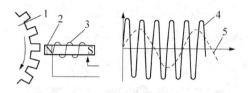

图 1-90　电磁感应式传感器工作原理图
1—信号轮；2—感应头；3—感应线圈；
4—高速时的输出信号；5—低速时的输出信号

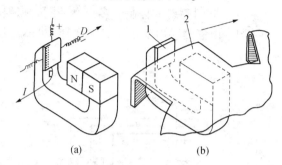

图 1-91　霍尔效应原理
I—霍尔元件上所加的电流
1—霍尔组件；2—叶轮

3. 光电感应式传感器工作原理

光电感应式传感器的基本结构及工作原理如图 1-92 所示。传感器由带有叶片的信号轮和包括发光二极管、光敏二极管及放大整形电路的信号发生器所组成。信号轮转动时，每当叶片进入发光二极管和光敏二极管之间的空隙时，发光二极管射向光敏二极管的光束被遮挡，光敏二极管的电压为零。当叶片离开两者之间的空隙时，发光二极管的光束照射到光敏二极管上，光敏二极管因感光而产生电压。随着信号轮的旋转，信号发生器向 ECU 输出与叶片数相等的电压脉冲信号。光电感应式传感器具有分度精度高、输出数字脉冲信号的优点，但存在对使用环境要求较高的不足。

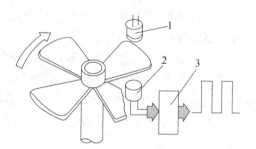

图 1-92　光电感应原理
1—发光二极管；2—光敏二极管；
3—信号发生器

资讯 3　燃油喷射控制

1. 喷油正时的控制

喷油正时控制是指 ECU 对喷油开始时刻的控制。在间歇汽油喷射系统中，喷油正时控制有同步喷射和异步喷射两种控制方式。

对于同步喷射方式，喷射的开始时刻与曲轴的转角位置有关，ECU 根据曲轴的转角位置信号输出喷油脉冲信号，在固定的曲轴转角开始喷油。同步顺序喷射正时控制如图 1-93 所示。在发动机运转过程中，同步喷射始终在进行。

对于异步喷射方式，喷射的开始时刻与曲轴的转角位置无关，ECU 根据需要进行异步喷射的信号或过程，输出喷油脉冲信号。因此，异步喷射方式是一种临时的补偿性喷射，是同步喷射的补充。发动机处于冷启动、加速等非稳定工况时，电控燃油喷射控制系统除了同步喷射外，还增加异步喷射，对同步喷射的喷油量进行增量修正。

1）同步喷油正时

（1）同时喷射的控制。多点燃油同时喷射就是各缸喷油器同时喷油。各缸喷油器并联在一起，电磁线圈电流由一只功率管 VT 驱动控制，如图 1-93 所示。

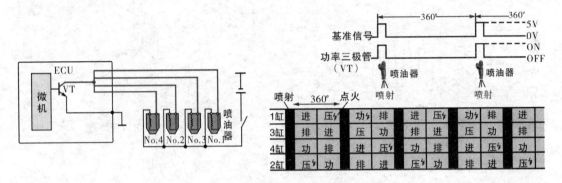

图 1-93　多点燃油同时喷射控制电路与正时关系

同时喷射的特点：控制电路、控制软件比较简单，成本较低；但是，从喷射正时图上可以看出，各缸喷油时刻距进气行程开始的时间间隔差别比较大，喷油时刻不能达到最佳，造成各缸混合气品质不均匀。

（2）分组喷射的控制。多点燃油分组喷射就是将喷油器喷油分组进行控制。一般将四缸发动机分成两组，六缸发动机分成三组，八缸发动机分成四组，如图 1-94 所示。

发动机工作时，由 ECU 控制各组喷油器轮流喷油。发动机每转一圈，只有一组喷油器喷油，每组喷油器喷油时连续喷射 1～2 次。

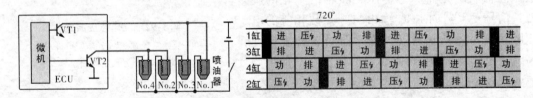

图 1-94　多点燃油分组喷射控制电路与正时关系

分组喷射的特点：其电路比同时喷射复杂，但是，从正时图上可以看出各缸喷油时刻比同时喷油要精确，使得混合气品质好于同时喷射。大部分中档轿车采用这种喷油方式。

（3）顺序喷射的控制。在顺序喷射系统中，发动机工作一个循环（曲轴转两周 720°），各缸喷油器轮流喷油一次，且像点火系统跳火一样，按照特定的顺序依次进行喷射。例如都市先锋轿车采用的是喷射控制方式，其喷油器在各缸排气行程上止点之前 72° 开始喷油，喷射顺序是 1-3-4-2，如图 1-95 所示。

项目一　电控燃油喷射系统检修

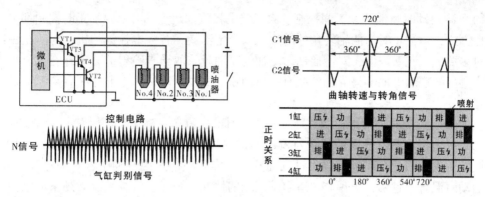

图 1-95　多点燃油顺序喷射控制电路与正时关系

顺序喷射的特点：控制电路的驱动回路与缸数相同，控制软件复杂；但是，喷油时刻可以设立在最佳时间，对混合气的形成十分有利，控制精度高，对提高燃油经济性和降低排放都有一定的好处。一般高档轿车采用这种喷油方式。

2）异步喷油正时控制

（1）启动异步喷油正时控制。在部分电控燃油喷射系统中，为改善发动机的启动性能，在发动机启动时，除同步喷油外，再增加一次异步喷油。

具有启动异步喷油功能的电控燃油喷射系统，在启动开关处于接通状态时，ECU 接收到第一个凸轮轴位置传感器信号；当接收到第一个曲轴位置传感器的信号（Ne 信号）时，开始进行启动时的异步喷油。

（2）加速时异步喷油正时控制。发动机由怠速工况向汽车起步工况过渡时，由于燃油惯性等原因，会出现混合气变稀的现象。为了改善起步加速性能，ECU 根据节气门位置传感器（IDL 信号）从接通到断开时，增加一次固定量的喷油。在有些电控燃油喷射系统中，ECU 接收到的 IDL 信号从接通到断开后，检测到第一个 Ne 信号时，增加一次固定量的喷油。有些发动机电控燃油喷射系统，为使发动机加速更灵敏，当节气门迅速开启或进气量突然增加（急加速）时，在同步喷射的基础上再增加异步喷射。

2. 喷油量的控制

在电控燃油喷射控制系统中：喷油持续时间控制根据发动机的运行情况和控制要求，分为发动机启动时喷油持续时间控制和启动后喷油持续时间控制。

1）启动时喷油控制

发动机启动时，由于发动机的转速变化很大，无论是进气歧管绝对压力传感器还是空气流量计都无法准确测出实际的进气量。因此，发动机启动时，ECU 不能用实际进气量来计算喷油量，而采用另外的喷油量控制方式。电脑判定发动机为启动工况，ECU 根据冷却液温度，由 ROM 内所存储的水温-时间图查出相应的喷油时间，如图 1-96 所示，然后对进气温度和蓄电池电压的修正，得到启动时的喷油持续时间。根据启动时发动机的热状态，又分为冷启动时喷油持续时间控制和高温启动时喷油量控制。

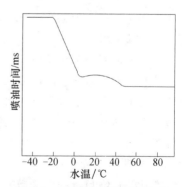

图 1-96　水温与喷油时间关系

（1）冷启动时喷油持续时间控制。大多数电控汽油机启动时的喷油正时控制都采用同步喷射方式，喷油正时与曲轴转角的对应关系固定不变。有些电控汽油机，为防止一次喷油量过多造成火花塞浸湿，对冷启动时增加的喷油量采取异步喷射的方式补充，以保证发动机有良好的启动性能。另外，安装有冷启动喷油器的发动机，是通过冷启动喷油器获得喷油增量。

（2）高温启动时喷油量控制。在夏季高温时节，汽车在高速行驶后停车10～30 min再次启动时，由于发动机散发的热量对汽油的加热作用，会使汽油温度上升至80～100℃，此时喷油器内的汽油会沸腾生成大量汽油蒸气，实际喷油量因汽油中含有油蒸气而减小，造成启动时混合气过稀，出现高温下启动困难的情况。为此，电控系统必须采取高温油量修正方法，以改善电控汽油机的高温启动性能。在大多数电控汽油机中，ECU根据冷却液温度确定是否进行高温启动油量修正（一般设定值为100℃），在有些专门配置汽油温度传感器的电控汽油机中，ECU根据汽油的温度确定高温启动时是否进行喷油量修正。

2）发动机启动后的喷油控制

（1）基本喷油量。发动机启动后，一般当发动机转速大于500 r/min时，ECU即认为启动过程结束，电控系统进入启动后喷油持续时间控制程序，ECU按循环空气质量及目标空燃比决定喷油量的控制原则，对实际喷油持续时间进行控制。

实际喷油持续时间与循环进气量、发动机运行状态、发动机热状态、反馈信号及蓄电池电压等因素有关，可用如下公式表示：

$$T = T_p F_c + T_v$$

式中　T——实际喷油持续时间，ms；T_p——基本喷油持续时间，ms；F_c——综合修正系数；T_v——无效喷油持续时间，ms。

（2）基本喷油持续时间T_p。基本喷油持续时间T_p是为了达到目标空燃比，由计算求得的喷油持续时间。目标空燃比（A/F）一般预设为14.7∶1，已存储ROM中。发动机工作时，ECU首先根据空气流量计或进气歧管绝对压力传感器、温度传感器、曲轴位置传感器等输入的信号，算出一个工作循环发动机吸入的空气质量，然后由目标空燃比和循环空气质量算出所需的基本喷油量G_f。计算公式如下：

$$G_f = G_a / (A/F)$$

式中　G_a——一个工作循环发动机吸入的空气质量，g；G_f——一个工作循环所需的基本喷油量，g。

在喷油器的结构参数和系统油压与进气歧管压力都保持不变的情况下，喷油量与喷油持续时间唯一对应，由此ECU可以算出基本喷油持续时间T_p。

（3）综合修正系数F_c。综合修正系数F_c包括暖机过程修正系数、怠速稳定性修正系数、大负荷修正系数、加速修正系数、目标空燃比反馈修正系数、学习空燃比控制修正系数等。

① 暖机过程修正。发动机低温启动后，转速逐渐升高并趋于稳定，进入以实现目标空燃比为最终目标的启动后喷油持续时间控制程序，但由于此时发动机的温度还比较低，仍存在汽油蒸发不良等问题，为了使发动机正常运转，仍需继续提供较浓的混合气。暖机过程基本喷油持续时间的增量修正量与冷却水温度有关，ECU根据冷却水温度确定初始修正量（见图1-97），以后随着冷却水温度上升逐渐减小，当水温达到正常值后，暖机修正量等于零。

② 怠速稳定性修正。在 D-Jetronic 系统中，反映发动机进气量的进气歧管压力，在怠速工况时相对发动机转速明显的滞后。节气门后进气系统的体积越大，怠速转速越低，滞后时间越长，这种滞后导致怠速转速产生周期性的波动。为了提高 D-Jetronic 电控系统的怠速稳定性，ECU 根据进气歧管压力和发动机怠速，采取与转矩变化方向相反的反向修正方法（见图1-98），以提高发动机的怠速稳定性。

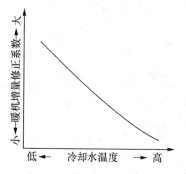

图 1-97　暖机时燃油增量修正系数的变化

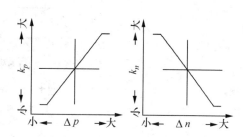

图 1-98　怠速稳定性修正

③ 大负荷工况喷油量修正。发动机在中小负荷工况下运行时，ECU 以 14.7∶1 的目标空燃比为控制目标，对实际喷油持续时间进行修正，使发动机的有害物排放量符合要求。当发动机处于大负荷工况或高转速工况时，为了获得尽可能大的功率，发动机要求电控系统提供功率混合气浓度的混合气。为此，当 ECU 根据节气门位置传感器的输入信号，确定发动机处于大负荷运行工况时，即对基本喷油持续时间进行大负荷修正，把目标空燃比调整到 12.5∶1～13.2∶1 范围，喷油量增加 10%～30%，以满足车辆对发动机输出转矩的要求。发动机在高转速工况运行时喷油量修正与大负荷修正相同。

④ 加、减速工况喷油量修正。汽车急加速时，节气门在短时间内快速开大，ECU 根据节气门开度的变化，修正喷油持续时间，把目标空燃比调整到 12.5∶1～13.2∶1 范围，增大发动机的输出转矩，使汽车具有良好的加速性。另外考虑到空气流量信号的滞后及节气门在短时间内快速开大，进气歧管内的压力上升，将导致汽油蒸发速度减慢。在这种情况下，尽管喷入进气歧管的油量增加，实际从附着在进气歧管壁面的油膜中蒸发出的汽油蒸气并未同步增加，使混合气浓度短时变稀，或者达不到功率混合气浓度要求，导致发动机对急加速响应滞后。

为了提高发动机对急加速的响应速度，要求 ECU 一接收到表示汽车急加速的输入信号，立即向输出回路发出异步喷射控制脉冲，及时对混合气进行加浓。对于汽车急加速的判断，ECU 一般根据单位时间节气门开度变化速率或单位时间空气流量变化率来确定。图 1-99 表示汽车加速时，节气门开度、吸入空气量与各缸进气行程的对应关系。图中 G_{a1}，是 ECU 计算同步喷射持续时间 T_A 所依据的空气质量。在 T_A 内喷射的油量正好与 G_{a1} 匹配，达到目标空燃比。由于汽车正处于加速工况，在进气行程第一缸实际吸入的空气质量为 G_{a2}，增加了 ΔG_{a1}，于是按同步喷射持续时间 T_A 喷入第一缸的油量就显得不足，造成混合气偏稀。由于加速仍在进行，节气门继续开大，按工作顺序进气行程第三缸实际吸入的空气质量为 G_{a3}，空气量增加了 ΔG_{a2}，按同步喷射持续时间 T_A，喷入第三缸的汽油量也显得不足，造成混合气也偏稀。为了使混合气不变稀，与空气的增量 ΔG_{a1} 及 ΔG_{a2} 相对应，由异步喷射喷入缺少的油量。

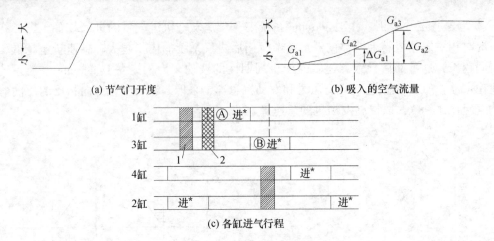

图 1-99 异步喷射的时间图
1—同步喷射；2—异步喷射

汽车急减速时，节气门在短时间内快速关小，进气歧管内的压力下降，真空度上升，汽油蒸发速度加快。在这种情况下，尽管喷入进气歧管的油量已经减少，实际从附着在进气歧管壁面的油膜中蒸发出的汽油蒸气，反而因真空度提高而增加，使混合气浓度短时变浓，导致发动机有害物排放量增加，为此 ECU 将对基本喷油持续时间进行减量修正，以避免发动机排放性能短时恶化。

⑤ 空燃比反馈修正。为了使三元催化转化器始终具有最高的净化效率，现代电控汽油机在大部分工况都采用氧传感器反馈控制（也称闭环控制），ECU 根据氧传感器对排气中氧含量检测结果，对基本喷油持续时间进行修正，将空燃比始终维持在 14.7∶1 附近。

⑥ 学习空燃比控制。随发动机使用时间的延续，汽油喷射系统各组成系统及组成部件的性能会发生变化，使原来设定参数进行控制得到的实际空燃比偏离理论空燃比，随着使用时间的推移这种偏离将不断增大。虽然电控系统具有空燃比反馈修正功能，但是一旦偏离值超出正常修正范围，将给反馈修正带来控制上的困难，如图 1-100 中的 C 所示。

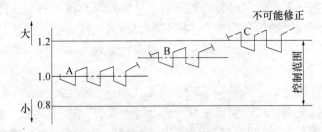

图 1-100 空燃比反馈修正的修正范围

学习空燃比控制也称为学习控制，其作用是当偏离值超出正常修正范围时，ECU 对实际空燃比与理论空燃比之间的偏离量（也称学习修正系数）进行计算，然后用计算得到的偏离量对基本喷油持续时间进行总修正，并把偏离量储存在 EPROM 或 RAM 中作为以后的预置值，以提高空燃比的控制精度。

⑦ 蓄电池电压修正。在电控燃油喷射系统中，ECU 发出喷油脉冲信号，输出回路立即使喷油器电磁线圈搭铁通电，但由于喷油器的针阀具有惯性，针阀的实际开启时刻（开始喷油时刻）相对喷油脉冲的上升沿存在一个滞后。同样当喷油器电磁线圈断电时，针阀

的实际关闭时刻（停止喷油时刻）相对喷油脉冲的下降沿也存在一个滞后。针阀开启滞后的时间与关闭滞后的时间差值称为无效喷射时间。由于针阀开启时的滞后时间比针阀关闭时的滞后时间长，因此无效喷射时间就是实际喷油持续时间比电控系统要求的喷油持续时间少的那段时间。试验证明，针阀开启滞后时间受蓄电池电压影响较大，蓄电池电压低，针阀开启滞后时间长，反之则短；针阀关闭滞后时间主要与结构参数有关，受蓄电池电压的影响较小。由于在汽车行驶和使用过程中，蓄电池电压的变化幅度较大，为此在实际喷油持续时间计算中，单独设置了蓄电池电压修正项，ECU根据蓄电池电压确定修正系数，如图1-101所示。

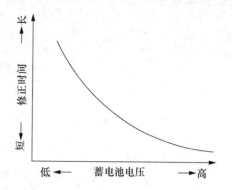

图1-101　修正时间与蓄电池电压的关系

资讯4　断油控制

断油控制是指发动机运转期间，出现某种可能危及安全或对环境造成危害的情况，ECU暂时停止向输出回路发送喷油脉冲信号，当促使ECU作出断油判断的情况消失后，ECU将恢复对发动机的供油。在电控汽油机中，出现以下三种情况，ECU将对发动机实施断油控制。

1. 减速断油控制

减速断油控制是指当发动机在高转速运转过程中突然减速时，ECU自动控制喷油器中断燃油喷射。

当高速行驶的汽车突然松开加速踏板减速时，发动机将在汽车惯性力的作用下高速旋转，由于节气门已经关闭，进入汽缸的空气很少，因此，如不停止喷油，混合气将会很浓而导致燃烧不完全，有害气体的排放量将急剧增加。减速断油的目的就是节约燃油，并减少有害气体的排放量。

ECU根据节气门位置、发动机转速和冷却液温度等传感器信号，判断是否满足以下三个减速断油条件：

① 节气门位置传感器信号表示节气门关闭；
② 发动机冷却液温度达到正常工作温度（80℃）；
③ 发动机转速高于燃油停供转速。

当三个条件全部满足时，ECU立即发出停止喷油指令，控制喷油器停止喷油。当喷油停止、发动机转速降低到燃油复供转速或节气门开启（怠速触点断开）时，ECU再发出指令控制喷油器恢复喷油，控制曲线如图1-102所示。

燃油停供转速和复供转速与冷却液温度和发动机负荷有关，由ECU根据发动机温度、负荷等参数确定。冷却液温度越低，发动机负荷越大（如空调接通），燃油停供转速和复供转速就越高。

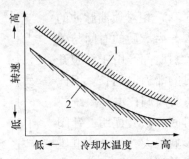

图 1-102　减速时断油与恢复供油转速特性

1—断油转速；2—恢复供油转速

2. 超速断油控制

超速断油控制是指当发动机转速超过允许的极限转速时，ECU 立即控制喷油器中断燃油喷射。燃油喷射式发动机采用超速断油控制的目的是防止发动机超速运转而损坏机件。

发动机工作时，转速越高，曲柄连杆机构的离心力就越大。当离心力过大时，发动机就有"飞车"而损坏的危险。因此，每台发动机都有一个极限转速值，一般为 6 000～7 000 r/min。捷达 AT、GTX 型轿车为 6 800 r/min。

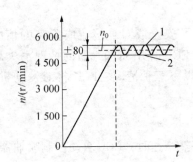

图 1-103　电控转速限制装置工作特性

1—停止喷油；2—恢复喷油

在发动机运行过程中，ECU 随时都将曲轴位置传感器测得的发动机实际转速与存储器中存储的极限转速进行比较。当实际转速超过极限转速 80 r/min 时，ECU 就会发出停止喷油指令，控制喷油器停止喷油，限制发动机转速进一步升高，控制曲线如图 1-103 所示。

喷油器停止喷油后，发动机转速将降低。当发动机转速下降至低于极限转速 80 r/min 时，ECU 将控制喷油器恢复喷油。由此可见，极限转速值实际上是一个平均转速值。

3. 清除溢流控制

在装备燃油喷射式发动机的汽车上启动发动机时，燃油喷射系统将向发动机供给较浓的混合气，以便顺利启动。如果多次启动未能成功，那么淤积在汽缸内的浓混合气就会浸湿火花塞，使其不能跳火而导致发动机不能启动。火花塞被混合气浸湿的现象称为"溢流"或"淹缸"。

清除溢流是指当加速踏板踩到底，同时又接通启动开关启动发动机时，ECU 自动控制喷油器中断燃油喷射，以便排出汽缸内的燃油蒸气，使火花塞干燥而能够跳火。断油控制系统清除溢流的条件是：

① 点火开关处于启动位置；

② 节气门全开；

③ 发动机转速低于 300 r/min。

只有在上述三个条件同时满足时，断油控制系统才能进入清除溢流状态工作。

由此可见，在启动燃油喷射式发动机时，不必踩下加速踏板，直接接通启动开关即可。否则，断油控制系统可能进入清除溢流状态而使发动机无法启动。

当接通启动开关起动机运转而发动机不能启动时，可利用断油控制系统清除溢流的功能先将溢流清除，然后再进行启动。

任务训练1　温度传感器的检测

进气温度传感器与冷却液温度传感器检测方法基本相同，下面以进气温度传感器为例说明检测方法。

1. 温度传感器的电阻检测

进气温度传感器的电阻检测方法和要求与冷却液温度传感器基本相同。单件检查时，点火开关置于"OFF"，拔下进气温度传感器导线连接器，并将传感器拆下；如图1-104所示，用电热吹风器、红外线灯或热水加热进气温度传感器；用万用表欧姆挡测量在不同温度下两端子间的电阻值，将测得的电阻值与维修手册上的标准数值进行比较，如果与标准值不符，则应更换。

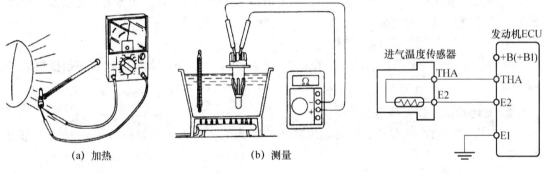

(a) 加热　　　　　　　　　(b) 测量

图1-104　进气温度传感器的检测　　　　　图1-105　进气温度传感器的电路

2. 温度传感器的输出信号电压值检测

当点火开关置于"ON"位置时，ECU的THA端子与E1端子间或进气温度传感器连接器THA和E2端子间的电压值在20℃时应为0.5～3.4V。如图1-105所示。

任务训练2　曲轴位置传感器和凸轮轴位置传感器的检测

1. 磁感应式曲轴位置传感器的检测

1) 传感器电阻的检查

断开点火开关，拔出传感器引线插头，检测传感器插座端子2与3间信号线圈电阻应为450～1000Ω。若阻值为无穷大，说明信号线圈断路，应更换传感器。检测传感器端子

2 或 3 与屏蔽线端子 1 之间电阻时，应为无穷大。如阻值不是无穷大则更换传感器，如图 1-106 所示。

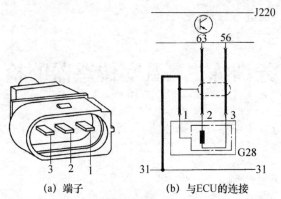

图 1-106　磁感应式曲轴位置传感器端子及与 ECU 的连接

2）线束导通性的检查

检测传感器与控制单元 ECU 之间的线束时，分别检测传感器线束插头端子 3 与控制单元线束插孔 56、传感器线束插头端子 2 与控制单元线束插孔 63、传感器线束插头端子 1 与控制单元线束插孔 67 之间的电阻值，其阻值最大不超过 1.5Ω。如为无穷大则说明导线断路，需要修理或更换线束。

3）信号转子与磁头间间隙的检查

信号转子凸齿与磁头间的间隙应在 0.2～0.4mm 之间，间隙如有变化，必须按规定进行调整。

2. 光电式曲轴位置传感器检修

以现代 SONATA 汽车光电式曲轴位置传感器为例，光电式曲轴位置传感器原理如图 1-107 所示。

1）线束检查

图 1-107 所示为现代 SONATA 汽车光电式曲轴位置传感器连接器（插头）的端子位置。检查时，脱开曲轴位置传感器的导线连接器，把点火开关置于 ON，用万用表的电压挡（见图 1-108）测量线束侧 4 号端子与地间的电压应为 12V，线束侧 2 号端子和 3 号端子与地间电压应为 4.8～5.2V；用万用表的欧姆挡测量线束侧 1 号端子与地间应为 0Ω（导通）。

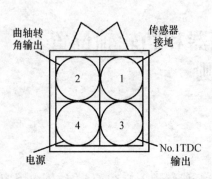

图 1-107　光电式曲轴位置传感器接头

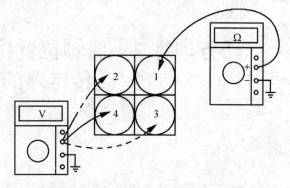

图 1-108　光电式曲轴位置传感器线束的测量

2）输出信号检测

用万用表电压挡接在传感器侧 3 号端子和 1 号端子上，在启动发动机时，电压应为 0.2～1.2 V。在启动发动机后的怠速运转期间，用万用表电压挡检测 2 号端子和 1 号端子电压应为 1.8～2.5 V，否则应更换曲轴位置传感器。

3. 霍尔式凸轮轴位置传感器的检测

1）检测传感器的工作情况

如图 1-109 所示，用发光二极管检测灯 VAGl527 从传感器插头背面连接端子 2 和 3，短时启动发动机几秒钟，发动机每转两圈检测灯必须闪亮一次。如检测灯不闪亮，则进行电源电压及线束检测。

2）检测传感器电源电压

断开点火开关，拔下霍尔传感器插座上的线束插头，将万用表的红、黑表笔分别连接插头端子 1 与 3；接通点火开关，测得电压标准值应当高于 4.5 V。如电压为零，说明线束断路、短路或控制单元 ECU 有故障；断开点火开关，继续检查导线是否短路或断路。

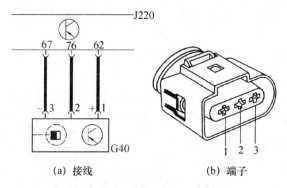

图 1-109　霍尔式凸轮轴位置传感器端子接线

3）检测线束导线有无断路故障

在断开点火开关的情况下拔下控制单元线束插头，将万用表拨到欧姆挡，两支表笔分别连接传感器插头端子 1 与控制单元插头端子 62、传感器插头端子 2 与控制单元插头端子 76、传感器插头端子 3 与控制单元插头端子 67，测得各导线的电阻值应不大于 1.5 Ω。如阻值过大或为无穷大，说明线束与端子接触不良或导线断路，应予以修理或更换线束。

4）检测线束导线有无短路故障

在断开点火开关的情况下拔下控制单元线束插头，将万用表仍拨到欧姆挡，一支表笔连接传感器插头端子 1（或控制单元插头端子 62），另一支表笔分别连接传感器插头端子 2 和 3（或连接控制单元插头端子 76 和 67），测得电阻值应为无穷大。如阻值不是无穷大，说明线束导线短路，应予以更换。

5）根据检测结果，判断故障部位

如线束导线无短路或断路故障，且传感器电源电压高于 4.5 V，说明霍尔式凸轮轴位置传感器故障，应予以修理或更换传感器。如线束导线无短路或断路故障，但传感器电源电压为零，说明控制单元故障，需要更换控制单元 ECU。

当霍尔传感器信号中断时，控制单元ECU能够检测到故障信息，通过故障诊断仪可以读取传感器故障码有关信息。如故障码显示霍尔传感器有故障，可用万用表检测传感器的电源电压和导线电阻值进行判断。

拓展知识——汽油发动机缸内直喷技术

汽油缸内直喷与进气歧管喷射原理不同的是汽油被直接喷入到燃烧室。FSI（Fuel Stratified Injection）即汽油分层喷射，是带有分层充气的直接喷射技术。

1. FSI 的特点

（1）燃油消耗低。FSI发动机缸内直接喷射形成的高压雾化混合气相对于传统的缸外喷射发动机可减少大约20%燃油消耗，对减少二氧化碳的排放也起到很大的作用。

（2）热效率高。由于分层充气模式的燃烧只发生在火花塞附近，所以缸壁上的热损耗很少，提高了发动机热效率的利用。

（3）废气再循环率高。强制分层充气可使废气再循环率高达35%，可有效地对排放进行控制。

（4）压缩比高。吸入的空气通过燃油在燃烧室直接喷射雾化而冷却下来，降低了爆震的可能性，可提高压缩比。

（5）优化超速切断效果。在变速器转速恢复到低于发动机转速的过程中，汽缸壁不会沉积燃油，燃油基本上被完全转化成可用能量。即使在恢复转速较低时，发动机也能稳定运行。

2. FSI 需要特殊解决的问题

1）NO_x 排放控制

在稀混合气模式时NO_x含量较高，传统的三元催化转换器无法对氮氧化物进行足够的转换，专门研制了NO_x存储式催化转换器来满足EU4排放标准。

2）汽油中的硫的处理

与NO_x化学性质相似，硫也同样存储在NO_x存储式催化转换器中。燃油中的硫越多，存储式催化转换器就必须更加频繁地进行还原反应。

3. FSI 分层燃烧的工作模式

以往的汽油发动机在火花塞点火之前汽缸内的可燃混合气的浓度各处均相等，所以被称为均质混合气。

FSI分层燃烧则较为复杂，共有分层充气、均质稀混合气和均质混合气三种工作模式。

1）分层充气模式

要想实现分层充气，喷射装置、燃烧室形状和汽缸内气流的流动都要进行优化，另外还要满足下列条件：

① 发动机的负荷和转速要在相应范围内；
② 系统内没有与排气相关的故障；
③ 冷却液温度高于50℃；
④ NO_x存储式催化转换器温度必须在250～500℃；
⑤ 进气歧管翻板必须关闭。

项目一 电控燃油喷射系统检修

（1）进气。进气歧管翻板和进气道结构如图1-110所示。在分层充气模式时，进气歧管翻板会将下部进气道完全关闭，这样吸入的空气在上部进气道流动的速度就加快了，于是空气会呈旋涡状流入汽缸内。活塞上的凹坑会增强这种涡旋流动效果，与此同时，节气门会进一步打开，以便尽量减小节流损失。

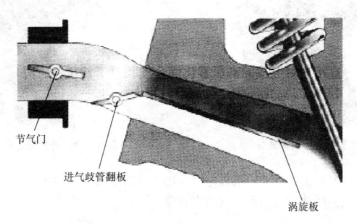

图1-110 进气歧管翻板和进气道结构

（2）喷油。在压缩行程中，就在要点火前，高压燃油（5～10 MPa）被喷入到火花塞附近区域。由于燃油喷射角非常小（平），燃油雾气实际并不与活塞顶接触，所以称之为所谓的"空气引入"方式。

（3）燃烧。如图1-111所示，在火花塞附近聚集了具有良好点火性能的混合气，这些混合气在压缩行程中被点燃。另外，在燃烧后，被点燃的混合气与汽缸壁之间会出现一个隔离用的空气层，它的作用是降低通过发动机缸体散发掉的热量。

2）均质稀混合气模式

均质稀混合气模式如图1-112所示。

（1）进气。进气与分层充气相同，节气门大开，进气歧管翻板关闭。

（2）喷油。燃油在进气行程，约在点火上止点前300°喷入，混合气形成时间较长，为均质混合气。

（3）燃烧。燃烧发生在整个燃烧室内，点火时刻可自由选择。

图1-111 点火燃烧

3）均质混合气模式

均质混合气模式如图1-113所示。

在发动机负荷较大且转速较高时，进气歧管翻板就会打开，于是吸入的空气就经过上、下进气道而进入汽缸。燃油喷射并不像分层充气模式那样是在压缩行程发生的，而是发生在进气行程时，于是汽缸内就形成了均质混合气（$\lambda = 1$）。

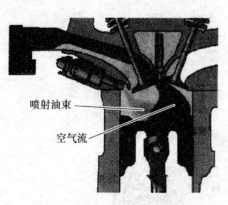

图 1-112 均质稀混合气模式

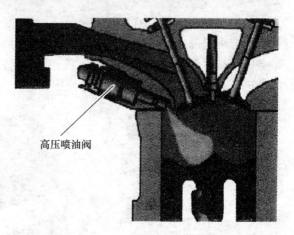

图 1-113 均质混合气模式

由于喷油发生在进气行程中,所以空气与燃油就有更多的时间来充分混合。整个燃烧室内都在燃烧,没有隔离空气量和废气再循环量。

4. FSI 燃油系统的组成

图 1-114 所示是奥迪轿车 FSI 燃油系统的组成。

1)燃油供给系统

(1)低压油路。低压油路主要由电子燃油泵及压力调节装置组成,产生压力 350 kPa 的燃油供给发动机驱动的高压泵。

(2)高压油路。高压部分主要由高压油泵、油轨、压力控制阀等组成。将油压从 350 kPa 升高到 12 MPa,并使油轨的压力波动最小,向各喷油器供油。

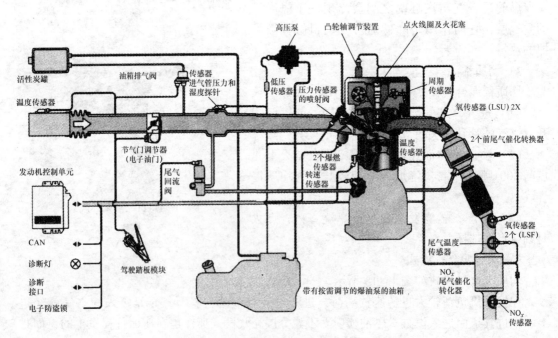

图 1-114 FSI 燃油系统的组成

2）控制系统

发动机进行负荷计算时，控制单元所需获取的传感器信号主要有：

(1) 环境压力通过一个安装在发动机控制单元内的高度传感器传递；

(2) 所吸入空气的温度通过一个安装在节气门前的传感器传递；

(3) 节气门的位置；

(4) 进气管中的压力和温度通过进气管上的双传感器传递；

(5) 废气再循环阀的气门位置；

(6) 充气运动阀门的位置；

(7) 进气凸轮轴的位置。

5. TFSI 技术

TFSI 是带有分层充气的直接喷射技术。TFSI 发动机放弃了分层充气而致力于提高功率和转矩。涡轮增压发动机上保留了 FSI 这个简写，但取消了分层充气工作模式。一方面取消了分层模式和氮氧化物传感器，另一方面则致力于较高功率和转速所带来的驾驶乐趣以及牵引力和经济性。

案例分析

【案例1】

1）故障现象

冷车启动正常，热车熄火后立即启动正常，但停 10 min 后，必须连续启动 2～3 次才能重新启动。

2）故障分析

发动机熄火后稍停片刻，必须连续启动 2～3 次才能重新启动，说明燃油系统密封不良，管路压力保持不住，热车状态下发动机的高温使压力过低的燃油管产生气阻，导致必须连续启动 2～3 次才能启动。

发动机怠速油压正常，熄火 10 min 后，看燃油压力表，此时的压力为残压。残压关系到发动机是否能够正常启动，没有残压，发动机必须连续启动 2 次。

3）故障诊断

发动机熄火 10 min 后，残压应不小于 200 kPa。如果残压过低，应分别检查燃油泵出油单向阀、喷油器和燃油压力调节器回油孔的密封性。

① 重新作残压检测。关闭截止阀后，燃油压力恢复正常，说明燃油泵出油单向阀或燃油压力表前的管路密封不良。关闭截止阀后，燃油压力依然低于标准值，说明燃油泵出油单向阀和燃油压力表前的管路密封良好。用钳子夹住燃油压力调节器的回油管，重作一次残压检测，如果此次残压正常，说明燃油压力调节器回油阀损坏。

② 检查喷油器的密封性。用钳子夹住燃油压力调节器的回油管后，燃油压力依然低于标准值，则说明喷油器有泄漏。作 30 s 喷油检测，在 30 s 内滴漏不许超过一滴，否则说明密封不良。

4）故障排除

燃油泵出油单向阀或燃油压力表前的管路密封不良，需要拆油箱进行修理。燃油压力调节器或喷油器密封不良必须更换。

【案例2】

1）故障现象

汽车怠速时严重抖动，行驶中动力不足，加速不良，急加速进气管回火。但仪表盘故障灯不亮（电控系统基本正常），燃油压力、流量正常（燃油系统基本正常）。拆下空气滤清器滤芯，急加速进气系统没有废气返流（排气通畅）。

2) 故障分析

怠速时严重抖动，急加速进气管回火，说明混合气过稀。故障灯不亮，说明电路上没有短路或断路故障、燃油系统基本正常。如果有废气返流，应重点检测热丝式或热膜式空气流量传感器是否被积炭污染。热丝式或热膜式空气流量传感器被积炭污染会形成隔热层，数据流显示的空气流量明显少于实际的空气流量，导致空气流量传感器输出电压过低，使混合气过稀，从而引发上述故障。

电控方面能导致混合气过稀的传感器有空气流量传感器、冷却液温度传感器、进气温度传感器和氧传感器，而这些传感器中容易被废气返流污染的只有空气流量传感器。

3) 故障诊断

拆下空气滤清器的滤芯，观察热丝式或热膜式空气流量传感器是否有积炭，如果有积炭，说明被污染。卡门涡旋式空气流量传感器通往发动机一侧是封闭的，所以，不会被废气返流污染。

4) 故障排除

启动后在热车状态下，用化油器清洗剂直接喷射空气流量传感器的热丝或热膜，一方面可以清除积炭，另一方面强烈的冷却又可以使控制单元失去对该空气流量传感器残存的记忆，免去了重新学习的程序。控制单元不需重新学习，汽车可以在清洗后立即恢复正常的工作状态。

【案例3】

1) 故障现象

捷达 GTX 轿车发动机因不着车被拖进维修厂。

2) 故障诊断分析

用专用解码仪检测，无故障码；再试高压电，没电；接着试是否有油，拆下油管后启动发动机，结果燃油一股一股地冒出。拆下油泵继电器外壳，观察油泵继电器吸合状况，结果油泵继电器在打车时一吸一合，经分析这是产生故障的关键点。

3) 故障诊断

按照电路图直接将油泵继电器的控制脚 ECU 4 脚搭铁，这时继电器正常吸合，汽油泵也正常工作，说明故障可能在 G28 或发动机 ECU 上，因为发动机 ECU 接收到发动机转速信号后，才控制油泵继电器吸合和驱动点火线圈产生高压电。

按照电路图测 G28 线路正常，而 ECU 的电源供给完全正常，说明发动机 ECU 有可能产生故障。更换一个新的发动机 ECU，但测试后故障依旧。换上新的 G28 仍不能排除故障。最后将检修的重点放在 G28 的靶轮上。检查靶轮，原来此车发动机的 4 缸活塞连杆出现敲缸，将靶轮打变形，G28 的信号产生异常，使车无法启动。

4) 故障排除

更换电喷发动机转速传感器 G28 信号非常重要，当它出现故障时，发动机将无法启动。

【案例4】

1) 故障现象

清洗节气门后，每次启动怠速都会自提速到 3 000 r/min 左右。

2) 故障分析

遇到怠速向 3 000 r/min 的高怠速游车的故障，应向用户了解是否在近期清洗或更换过节气门。如清洗或更换过节气门，由于控制单元的残存记忆没有消除，就可能会出现怠速向 3 000 r/min 的高怠速游车。德国汽车清洗节气门后需要做节气门位置传感器的匹配，否则会出现怠速自提速。而美国和日本汽车清洗节气门后不需要做节气门位置传感器的匹配，清洗节气门后如果出现怠速转速过高熄火后，断开蓄电池 1 min，即可消除控制单元的残存记忆，使怠速转速恢复正常。

3) 故障排除

轿车控制单元经过 7 天左右自学习后可恢复正常，也可以反复做几次节气门位置传感器的匹配，使其立即恢复正常。捷达车清洗节气门后做节气门位置传感器匹配，如果效果不明显，可松开节气门一侧皱纹管的卡子，伸进一字形螺钉旋具，增加一点未经空气流量传感器计量的空气，再做节气门位置传感器匹配就比较容易。

【案例 5】

1) 故障现象

冷车启动正常，热车启动困难，勉强启动后排气管冒黑烟。尾气中 CO 和 HC 的含量明显高于其他车，油耗明显高于其他车。但故障灯没有亮，也没有故障码。

2) 故障分析

排气管冒黑烟，尾气中 CO 和 HC 的含量高，说明热车后混合气过浓。发动机的工作状况和发动机的工作温度有关，应重点检查冷却液温度传感器和进气温度传感器。

① 冷却液温度传感器输出电压信号失准，为什么故障灯没有亮，也没有故障码呢？控制单元故障存储器通过检测电控系统的传感器和执行器的电压信号是否超出范围，以此来诊断有无短路或断路故障。发动机冷却液温度传感器和进气温度传感器的输出电压信号应为 $0.1\sim 4.8V$。当冷却液温度传感器的输出电压小于 $0.1V$ 或大于 $4.8V$，才算超出范围，控制单元才会认为有短路或断路故障，然后点亮故障灯，留下故障码。冷却液温度传感器输出电压小于 $0.1V$，相当于发动机冷却液温度高于 $139℃$；电喷发动机冷却液沸点为 $124℃$，到 $124℃$ 后发动机冷却液温度再上升的幅度就很小了。所以，冷却液温度传感器的输出电压如果小于 $0.1V$，说明冷却液温度传感器或其电路发生短路。冷却液温度传感器的输出电压大于 $4.8V$，相当于发动机冷却液温度低于 $-50℃$，汽车不可能在如此低的环境温度下运行。冷却液温度传感器的输出电压大于 $4.8V$，说明冷却液温度传感器或其电路发生断路。而冷却液温度传感器的输出电压值与实际工作温度发生差距，只要没有超过两端的极限，控制单元就无法发现。

② 进气温度传感器进入失效保护后，控制单元按进气 $19.5℃$ 温度进行控制，不能适量减少喷油脉宽，会因混合气过浓导致热车熄火。除部分发动机的进气温度传感器装在空气流量传感器内外，其他发动机进气温度传感器的装配是不同的。

3) 故障诊断

怀疑冷却液温度传感器信号失准时，可通过检查特定温度下的电阻值是否和说明书相符或通过读取数据和用红外线测温仪补救检测相对比。

4) 故障排除

更换有故障的冷却液温度传感器。

习　题

一、填空题

1. 燃油喷射系统按燃油喷射部位不同可分为_____和_____，按喷油器的数目不同可分为_____和_____。

2. 燃油喷射系统按进气量的检测方式不同可分为_____和_____，按各缸喷油器的喷射顺序又可分为_____、_____和_____。

3. 汽油机电控燃油喷射系统由_____、_____、_____三个子系统组成。

4. _____、_____是属于体积流量型的空气流量计，而属于质量流量型的空气流量计有_____、_____。

5. 热线式空气流量计都有_____，即发动机转速超过_____，关闭点火开关使发动机熄火后，控制系统自动将热线加热到_____以上并保持约 1s，将附在热线上的粉尘_____。

6. 在叶片式空气流量计内，通常还有一个_____，控制电动燃油泵的运转；还有一个_____，用于测量进气温度，为进气量作温度补偿。

7. 大多数进气管绝对压力传感器输出的信号电压随着节气门开度的增加而_____。
8. 节气门位置传感器可分为_____和_____两种。
9. L 型 EFI 系统的进气温度传感器安装在_____或_____。
10. 油泵的控制一般有_____、_____和_____三种控制方式。

二、选择题

1. 在讨论燃油压力故障诊断时，技师甲说，燃油压力高于规定值可能由压力调节器堵塞引起；技师乙说，燃油压力高于规定值可能由油箱内油位高所引起。试问谁正确？
    A．甲正确　　　　　B．乙正确　　　　　C．两人均正确　　　　　D．两人均不正确
2. 在讨论检查喷油器时，技师甲说，有故障的喷油器能使怠速时汽缸熄火；技师乙说，喷油器喷油流量减少可能使加速缓慢。试问谁正确？
    A．甲正确　　　　　B．乙正确　　　　　C．两人均正确　　　　　D．两人均不正确
3. 在讨论拆下蓄电池电缆的影响时，技师甲说，在大多数新型顺序燃油喷射系统中，拆下蓄电池电缆对汽车电子系统无任何不良影响；技师乙说，在这类系统上拆下蓄电池电缆会擦除计算机有用的内存。试问谁正确？
    A．甲正确　　　　　B．乙正确　　　　　C．两人均正确　　　　　D．两人均不正确
4. 在讨论进气温度传感器的诊断时，技师甲说，该传感器的电阻随温度的上升而增大；技师乙说，该传感器的电阻随温度的下降而增大。试问谁正确？
    A．甲正确　　　　　B．乙正确　　　　　C．两人均正确　　　　　D．两人均不正确
5. 在讨论氧传感器时，技师甲说，氧传感器电压偏低，表示空燃比偏稀，而且喷油器脉冲宽度高于指定值可能 ECU 有故障；技师乙说，在进气歧管内可能有真空泄漏。试问谁正确？
    A．甲正确　　　　　B．乙正确　　　　　C．两人均正确　　　　　D．两人均不正确
6. 在讨论传感器时，技师甲说，空气流量传感器的作用是检测进气量；技师乙说，根据空气流量传感器的信号可以确定基本喷油时间。试问谁正确？
    A．甲正确　　　　　B．乙正确　　　　　C．两人均正确　　　　　D．两人均不正确
7. 在讨论传感器时，技师甲说，空气流量传感器热线式是最好的；技师乙说，各有各的特点，热膜式的比较好一点。试问谁正确？
    A．甲正确　　　　　B．乙正确　　　　　C．两人均正确　　　　　D．两人均不正确
8. 在讨论进气歧管绝对压力对点火提前角的影响时，技师甲说，当管路压力高（真空度小，负荷大）时，要求点火提前角小；技师乙说，当管路压力高（真空度小，负荷大）时，要求点火提前角大。试问谁正确？
    A．甲正确　　　　　B．乙正确　　　　　C．两人均正确　　　　　D．两人均不正确
9. 在讨论怠速转速时，技师甲说，化油器车的怠速比电控发动机的汽车低；技师乙说，有的电控发动机汽车的怠速一般是自动调节，人工不能调节。试问谁正确？
    A．甲正确　　　　　B．乙正确　　　　　C．两人均正确　　　　　D．两人均不正确
10. 进行燃油压力检测时，按正确的工序应该首先进行以下哪一步？
    A．断开燃油蒸发罐管路
    B．将燃油压力表连到电控燃油喷射系统的回流管路上
    C．在将燃油压力表连接到电喷系统前先将管路中的压力卸掉
    D．拆下燃油机（分配器）上的燃油管

三、判断题

1. 采用同时喷射方式的电控喷射系统，曲轴每转两圈各缸同时喷油一次。　　　　　　　　　（　　）
2. 在分组喷射方式中，发动机每一个工作循环中，各喷油器均喷射一次。　　　　　　　　　（　　）
3. 顺序喷射按发动机各缸的工作顺序喷油，喷油正时与发动机工作循环有很大关系。　　　（　　）

4. 安装有进气歧管压力传感器的燃油喷射系统一定是速度密度控制型。（ ）
5. 安装有热线（膜）式空气流量传感器的燃油喷射系统一定是质量流量控制型。（ ）
6. 有些 L 型喷射系统发动机，空气流量传感器与节气门体是组合成一体的。（ ）
7. 空气流量传感器的作用是测量发动机的进气量，电脑根据空气流量传感器的信号确定基本喷油量。（ ）
8. 发动机运转时，热线（膜）式空气流量传感器波形的幅值在不断波动，这是不正常的。（ ）
9. 与热线式相比，热膜式空气流量传感器发热体的响应性稍差。（ ）
10. 进气歧管绝对压力传感器与空气流量传感器的作用是相当的，所以一般车上这两种传感器只装一种。（ ）

四、问答题

1. 电控燃油喷射系统由哪些系统组成？
2. 电控技术对发动机性能有何影响？
3. 什么是开环控制？什么是闭环控制？
4. 电控燃油喷射系统的控制原理是什么？
5. 燃油压力调节器按安装位置分为哪三种？各有什么特点？
6. 电喷系统中常见的喷射方式有哪些？
7. 电子控制汽油喷射系统为什么要测量发动机工作时每缸的进气量？
8. 什么情况下 ECU 除了进行同步喷射控制外，还需要进行异步喷射控制？
9. 在什么情况下 ECU 执行断油控制？
10. 缸内直喷技术 FSI 的控制模式有哪几种？各是如何工作的？

项目二 微机控制点火系统检修

 学习目标

熟悉点火控制系统的作用，掌握点火控制系统的组成、结构和原理，掌握点火正时控制的基本工作原理，了解控制爆燃控制系统的作用，能够正确使用汽车专用设备对点火系统进行检测，能进行电控点火系统元件的检测，能进行电控点火系统常见故障排除

任务一 概述

点火系统主要由点火电子组件、点火线圈、火花塞及高压导线等组成。在 EFI 系统中的点火系统分为两种：第一种是普通点火系统，第二种是微机控制点火系统。

点火系统的作用是在最佳点火电动机产生强烈的电火花去点燃混合气。电子点火系统能实现最佳点火提前角的控制，从而提高发动机动力性，降低燃油消耗量和有害气体的排放。

1. 普通点火系统

EFI 系统中计算机不直接控制点火系统，而是根据点火信号控制喷油持续时间和喷油定时，虽然增加了闭合角控制/恒流控制等，但其点火提前角仍采用真空和离心点火提前机构进行控制，产生故障的概率增加，故应用越来越少。

2. 微机控制点火系统

微机控制点火系统是 20 世纪 70 年代末开始使用无触点点火装置后的又一重大进展。其最大的成功在于实现了点火提前角的自动控制，即可根据发动机的工况对点火提前角进行适时控制，因而可获得混合气的最佳燃烧，从而能最大限度地改善发动机的高速性能，提高其动力性、经济性、减少排气污染。而普通的无触点点火系统采用机械方式调整点火时刻，因为机械装置本身的局限性，无法保证在各种工况下点火提前角均处于最佳。此外，由于分电器中的运动部件的磨损，又会导致驱动部件松旷，影响点火提前角的稳定性和均匀性。全电子点火系统则可完全避免此类现象产生。微机控制点火系统包括有分电器和无分电器两种配电方式。

采用无分电器微机控制点火系统优点在于：
① 在不增加电能消耗的情况下，进一步增大了点火能量；
② 对无线电的干扰大幅度降低；
③ 避免了与分电器有关的一些机械故障，工作可靠性提高；
④ 高速时点火能量有保证；
⑤ 节省了安装空间，有利于发动机的合理布置；
⑥ 无须进行点火正时方面的高速，使用、维护方便。

资讯1　汽油机对点火系统的要求

1. 点火系统必须向火花塞电极提供足够高的击穿电压

火花塞电极间产生火花时的电压，称为击穿电压。汽油机正常工作所需的击穿电压与汽油机的运行工况有关。在低速大负荷时，所需的击穿电压为 8～10 kV，而在启动时所需的击穿电压最高可达 17 kV。为了能可靠地点燃可燃混合气，点火系统提供的击穿电压除必须满足不同工况的要求外，点火系统所能提供的电压还应有一定的宽裕度。目前，大多数电控汽油机点火系统所能提供的击穿电压已超过 28 kV。

2. 火花塞电极间产生的火花必须具有足够的能量

要可靠地点燃混合气，除了需要足够高的击穿电压外，火花塞产生的电火花还应具有足够的能量。电火花的能量用公式表示为

电火花的能量 = 火花塞电极间的电压 × 火花塞电极间流过的电流 × 电火花持续时间

一般情况下，电火花的能量越大，混合气的着火性能越好。点燃混合气所必需的最低能量与混合气的浓度、火花塞电极间隙及电极的形状等因素有关。发动机正常工作时，由于接近压缩终点时混合气已经具有很高的温度，因此所需的火花能量较小，一般为 1～5 mJ。在启动工况、怠速工况、节气门开度快速变化的非稳定工况，则需较高的火花能量。为了使混合气有好的着火性能，电火花一般应具有 50～80 mJ 的点火能量，目前电控的高能点火装置能提供的点火能量都超过了 80～100 mJ。

3. 在汽油机运行的大部分工况应始终具有较佳的点火提前角

点火系统除了应按各缸的工作顺序依次点火外，还必须保证具有较佳的点火提前角，较佳的点火提前角不仅能提高汽油机动力性和降低燃油消耗率，而且能减少汽油机有害物的生成量。

对于以上三个要求，传统的机械式有触点点火系统只能基本满足，普通电子点火系统只能在提高击穿电压方面有所改善，只有电控点火系统才有可能在以上三方面都取得突破，并在发展中不断提高。

资讯2　普通电子点火系统

从传统机械式有触点点火系统到现代轿车普遍采用的电控点火系统，汽油机点火系统的电子化经历了两个发展阶段。

如图 2-1 所示，普通电子点火系由信号发生器、点火控制模块、大功率晶体管、点火

线圈、分电器（图中未画出）和火花塞等组成。

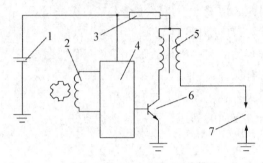

图 2-1　普通电子点火系统

1—蓄电池；2—信号发生器；3—附加电阻；4—点火控制模块；5—点火线圈；6—大功率三极管；7—火花塞

信号发生器由信号轮和感应线圈或霍尔信号发生器组成，信号轮通常安装在分电器轴上，曲轴转两圈，信号轮转一圈，感应线圈或霍尔信号发生器向点火器输出与汽缸数相等的点火信号。根据信号发生器输入的点火信号，点火控制模块控制大功率三极管的导通和截止，使点火线圈初级接通或断开，在点火线圈次级感应出高压。点火高压经过分电器的分火头、侧电极及分缸高压线输送到相应的火花塞，火花塞电极间产生的电火花点燃汽缸内的可燃混合气。

普通电子点火系统与机械式有触点点火系统相比，由于采用了信号发生器，从根本上消除了由触点引起的缺点和故障。同时点火控制模块还具有闭合角控制和初级线圈恒流控制功能，使初级线圈断开瞬间的电流达到饱和电流，在次级线圈上感应出足够高的电压，保证点火系统在发动机全部转速范围内都能可靠工作。另外，普通电子点火系统还具有点火提前角准确稳定、不需要维护保养等优点。

但是，普通电子点火系统对点火提前角的调整，仍采用机械式真空提前装置和离心式提前装置，因此不能对点火提前角进行精确调整。同时，普通电子点火系统的点火提前角调整装置，不能兼顾其他因素对点火提前角的影响，也不能对爆震进行反馈控制。在采用普通电子点火系统的汽油机中，为了避免产生爆震，点火系统确定的实际点火提前角通常小于最佳点火提前角，以致汽油机的潜能没有得到充分的发挥。

目前，普通电子点火系统除货车汽油机中仍在使用外，在轿车中已被更先进的电控点火系统所代替。

资讯3　微机控制点火系统

在微机控制点火系统中，点火控制包括点火提前角控制、通电时间控制和爆燃控制等三个方面，并具有以下特点：

① 在所有的工况及各种环境条件下，均可自动获得理想的点火提前角，从而使发动机在动力性、经济性、排放性及工作稳定性等方面均处于最佳。

② 在整个工作范围内，均可对点火线圈的导通时间进行控制，从而使线圈中存储的点火能量保持恒定不变，提高了点火的可靠性，可有效地减少能源消耗，防止线圈过热。此外，该系统可很容易实现在整个工作范围内提供稀薄燃烧所需恒定点火能量的目标。

③ 采用闭环控制技术后，可使点火提前角控制在刚好不发生爆燃的状态，以此获得

较高的燃烧效率，有利于发动机各种性能的提高。微机控制点火系统一般由电源、传感器、电子控制系统（ECU）、点火控制模块、分电器和火花塞等组成。电源一般由蓄电池和发电机共同组成，可供给点火系统所需的点火能量。

④ 点火线圈能将点火瞬间所需的能量存储在线圈的磁场中，还可将电源提供的低压电转变为足以在电极间产生击穿点火的 15～20 kV 高压电。

⑤ 传感器主要用于检测发动机各种运行参数的变化，为 ECU 提供点火提前角的控制依据。其中，最主要的传感器是转速传感器、曲轴位置传感器和空气流量传感器。

⑥ 电子控制系统是点火系统的中枢。在发动机工作时，它不断地采集各传感器的信息按事先设置的程序计算出最佳点火提前角，并向点火控制装置发出点火指令。点火控制模块是 ECU 的一个执行机构，它可将电子控制系统输出的点火信号进行功率放大后，再驱动点火线圈工作。

1. 有分电器点火系统

发动机运行时，ECU 不断地采集发动机的转速、负荷、冷却水温度、进气温度等信号，并根据存储器 ROM 中存储的程序与有关数据，确定出该工况下最佳点火提前角和初级电路的最佳导通角，并以此向点火控制模块发出点火指令，如图 2-2 所示。

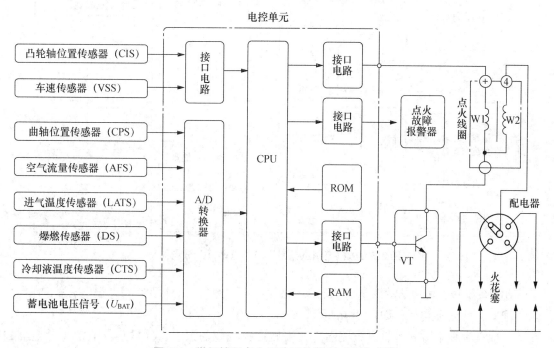

图 2-2　微机控制点火系统工作原理（有分电器）

点火控制模块根据 ECU 的点火指令，控制点火线圈初级回路的导通和截止。当电路导通时，有电流从点火线圈中的初级线圈通过，点火线圈此时将点火能量以磁场的形式储存起来；当初线圈中电流被切断时，在其次级线圈中产生很高的感应电动势（5～20 kV）经分电器送至工作汽缸的火花塞，点火能量被瞬间释放，并迅速点燃汽缸内的混合气，发动机完成做功过程。此外，在带有爆燃传感器的点火提前角闭环控制系统中，ECU 还可根据爆燃传感器的输入信号来判断发动机的爆燃程度，并将点火提前角控制在轻微爆燃的范围内，使发动机能获得较高的燃烧效率。

2. 无分电器点火系统

该系统是在微机控制的基础上将点火系统中的分电器总成用电子控制装置取而代之后制造而成的，又称直接点火系统。它利用电子分火控制技术将点火线圈的次级线圈直接与火花塞相连，即把点火线圈产生的高压电直接送给火花塞进行点火，由此实现了点火系统全电子化的目的。由于无分电器点火系统改变了传统的机械式分火方式，即用微机控制电子配电方式取而代之，故失误率小、无机构磨损、无须调整，且高压电由点火线圈直接作用在火花塞上，故可减小无线电干扰及能量损失，如图 2-3 所示。点火控制模块同时还具备电子配电功能，即可控制点火线圈组中的点火线圈导通与截止的时序，以此控制火花塞依次击穿点火的时序，完成点火控制过程。

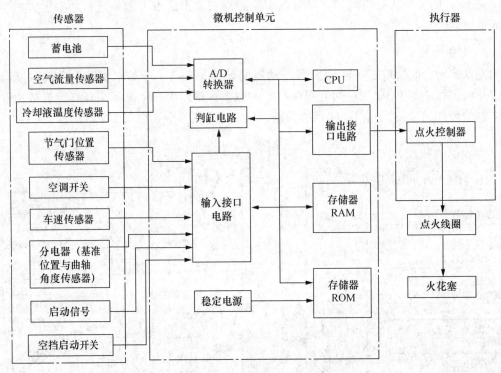

图 2-3 微机控制点火系统工作原理（无分电器）

DLI 系统根据配电方式又可分为二极管配电点火方式、双缸同时点火配电方式和单独点火配电方式三种类型，如图 2-4 所示。

单独点火配电方式可将点火线圈直接安装在火花塞的顶上，这样不仅取消了分电器，也取消了高压导线，故分火性能较好。相比而言，其结构与点火控制电路最为复杂。

双缸同时点火配电方式中两个火花塞共用一个点火线圈且同时点火，故这种分火方式只能用在缸数为偶数的发动机上。此外，与单独点火配电方式相比，其结构与点火控制电路相对简单，仍保留了点火线圈与火花塞之间的高压线，因此能量损失略大。其次，串联在高压回路中的二极管，可用来防止点火线圈在初级线圈导通瞬间所产生的次级电压（1 000～2 000 V）施加在火花塞上后发生的误点火。目前这种分火方式应用得较多。双缸同时点火配电方式要求共用一个点火线圈的两个汽缸工作相位相差 360°曲轴转角，以确保点火线圈点火时，同时点火的两个汽缸中，处于排气行程的汽缸由于缸内气体的压力较小,且缸内混合气又处于后燃期,易产生火花,故放电能量损失很少。而大部分的点火高压和点火能量被加在压缩行程的火花塞上,故处于压缩行程的火花塞的跳火情况与单独点火的火花塞跳火情况基本相同。

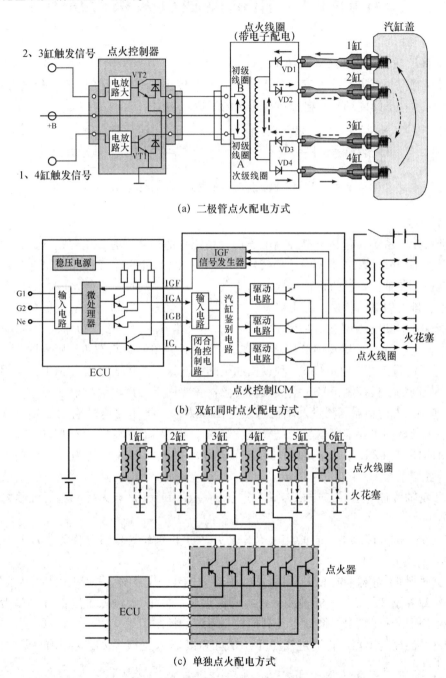

图 2-4　无分电器点火系统电子配电方式

二极管配电点火方式的特点是四个汽缸共用一个点火线圈,但点火线圈则为内装双初级线圈、双输出次级线圈的特制点火线圈,且利用四个二极管的单向导电性交替完成对1、4缸和2、3缸配电过程。这种点火配电方式与双缸同时点火配电方式相比,具有相同的特性，但对点火线圈要求较高，而且发动机的汽缸数应是数字 4 的倍数。

任务训练 1　微机控制点火系统认知

1. 微机控制点火系统组成及功用

微机控制电子点火系统由三部分组成，它们是传感器部分、ECU 部分和执行器部分，如图 2-5 所示。下面详细介绍电控点火系统的组成与功用。

图 2-5　微机控制电子点火系统的组成

1）传感器

发动机控制系统（包括电脑控制电子点火系统）的信号来源，主要是通过各种传感器或各种开关将信号输入 ECU 的。传感器的作用是把发动机的运行状况，如进气量、进气压力、转速、曲轴位置、凸轮轴位置、上止点位置、缸序判别、冷却水温、进气温度、节气门位置、排气中氧的含量、爆震信息、大气压力、车速、启动、发电机负荷；空调工作信号、挡位开关和空挡位置（启动）开关、蓄电池电压、离合器开关信号、制动开关信号、动力转向、EGR 位置及巡航控制信号输入电子控制单元。它们的作用分别是：

① 空气流量传感器（MAF）。测量发动机的进气量，并将信号输入 ECU，作为燃油喷射和点火控制的主要控制信号。空气流量传感器主要用于 L 型汽油喷射系统。

② 进气压力传感器。测量发动机进气管的压力，并将压力信号输入 ECU，作为燃油喷射和点火控制的主要控制信号。进气歧管绝对压力传感器主要用于 D 型汽油喷射系统；

③ 曲轴位置传感器。检测曲轴转角和转速信号并输入 ECU，作为点火控制和燃油喷射的主要控制信号。

④ 凸轮轴位置传感器。向 ECU 输入凸轮轴位置信号，是点火控制和燃油喷射的主要控制信号。

⑤ 上止点位置传感器。向 ECU 提供一缸压缩上止点位置信号，作为发动机点火的主要控制信号。

⑥ 缸序判别传感器。向 ECU 提供各缸工作顺序信号，作为发动机点火控制的主要信号。

⑦ 冷却液温度传感器。检测发动机冷却液温度，向 ECU 输入温度信号，作为燃油喷射和点火正时的修正信号，同时也是其他控制系统的控制信号。

⑧ 进气温度传感器。检测进气温度，并向 ECU 输入进气温度信号，作为燃油喷射和点火正时的修正信号。

⑨ 节气门位置传感器。检测节气门的开启状态及节气门开闭速率，这些信号输入ECU，控制燃油喷射及其他系统（如废气再循环系统的控制）等。

⑩ 氧传感器。检测排气中氧的含量并向 ECU 输入空燃比反馈信号，进行喷油量的闭环控制。

⑪ 爆震传感器。向 ECU 输入爆震信号，经 ECU 处理后控制点火提前角，使发动机的

点火提前角提前到不致产生爆震为止，抑制爆震的产生。

⑫ 大气压力传感器。检测大气压力并向 ECU 输入大气压力信号，对喷油量和点火提前角进行修正。

⑬ 车速传感器。检测车速并向 ECU 输入车速信号，控制发动机的转速，实现超速断油控制（断火控制），也是自动变速器进行换挡控制的主要信号。

⑭ 启动信号。是在发动机启动时，由启动系统向 ECU 输入发动机启动信号，作为喷油量、点火提前角的修正信号。

⑮ 发动机负荷信号。是当发动机负荷因使用用电量较大的电器设备而增大时，向 ECU 输入负荷信号，并作为喷油量和点火提前角的修正信号。

⑯ 空调工作信号（A/C）。是当打开空调开关时，空调压缩机离合器接合使压缩机进入工作状态，这时发动机负荷加大，由空调开关向 ECU 输入空调工作信号，作为喷油量和点火提前角的修正信号。

⑰ 挡位开关和空挡启动开关信号。是自动变速器由 P/N 挡挂入其他挡位时，发动机的负荷增加，挡位开关向 ECU 输入信号，作为喷油量和点火提前角的修正信号；当挂入 P 或 N 挡时，空挡位置开关提供 P/N 挡位信号，防止不在 P/N 挡时启动发动机。

⑱ 蓄电池电压信号。是当 ECU 检测到蓄电池和电源系统的电压过低时，将对喷油量进行修正，以补偿由于电压过低造成喷油压力过低所带来的影响。

⑲ 离合器开关信号。是在离合器接合和分离过程中，由离合器开关向 ECU 输入离合器工作状态信号，作为喷油量和点火提前角控制的修正信号。

⑳ 制动开关信号。是在制动时，由制动开关向 ECU 提供制动信号，作为喷油量、点火提前角、自动变速器的控制信号。

㉑ 动力转向开关信号。在安装动力转向装置的汽车上，当转向盘由中央位置向左右转动时由于动力转向油泵工作而使发动机负荷加大，这时动力转向开关向 ECU 输入修正信号，调整喷油量和点火提前角。

㉒ 巡航控制开关信号。当进入巡航控制状态时，由巡航控制开关向 ECU 输入巡航控制状态信号，由 ECU 对车速进行自动控制。

2）电子控制器（ECU）

电子控制器的作用是将各种传感器和开关输入的信号进行分析、比较、处理，然后输出最佳点火提前角信号，控制发动机的点火正时。发动机电子控制器的组成如图 2-6 所示，主要由电脑、输入回路、A/D 转换器、输出回路等组成，它们的工作原理分以下几个内容。

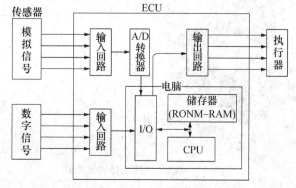

图 2-6　ECU 的基本组成

① 输入回路。从传感器输入的信号首先进入输入回路，在输入回路里，对输入信号进行处理，需要除去杂波并把正弦波转变成矩形波，然后再转换成输入电压。输入的信号都要经过输入回路处理才能变成所需要的脉冲信号。例如，电磁式曲轴位置传感器输入的信号是随发动机转速变化的，转速升高，输出电压幅度增大；转速降低，输出电压幅度减小。在发动机低速运行时，电压信号很弱。为了使信号能输入电脑并可以采用，必须对输入回路的信号进行整形处理，将信号放大并把波形变成整齐的矩形方波。

② A/D 转换器。传感器输出的信号有模拟信号，如叶片式空气流量传感器和水温传感器输出信号等；也有数字信号，如节气门位置传感器和转速传感器输出信号等。数字信号可以直接输入电脑，而模拟信号需要通过 A/D 转换器转换成数字信号后，才可以输入电脑。

③ 电脑。电脑是核心部件，它把各种传感器输入的信号用内存程序和数据进行处理。电脑主要由中央处理器（CPU）、存储器和输入/输出（I/O）等部分组成。

2. 点火系统元件认知

1）双缸同时点火线圈结构及电路原理

图 2-7 所示为双缸同时点火线圈结构及电路，当某一个点火线圈初级线圈接地时，该初级线圈充电。一旦 ECU 将初级线圈电路切断，则充电中止，同时在次级线圈中感应出高压电，使火花塞放电。点火线圈次级线圈的两端各连接一个火花塞，所以这两个火花塞同时打火。

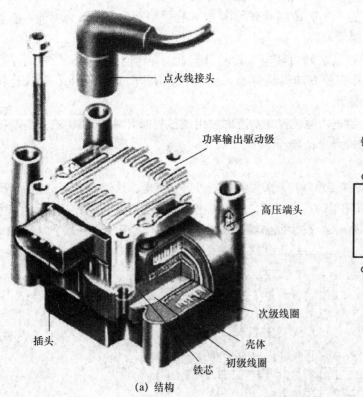

(a) 结构

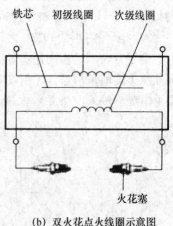

(b) 双火花点火线圈示意图

图 2-7 双缸点火线圈结构及原理

2）独立点火系统

图 2-8（a）为独立点火系统，六个点火线圈共用一个点火器，共有六个 IGC 控制信号。当 IGT 信号处于高电平（导通）时，IGF 信号处于低电平。该点火器内部电路结构如图 2-8（b）所示。

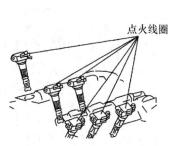

(a) 独立点火系统的外部形式　　　　(b) 集成点火线圈（内装火花塞盖）剖面图

图 2-8　独立点火系统结构

1—火花塞盖；2—铁芯；3—点火器；4—次级点火线圈；5—初级点火线圈

任务训练 2　点火系统组成部件的检测

1. 微机控制点火系统检测（有分电器）

如图 2-9 所示，磁感应式曲轴位置传感器和凸轮轴位置传感器制作成一体，都安装在分电器内。该传感器分成上、下两部分，上部分产生 G 信号，下部分产生 Ne 信号，分别送入 ECU。凸轮轴位置传感器有两个信号线圈分别检测 1、6 缸上止点，当 1 缸上止点线圈先发出信号时，点火顺序为 1→5→3→6→2→4；当 6 缸上止点线圈先发出信号时，点火顺序为 6→2→4→1→5→3。当起动机带动发动机旋转时，分电器内双层线圈会产生交流脉冲信号。其中上层线圈所对应的信号齿为 24 个，曲轴转两圈（720°）分电器轴转一圈，它将产生 24 个完整的交流脉冲信号，此信号输送至 ECU 作为曲轴转角信号。下组线圈所对应的信号齿只有一个，但相对有两组线圈，分别为 G1、G2，用于检测 1、6 缸上止点。当信号齿经过 G1 线圈时，将产生一次完整的交流脉冲信号，此信号送至 ECU，当为正半周时 ECU 将发出第一次 IGT 信号，点火模块内大功率三极管导通，点火线圈初级线圈充磁；当为负半周时，IGT 信号高电位变为低电位，点火模块内三极管截止，点火线圈次级线圈产生高压电。

点火线圈次级线圈高电压经高压线分火头→1 缸旁电极→1 缸高压线→1 缸火花塞点火。初级线圈自感电动势被 IGF 信号发生器识别捕捉产生电信号，IGF 信号发生器控制三极管导通，IGF 信号电压由 5 V 变为 0 V，产生 IGF 信号，表示点火成功信号。ECU 根据 IGF 信号，将继续发出喷油指令。当 IGF 信号开路或接地时，ECU 将会切断喷油器接地回路，停止喷油，以防止排放污染。当第一缸点火信号产生后，ECU 将以 G，信号为基准计数，当记录 4 个 Ne 信号（相当于曲轴转 120°）后发出第二个 IGT 信号使第五缸点火，再计数 4 个 Ne 信号发出第三个 IGT 信号使第三缸点火，依此类推，完成六缸发动机（1→5→3→6→2→4）点火。

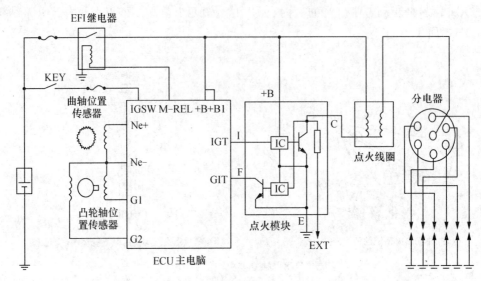

图 2-9　微机控制点火系统（有分电器）

1）点火线圈的检测

拔下点火线圈线束连接器，用万用表欧姆挡检测点火线圈各线圈的电阻值，其值应符合表 2-1 的规定；如不符合，必须更换点火线圈。

表 2-1　点火线圈电阻值

点火线圈	检测条件	电阻值/Ω	点火线圈	检测条件	电阻值/Ω
初级线圈	冷态	0.36～0.55	次级线圈	冷态	
	热态	0.45～0.65		热态	

2）点火控制器的检测

图 2-10 所示为点火控制器电路图。启动发动机，用万用表电压挡或示波器检查点火控制器端子间的电压，其电压值应符合表 2-2 的规定；如不符合，则必须更换点火控制器或 ECU。

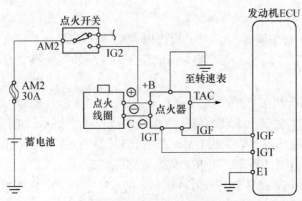

图 2-10　点火控制器电路图

表2-2 点火控制器端子间电压值

端 子	标准电压值/V	检测条件
+B-接地	9～14	点火开关ON
IGT-接地	有电压脉冲（0.5～1）	发动机启动或怠速运转
IGF-接地	有电压脉冲（0.5～1）	发动机启动或怠速运转

3）点火系统其他部件的检测

（1）高压线。通过测量高压线的电阻值来判断高压线是否良好，其最大电阻值为25 kΩ。如电阻值不符合规定，应更换高压线。

（2）火花塞。用万用表欧姆挡测量火花塞绝缘电阻的方法来判断火花塞能否继续使用，其绝缘电阻值应大于10 MΩ。另外，也可连续5次将发动机转速迅速提高到4 000 r/min，然后熄火，拆下火花塞，检查其电极状况。若电极干燥，火花塞可用；若电极潮湿，则需要更换火花塞。

2. 微机控制点火系统（无分电器）电路检修

以大众宝来AGN发动机同时点火的无分电器点火控制系统为例，介绍无分电器点火控制系统的检修方法。

该点火控制系统主要包括点火线圈、火花塞和发动机控制单元，如图2-11所示。两个点火线圈（N和N128，N为2、3缸点火线圈，N128为1、4缸点火线圈）和点火控制器N122组成点火线圈总成N520，固定在进气歧管内侧，点火线圈总成的高压线插孔旁印有A、B、C、D标记，分别对应1、2、3、4缸的高压分线。点火线圈上各插头端子的含义见表2-3。

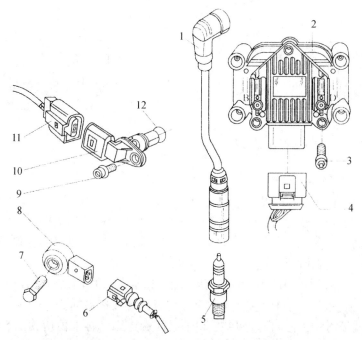

图2-11 大众宝来AGN发动机点火系统

1—点火导线；2—点火线圈；3、9—安装螺栓（10 N·m）；4、6、11—连接插头；5—火花塞（25 N·m）；7—安装螺栓（20 N·m）；8—爆燃传感器；10—霍尔传感器；12—O形圈

表2-3 点火线圈上各插头端子的含义

端子	含义	端子	含义
1	2、3缸点火控制端	A	接第1缸火花塞
2	电源	B	接第2缸火花塞
3	1、4缸点火控制端	C	接第3缸火花塞
4	搭铁	D	接第4缸火花塞

1) 检查点火线圈

拔下点火线圈的插头,并从火花塞上拔下点火线。如图2-12所示,用万用表测量点火线圈的次级电阻,A、D端子电阻表示1、4缸线圈次级电阻,B、C端子电阻表示2、3缸线圈次级电阻,1、4缸和2、3缸电阻规定值均为4~6 kΩ。如电阻值不符合规定,应更换点火线圈总成。

点火线圈和点火控制器是结合成一体的零部件,不能单独更换。测量点火线圈的次级电阻时,可先将点火线插到点火线圈上,通过相应汽缸的火花塞插头来测量,同时也测量了点火线的抗干扰电阻。

2) 检查点火线圈与点火控制器的供电与搭铁情况

将点火线圈总成的四个端子的插头拔下,如图2-13所示,用万用表测量线束端插头端子2(电源端)和4(搭铁端)之间的电压。打开点火开关,其电压值应为蓄电池电压,大于或等于11.5 V。然后关闭点火开关。如果没有电压,按照电路图分别检查端子2与J220插头端子T121,如图2-14所示。端子4与搭铁之间有无断路,导线电阻值最大为1.5 Ω。若电压正常,按照电路图检查点火控制器线束端插头至发动机控制单元对应连接端子之间的导线是否导通,其导线电阻最大值为1.5 Ω。若线路正常,检查点火控制器的动作。

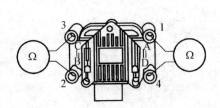

图2-12 检查点火线圈次级电阻

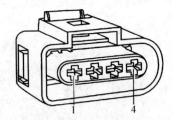

图2-13 点火线圈插头

3) 检查点火控制器的动作

拔下所有喷油器的插头,拔下点火线圈插头,用辅助导线VAG1554连接二极管检测灯VAG1527(或发光二极管与300 Ω电阻串联)与点火控制器插头端子1(点火输出)和端子4(搭铁端)、端子3(点火输出)和端子4(搭铁端),以检查控制单元1、4缸和2、3缸点火线圈的控制信号。短时启动发动机,二极管必须闪烁。

如发光二极管不闪烁,说明电子控制单元J220至点火控制组件之间的导线存在故障或电子控制单元存在故障。这时应使用数字万用表检查连接器插头1端子与电子控制单元上71端子、3端子与电子控制单元上78端子之间的电阻,标准值应为1.5 Ω以下。如果电阻为无穷大,说明导线存在断路,应进行检修。其次再检查1端子与电子控制单元78端子、3端子与电子控制单元71端子之间的导线是否存在短路,电阻值为无穷大说明导线不存在故障,电阻值为零说明导线存在短路。

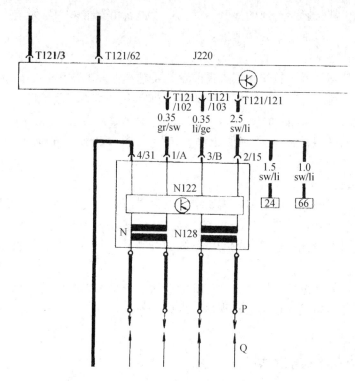

图 2-14　大众宝来 AGN 发动机点火系统电路

检查后若发光二极管不亮，检查连接导线又不存在断路或短路，说明电子控制单元 J220 存在故障，应进行更换。

发动机 ECU 自诊断功能不能识别点火线圈的故障。如果一个火花塞由于断路使整个点火线路断路，相应的另一火花塞也不跳火；如果一个火花塞由于短路而不跳火，但整个点火线路没有断路，那么相应的另一个火花塞仍可以跳火。

任务二　点火提前角和闭合角控制

点火提前角和闭合角是与汽油机综合性能有关的两个重要控制参数。点火提前角与汽油机的经济性、动力性及排放性能紧密相关，较好的点火提前角可以使发动机的三个基本性能同时达到较佳。闭合角是影响击穿电压和点火能量的重要因素，合适的闭合角可以使点火系统在宽广的发动机转速范围内都能可靠工作。

从点火时刻起到活塞到达压缩上止点，这段时间内曲轴转过的角度称为点火提前角。混合气从点燃、燃烧到烧完有一个时间过程，最佳点火提前角的作用就是在各种不同工况下使气体膨胀趋势最大段处于活塞做功下降行程。这样效率最高，振动最小，温升最低。影响点火提前角最大的因素是发动机转速，随着转速的上升，转过同样角度的时间变短，只有更大的提前角才能得到相应的提前时间。

点火过早会造成爆燃，活塞上行受阻，效率降低，热负荷、机械负荷、噪声和振动加剧，这是应该防止的。点火过迟会造成气体做功困难，油耗大，效率低，排气声大。不论点火过早或过迟，都会影响转速的提升。最佳点火提前角受很多因素影响，如果要使汽车工作在理想状态下，以下因素必须考虑：

1）缸温、缸压

缸温、缸压越高，燃烧越快，点火提前角就要越小。影响缸温、缸压的因素有发动机压缩比、气温、负荷。每一辆车在气温变化的季节有不同表现正缘于此。

2）汽油辛烷值

它也就是汽油牌号。汽车辛烷值越高，抗爆燃能力越强，相应允许更大的点火提前角。

3）燃气混合比

过浓过稀混合气燃烧速度皆慢，需要增加点火提前角。这主要看节气门开度以及海拔高度。

对于难以预料的情况，在电控发动机系统的车辆上还加装了爆燃传感器，发生爆燃时自动降低点火提前角。

显然，要完成如此复杂的调制，靠传统的点火系统是难以胜任的。只有电子控制的点火系统，才能高速、精确、稳定地实现最佳点火提前角。

资讯 1 点火提前角控制

汽油机缸内的混合气从火花塞点火到燃烧完成需要一定的时间（千分之几秒），为了使发动机的输出功率尽可能大，点火时刻不应在压缩行程上止点开始，而应当提前一定的角度。点火提前角对发动机的性能具有重要影响。

点火提前角的控制方式通常有开环控制和闭环控制两种，如图 2-15 所示。

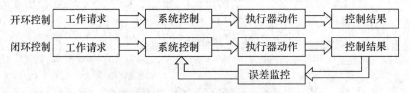

图 2-15　开环、闭环控制方式框图

1）开环控制方式

即电子控制器根据有关传感器提供的发动机工况信息从内部存储器（ROM）中读取出相应的基本提前角，并通过计算出的修正值给予修正后得出的最佳点火提前角数据来控制点火，而对控制结果好坏不予以考虑。

点火提前角开环控制方式运算程序简单，运算速度快，控制系统简单，但其控制精度取决于各传感器的精度以及修正计算公式的适用程度。传感器所产生的任何偏差都有可能使发动机偏离最佳点火时刻工作，因此只适用于某一特定的发动机。

2）闭环控制方式

闭环控制方式可以在控制点火提前角的同时，不断地检测发动机的有关工况，如发动机是否发生爆燃、急速是否稳定等，然后根据检测到的变化量大小，及时对点火提前角进行修正，使发动机始终处于最佳的点火状态，而不受发动机零部件的磨损、老化以及有关使用因素的影响，故控制精度高。

在汽油发动机中，爆燃是增大发动机压缩比、提高热效率的最大障碍。涡轮增压式发动机由于混合气进入汽缸前要经过废气涡轮增压器进行预压缩，故爆燃问题将更加突出。消除爆燃最有效的方法是推迟点火提前角。

理论和实践均证明，剧烈的爆燃会使发动机的动力性和经济性严重恶化，而当发动机工作在爆燃的临界点或有轻微的爆燃时，发动机热效率最高、动力性和经济性最好。因此，利用点火提前角的闭环控制系统可有效地控制点火提前角而使发动机工作在爆燃的边缘。

爆燃控制最主要的传感器是爆燃传感器（详见任务三），它用于检测发动机是否发生爆燃，一般每台发动机安装一到两只。

1. 点火提前角对发动机性能的影响

试验表明，在燃烧膨胀过程中，当最高爆发压力出现在上止点后10°左右时，发动机的输出功率最大。

某一台汽油机在额定工况下，以最佳的点火提前角 A、较大的点火提前角 C 和较小的点火提前角 B 三种情况运行，测得的三条缸内压力变化曲线如图2-16所示。从图中可以看到，以最佳的点火提前角 A 点火，缸内压力变化曲线2围成的面积最大（斜线所表示部分），可以使发动机的输出功率达到最大。

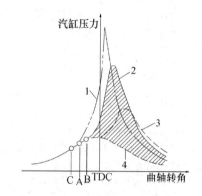

图2-16 不同点火提前角对汽缸压力的影响
1—点火提前角过大；2—点火提前角最佳；
3—点火提前角过小；4—不点火

虽然点火提前角对汽油机性能的影响规律早已被人们所认识，但是由于最佳点火提前角受到许多因素的影响，汽油机运转中，最佳点火提前角始终在发生变化，在没有电控技术支持前，要实现精确控制，技术上存在较大困难。

2. 影响最佳点火提前角的因素

影响最佳点火提前角的因素有发动机的结构形式和汽油品质、发动机的运行工况、发动机的热状态及技术状况、发动机的运行环境条件等。其中最主要的是汽油机的转速、负荷及汽油的抗爆性（即汽油的辛烷值或牌号）。

1）转速对最佳点火提前角的影响

在汽油机负荷不变的条件下，随着发动机转速升高，相同时间内转过的曲轴转角增大，如果混合气的燃烧速率不变，为保证在上止点后10°左右燃烧压力达到最高，最佳点火提前角应在原来基础上适当加大。另一方面，随着发动机转速升高，汽缸压力和温度升高，混合气的扰流增强，促使燃烧速度加快。在这两方面因素的综合作用下，虽然总体上最佳点火提前角随发动机转速的升高而增大，但是理想的最佳点火提前角与转速的关系是非线性的，如图2-17中曲线1所示。

采用机械离心式提前角调整装置的有传统触点点火系统和普通电子点火系统，受调整装置技术性能的限制，其提供的实际最佳点火提前角与理想最佳点火提前角有较大的差距，如图2-17曲线3所示。微机控制点火系统提供的实际最佳点火提前角如图2-17曲线2所示，在微机控制技术的支持下，该实际最佳点火提前角非常接近理想最佳点火提前角。

2）发动机负荷对最佳点火提前角的影响

在发动机转速不变的情况下，当发动机负荷增大时，进入汽缸的混合气量增加，压缩终了汽缸内温度升高,同时残余在新鲜混合气中的百分比下降,使混合气的燃烧速度加快,因此最佳点火提前角应比原来适当减小。然而,理想的最佳点火提前角与负荷的关系也是非线性的,如图2-18曲线1所示。采用真空点火提前角调节装置的传统点火系统和普通电子点火系统,受调整装置技术性能的限制,其提供的实际最佳点火提前角与理想最佳点火提前角相差较大,如图2-18曲线3所示。微机控制点火系统提供的实际最佳点火提前角如图2-18曲线2所示,该实际最佳点火提前角十分接近理想最佳点火提前角。

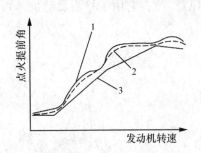

图2-17 发动机转速对最佳点火提前角的影响
1—理想最佳点火提前角与转速的关系;
2—电控点火系统的最佳点火提前角与转速的关系;
3—离心装置调整的最佳点火提前角与转速的关系

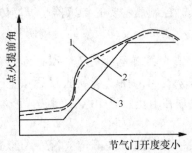

图2-18 发动机负荷对最佳点火提前角的影响
1—理想最佳点火提前角与负荷的关系;
2—电控点火系统的最佳点火提前角与负荷的关系;
3—真空装置调整的最佳点火提前角与负荷的关系

3) 汽油的抗爆性对最佳点火提前角的影响

在实际发动机中,为了避免爆燃,实际最佳点火提前角都略小于理想最佳点火提前角。当换用高牌号汽油后,汽油的抗燃能力提高,为了充分发挥汽油机的潜能,应在原来的基础上适当加大点火提前角,反之则应减小。为了满足选用不同辛烷值汽油的要求,在微机的ROM中预先储存了两张点火提前角数据表,用户在换用不同牌号的汽油后,可以开关形式通知微机控制系统进行切换。

4) 影响最佳点火提前角的其他动态因素

影响最佳点火提前角的其他动态因素还有空燃比、大气压力、冷却水温度等。传统点火系统和普通电子点火系统无法根据上述影响因素对点火提前角进行实时调整。在微机控制点火系统中,ECU根据各种传感器的输入信号,并根据影响因素的变化对实际最佳点火提前角进行修正,使实际最佳点火提前角基本达到理想最佳点火提前角,以保证汽油机在绝大部分运行工况都具有较佳的综合性能。

3. 最佳点火提前角的确定与控制

在电控点火系统中,根据汽油机运行工况的特点,ECU对点火提前角的控制分为汽油机启动时的点火提前角控制和启动后的点火提前角控制两种情况。

1) 汽油机启动时的点火提前角控制

汽油机启动时,在极短的时间内,发动机从每分钟零转升高到每分钟几百转,转速的剧烈变化使电控点火系统无法实行最佳点火提前角控制。因此,对于汽油机的启动工况,ECU不实行最佳点火提前角控制,而是根据启动开关信号和发动机转速信号,以预先设定的点火提前角点火。当发动机转速超过一定值(一般大于500 r/min)时,则转入启动后的最佳点火提前角控制程序。

2）汽油机启动后的点火提前角控制

汽油机启动后，电控点火系统对点火正时实行最佳点火提前角控制。基本控制过程是：首先，ECU 根据发动机转速和负荷确定基本点火提前角。然后，根据有关传感器的信号，确定修正点火提前角。这两项点火提前角的代数和，再加上作为计算基准的初始点火提前角，得到实际的最佳点火提前角。实际最佳点火提前角可用公式表示为

实际最佳点火提前角 = 初始点火提前角 + 基本点火提前角 + 点火提前角修正值

（1）初始点火提前角。初始点火提前角对最佳点火提前角计算没有实质性影响，它的作用仅是确定点火提前角计算的初始基准位置。在有些电控点火系统中，ECU 把判缸信号出现后的第一个转速信号过零点定为压缩行程上止点前 10°，并以这个角度作为点火提前角计算基准点，称之为初始点火提前角。也有一些电控点火系统把压缩上止点作为点火提前角计算基准点。在这类汽油机中，实际最佳点火提前角的计算公式变为

实际最佳点火提前角 = 基本点火提前角 + 点火提前角修正值

（2）基本点火提前角。对于基本点火提前角的确定，ECU 按怠速工况和非怠速工况两种情况分别处理。

汽油机处于怠速工况运行时，ECU 根据节气门位置传感器输入的怠速触点闭合信号，确认发动机处于怠速工况，然后根据转速传感器输入的转速信号、空调开关信号，从预先设定的怠速工况基本点火提前角数据表中选出相应的点火提前角，如图 2-19 所示。

汽油机处于非怠速工况运行时，ECU 根据转速传感器输入的转速信号、节气门位置传感器输入的负荷信号，从预先设定的非怠速工况基本点火提前角数据表（也称点火提前角脉谱图）选出相应的基本点火提前角，如图 2-20 所示。

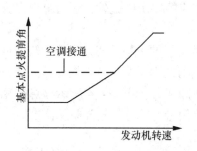

图 2-19　怠速工况的基本点火提前角

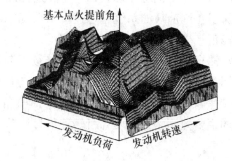

图 2-20　非怠速工况的基本点火提前角

（3）点火提前角修正值。除了转速和负荷这两个主要因素外，其他对点火提前角有影响的因素均归到点火提前角修正值中。在汽油机运转中，ECU 根据有关传感器的输入信号，分别求出对应的修正值，它们的代数和就是总的点火提前角修正值。在大多数电控点火系统中，总的点火提前角修正值包括暖机工况修正、发动机过热修正、空燃比反馈修正、发动机怠速稳定性修正、爆燃传感器反馈修正等。

① 暖机工况修正。汽油机冷车启动后，发动机进入暖机工况，由于冷却水温度较低时，混合气燃烧速度较慢，应适当增大点火提前角。随着暖机过程的延续，冷却水温度逐渐升高，点火提前角修正值逐渐减小，如图 2-21 所示。暖机修正值与冷却水温度的对应关系随发动机不同而异，但变化规律基本相同。暖机工况修正的主要控制信号有确认发动机处于暖机工况的节气门位置信号、冷却水温度信号和空气流量信号等。

② 发动机过热修正。当汽油机处于怠速工况运行时，如果冷却水温度过高，应适当增大点火提前角，以防止发动机长时间过热。汽油机处于非怠速工况运行时，如果冷却水温度过高，则应适当减小点火提前角，以避免发生爆燃。发动机过热修正值的变化规律如图 2-22 所示。发动机过热修正的主要控制信号有 ECU 对怠速或非怠速进行判断的节气门位置信号、冷却水温度信号等。

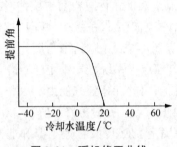

图 2-21 暖机修正曲线

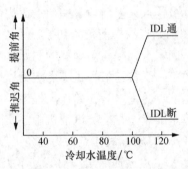

图 2-22 过热修正曲线

③ 空燃比反馈修正。装有氧传感器的发动机，当 ECU 根据氧传感器的反馈信号对空燃比进行修正时，随着喷油量的增加或减少，会引起发动机转速在一定的范围内波动。为提高发动机的怠速稳定性，ECU 在控制喷油量减少的同时，适当地增大点火提前角。图 2-23 所示为点火提前角的空燃比反馈修正。

④ 怠速稳定性修正。汽油机在怠速工况运行时，由于发动机的输出转矩和负荷之间的不平衡，发动机怠速总会在一定转速范围内波动。为了减小怠速的波动幅度，微机控制系统除了在汽油喷油系统、怠速控制系统中采取了相应的控制措施外，还通过对点火提前角的修正来提高汽油机的怠速稳定性。

汽油机处于怠速工况时，ECU 连续不断地计算发动机的平均转速，当平均转速低于设定目标怠速转速时，ECU 根据平均转速与目标转速差值的大小修正点火提前角。当发动机平均转速高于目标转速时，减小点火提前角，反之则相反，如图 2-24 所示。怠速稳定性修正的主要控制信号有发动机转速信号、节气门位置信号、空调信号开关量信号等。

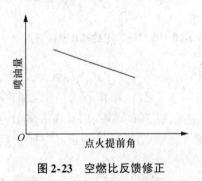

图 2-23 空燃比反馈修正

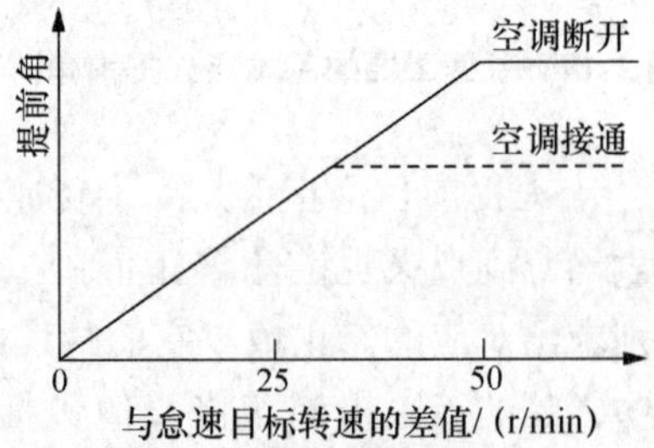

图 2-24 怠速稳定性修正

⑤ 爆燃传感器反馈修正。爆燃修正见"任务三　爆燃控制"。

（4）最大和最小提前角控制。如果发动机的实际点火提前角（初始点火提前角＋基本点火提前角＋修正点火提前或延迟角）超出一定范围，发动机将不能正常运转。为了防止出现这种情况，在微机控制点火系统中预设限制值。ECU 把计算得到的实际最佳点火提前角与预设限制值进行比较，如超出则以预设限制值作为实际的最佳点火提前角。最大和最小点火提前角的一般限值范围为：最大提前角 35°～45°，最小提前角 -10°～0°。

资讯 2　闭合角控制

　　闭合角控制也称点火线圈初级线圈通电时间控制。对于电感储能式点火系统，点火次级线圈产生的击穿电压，取决于初级线圈断开瞬间流过线圈的电流大小。如果在初级线圈断开瞬间，通过线圈的电流已达到饱和电流（即按欧姆定律得出的电流值），那么在点火线圈的次级就能感应出最高的击穿电压。由于电感线圈的阻抗作用，在电压不变的条件下，从初级线圈接通开始，流过线圈的电流按指数规律由零开始逐渐增大，需要经过一定的时间后，才能达到饱和电流。为了满足汽油机对点火系统在击穿电压和点火能量上的要求，微机控制点火系统的闭合角控制以初级线圈流过电流在断开瞬间达到饱和电流为主要目标。这样不仅能满足汽油机对点火系统的要求，也能避免初级线圈过热及节约电能。

　　由于闭合角是以曲轴转角来量度的，对于不同的转速，单位曲轴转角所代表的绝对时间各不相同。另外，当电源电压发生变化时，初级线圈达到饱和电流所需的绝对时间也将发生变化。为了达到闭合角控制的主要目标，通过试验把不同的蓄电池电压和不同转速下使初级线圈流过电流达到饱和所需要的闭合角编制成闭合角数据表（也称闭合角脉谱图）储存在 ECU 中，如图 2-25 所示。发动机工作时，ECU 根据输入蓄电池电压信号和发动机转速信号，从闭合角数据表中选出相应的闭合角，对初级线圈通电时间进行控制。

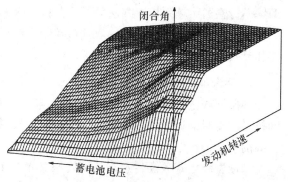

图 2-25　闭合角与发动机转速和蓄电池电压的关系

任务三　爆燃控制

　　爆燃是汽油机不正常燃烧引起的故障现象。如果汽油机发生持续的严重爆燃，火花塞电极或活塞就可能因过热而发生熔损，导致发动机损坏，因此在汽油机运转过程中不允许发生持续的爆燃。另一方面，为了最大限度地发挥汽油机的潜能，应使实际最佳点火提前角尽可能接近理想最佳点火提前角，而理想最佳点火提前角实际上是汽油机可能发生爆燃的临界点。为了使汽油机既具有最佳的点火提前角，又不发生爆燃，除必须采用微机控制点火系统外，还必须对实际最佳点火提前角实行反馈控制。根据汽油机是否发生爆燃，对实际最佳点火提前角进行实时反馈修正。为此，需要对汽油机是否发生爆燃进行检测，ECU 根据检测结果做出相应的控制响应。

　　汽油机的爆燃检测可以采用的方法有汽缸压力检测方法、燃烧噪声检测方法和发动机机体振动检测方法等。汽缸压力检测方法通过直接测量汽缸内压力的变化来检测爆燃，因此具有爆燃识别精度高的最大优点，但由于受传感器的耐久性、价格及在发动机上安装等因素的限制，未能投入实际应用。燃烧噪声检测方法是一种非接触式检测方法，它根据汽油机爆燃时，异常的燃烧噪声来检测爆燃，理论上具有可行性，但在实际应用中如何排除其他噪声的干扰，实现高的灵敏度和检测精度，在技术上仍存在一定的困难。发动机机体振动检测方法（也称缸壁振动型检测方法）也是一种非接触式检测方法，将检测机体壁面振动的传感器安装在机体上，通过检测机体壁面振动间接获得汽油机是否发生爆燃的信息。机体振动检测方法具有较高的检测精度，传感器安装方便灵活，耐久性也较好，是目前广泛采用的爆燃检测方法。

资讯1　爆燃传感器

发动机机体振动检测方法所使用的爆燃传感器安装在发动机机体上，将发动机机体的振动转换成电压信号输送到ECU，ECU根据输入电压信号进行爆燃判断。按汽油机爆燃时机体振动特征的检测方法，可分为共振检测方法和频率检测方法。共振检测方法采用共振型爆燃传感器，频率检测方法采用非共振型爆燃传感器。采用这两种方法检测汽油机爆燃的传感器有多种类型，本节仅对微机控制汽油机中应用比较广泛的共振型压电式爆燃传感器和非共振型压电式爆燃传感器作一介绍。

1. 共振型压电式爆燃传感器

共振型压电式爆燃传感器的共同特点是，爆燃传感器中测振元件的自振频率和被检汽油机爆燃震时的振动频率相同，当被检汽油机爆燃时，传感器测振元件将发生共振，产生较高的电压输出信号。

共振型压电式爆燃传感器是利用压电元件在外力作用下产生变形时将产生与变形大小相对应的电信号这一原理制成的。在共振型压电式爆燃传感器中，使压电元件产生变形的外力来自测振元件的交变振荡，该传感器的基本结构如图2-26所示。传感器的检测组件主要由压电元件、振荡片、基座等构成。压电元件紧密贴合在振荡片上，振荡片则固定在传感器的基座上。发动机工作时，振荡片随机体壁面振动激励而产生振荡，振荡片的振荡使与它紧密贴合的压电元件变形，并输出交变的电压信号，输出电压的高低与振荡片的振幅（也即压电元件的变形）成正比。

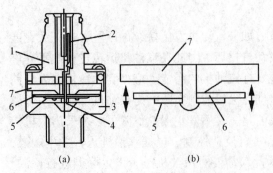

图2-26　共振型压电式爆燃传感器

1—连接器；2—接头；3—壳体；4—引线端；
5—压电元件；6—振荡片；7—基座

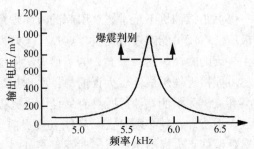

图2-27　共振型压电式爆燃传感器的输出电压特性

当汽油机发生爆燃时,由于振荡片的自振频率与爆燃时机体壁面的振动频率相同,振荡片在机体壁面振动激励下,发生共振。在共振时,振荡片的振幅达到最大,使与它紧密贴合的压电元件产生最大的输出电压,如图2-27所示。共振型压电式爆燃传感器在共振区(即爆燃时)的输出电压,比非共振区的输出电压高得多,因此不需要借助滤波器,ECU根据传感器的输出电压,就能对汽油机是否发生爆燃作出准确的判断。

2. 非共振型压电式爆燃传感器

非共振型压电式爆燃传感器是利用压电元件受外力作用时,压电元件将产生与所受外力大小相对应的电信号这一原理制成的。在非共振型压电式爆燃传感器中,压电元件所受的外力来自测振元件交变振动中产生的惯性力,该传感器的基本结构如图2-28所示。传感器的检测组件主要由压电元件和配重等构成。

汽油机工作时,机体壁面的振动传递到传感器上,传感器内的配重在机体振动的激励下产生振动。由于配重振动时加速度的变化规律与机体壁面振动的规律相对应,也即配重作用在压电元件上的惯性力的变化规律与机体壁面振动的规律相对应,因此压电元件输出电信号的变化规律与机体壁面振动的规律相对应。由于非共振型压电式爆燃传感器仅是把机体壁面的机械振动转化为相应的输出电压的变化,因此即使在爆燃区域或该区域附近,传感器也不会产生很大输出信号,在工作频带宽度范围内,传感器具有较平的输出特性,如图2-29所示。为了能够根据该传感器输出的电压信号对汽油机是否发生爆燃作出判断,必须对传感器的输入进行滤波处理,以提高对爆燃信号识别的准确性。

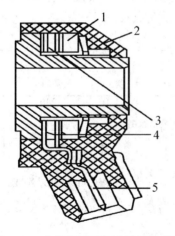

图2-28 非共振型压电式爆燃传感器
1—配重;2—外壳;3—压电元件;
4—触头;5—输出接头

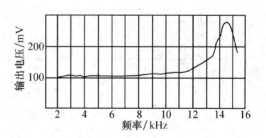

图2-29 非共振型压电式爆燃传感器输出电压特性

非共振型压电式爆燃传感器工作频带宽度可以从零到数千赫,因此可检测具有较宽振动频率的发动机振动。当用于汽油机爆燃检测时,只需要根据具体汽油机爆燃时的振动频率,调整滤波器的过滤频率,即能满足不同类型汽油机的使用要求。通用性强、制造时不需调整、结构简单是非共振型压电式爆燃传感器最突出的优点。

资讯2　爆燃控制过程

汽油机的爆燃和点火提前角有非常密切的关系，一般情况下，随点火提前角增大，汽油机产生爆燃的可能性增大；对已发生爆燃的汽油机，减小点火提前角，即可消除爆燃。在需要对发动机进行爆燃反馈控制的各种运行工况，对爆震传感器的输入信号的处理和判别根据不同的检测方法稍有差异。

对于共振检测方法，ECU首先把输入信号的最大值与爆燃强度基准值进行比较，若输入信号最大值大于基准值，表示汽油机已发生爆燃，然后ECU按预先设定的角度值逐步减小点火提前角，直至爆燃消除。爆燃消除后，ECU将按预先设定的角度值逐步增大点火提前角，直至发生爆燃，然后又逐步减小点火提前角直至爆燃消除，如此周而复始地重复上述过程，把实际点火提前角控制在理想最佳点火提前角附近，如图2-30所示。

对于频率检测方法，ECU首先对输入信号进行滤波处理，把爆燃发生时的机体壁面振动信号与其他机械振动信号分离开来。由于滤波器的滤波频率是按被测汽油机发生爆燃时，机体壁面的振动频率范围设定的，因此传感器所输入的不同频率的机械振动信号中，只有爆燃发生时的机体壁面振动信号能通过滤波器，其他频率的振动信号将全部被滤去。汽油机发生爆燃时，ECU将从滤波器获得与其他机械振动信号分离后的爆燃信号，据此就能对点火提前角进行调整。点火提前角调整的方法同前，此处不再重复。

对于不需要对发动机进行爆燃反馈控制的运行工况（如启动工况、带故障运行工况等），ECU对点火提前角实行开环控制，爆燃传感器的输入信号对点火提前角没有影响，ECU根据相关传感器的输入信号，按预先设定的点火提前角点火。

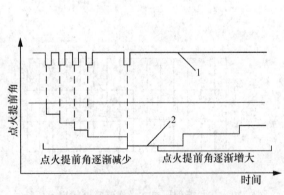

图2-30　点火提前角的闭环控制过程
1—爆燃识别信号；2—闭环控制过程点火提前角的变化

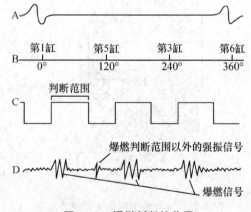

图2-31　爆燃判断的范围
A—曲轴位置信号；B—各缸上止点；
C—爆燃判别范围；D—爆燃传感器信号

汽车行驶时，发动机的振动除了受自身运转因素的影响外，还受车辆随机振动的影响，因此机体的实际振动情况是相当复杂的，不仅振幅变化剧烈，而且振动频率的范围也比较宽。为了排除其他与汽油机爆燃时振动频率相近的机械振动的干扰，提高爆燃识别精度，ECU对爆燃传感器的输入信号采用间歇判读方式，即仅对各缸着火后可能发生爆燃的时段内输入的爆燃传感器输入信号进行比较识别，对其他时段的输入信号则不进行比较和

项目二 微机控制点火系统检修

判别,如图 2-31 所示。

在绝大多数运转工况,微机控制点火系统都实行爆燃反馈控制,实际点火提前角比较接近理想最佳点火提前角,从而使汽油机的动力性、经济性和有害物的排放达到较佳的水平。

任务训练 爆燃传感器的检测

以大众宝来 ANG 发动机爆燃传感器的检测为例进行检测。发动机采用了一只爆燃传感器,安装在缸体右侧的 2、3 缸之间。爆燃传感器的三个端子如图 2-32 所示。在图 2-33 爆燃传感器的连接电路中,端子1为信号线正极,端子2为信号线负极,端子3为屏蔽线。

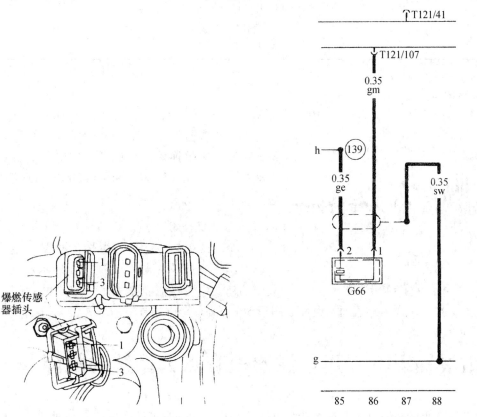

图 2-32 爆燃传感器插头　　图 2-33 大众宝来 ANG 发动机爆燃传感器连接电路图
1、3—触点号

1. 检测传感器电阻

断开点火开关,拔下传感器线束插头,检测结果应与表 2-4 中标准值相符。

2. 检测线束电阻

断开点火开关,拔下传感器线束插头和 ECU 线束插头,两插头各端子间导线电阻检测结果应与表 2-4 中标准值相符。

表 2-4 爆燃传感器检修标准

检测项目	检测条件	检测部位	电阻标准值/Ω
爆燃传感器的电阻	断开点火开关并拔下传感器插头	传感器插座上端子 1 与 2	>1 M
		传感器插座上端子 1 与 3	>1 M
		传感器插座上端子 2 与 3	>1 M
传感器信号正极线	拔下控制器和传感器插头	控制器 T107 端子至传感器插头 1 端子	<0.5
		控制器 T106 端子至传感器插头 1 端子	<0.5
传感器信号负极线		控制器 T99（30）端子至传感器插头 2 端子	<0.5
传感器屏蔽线		控制器模块旁边发动机搭铁点（控制器 108 端子）至传感器插头 3 端子	<0.5

3. 检测输出信号

插上传感器线束插头，启动发动机，测量端子 1 与 2 间的电压，正常值为 0.3～1.4 V。

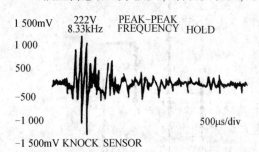

图 2-34 爆震传感器波形

爆燃传感器的三个端子之间不应有短路现象，否则，应更换爆燃传感器。传感器插头和发动机控制单元线束插头间的线路若有断路或短路，应排除故障。

4. 示波器检测

当振动或敲缸发生时，爆燃传感器产生一个小电压峰值，爆燃波形如图 2-34 所示。敲缸或振动越大，主峰值就越大。一定高的频率表明是爆燃或敲缸，爆燃传感器通常设计成测量 5～15 kHz 范围的频率。

拓展知识——用示波器检查点火系统的故障

点火系统常见的故障有主要传感器、继电器和执行器热稳定性不好和发动机缺缸。检测点火系统所需的专用工具有汽车专用万用表、示波仪、检测盒（检测导线电阻）、故障诊断仪、测试辅助导线和发光二极管检查灯等。

检测条件：示波议的电源线连接蓄电池，检查点火系统波形时必须与发动机第一缸高压阻尼线相连，发动机达到正常工作温度后，分别检测怠速和急加速时的波形。

1. 电喷发动机点火系统波形的检测方法、范围和内容

1）检测方法

包括怠速检测和行驶中各种工况的检测。尽管发动机综合分析仪也可以作波形的检

测，但其体积大，不适合行驶中的检测。

2）检测范围

有效地检测点火系统与点火系统密切相关的燃油系统以及与引相关的机械部件。有故障的发动机可通过异常的波形，发现故障的具体位置。对间歇性故障的诊断十分有用。

3）波形分析

从波形的峰值、频率、形状、脉冲宽度和各缸的一致性等方面分析，理论峰值与实际峰值的明显差异都代表有故障。点火系统次级点火波形的检测，通常用双通道显示方法，将做功点火排气波形及显示的点火电压同时显示在示波仪上。

2. 检查点火系统波形的电压

用示波仪观察点火波形，可知各缸的闭合角、点火正时、混合气浓度、点火线圈和电容器的工作情况。完整的次级点火波形是由点火闭合角、击穿电压、燃烧电压、燃烧线和点火线圈振荡五个部分组成的。完整的初级点火波形是由点火闭合角、击穿电压、燃烧时间三个部分组成的。

1）标准的次级电压波形

① 各缸的点火闭合角应相同，波形线应保持相对一致，平衡、缓慢地下降，不应有峰值出现，这表明各缸的点火闭合角相同，点火正时准确。

② 击穿电压为火花塞实际点火电压。在点火模块截止时，初级电流下降为零，磁通量也迅速减小，于是次级线圈中产生的高压急剧上升，在最大值前，击穿火花塞电极间隙，此时的电压为击穿电压。击穿电压明显高于燃烧电压，这样才能保证点火系统工作正常。发动机在怠速和中小负荷时缸压相对较低，击穿电压也相对低些；在大负荷和急加速时缸压高，击穿电压也相对高些。

③ 燃烧电压为混合气实际燃烧所需的电压，在理论空燃比时为 10 000 V。混合气过浓，燃烧电压较高；反之，则下降。

④ 燃烧线表明混合气的燃烧质量，燃烧线越平滑说明燃烧质量越好，长度合理说明可燃混合气越接近理论空燃比。

⑤ 正常情况下，点火线圈振荡线应至少有两个振荡波，一般有三个振荡波以上。振荡波越多，表明点火系统工作良好。

正常的点火系统标准次级电压波形如图 2-35 所示。

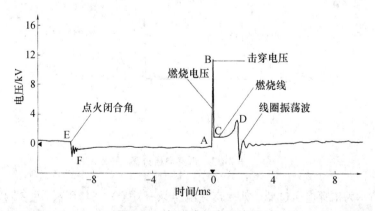

图 2-35 标准次级电压波形

2) 点火闭合角异常峰值

闭合角在击穿电压之前出现异常峰值,如图 2-36 所示。如果点火线圈次级线圈内部短路,使点火能量损失,在冷车和中小负荷时还能保持发动机工作稳定,但在大负荷特别是急加速时无法满足实际需要的能量,而出现加速不良。热车后有时会出现熄火后无法启动,冷却 10 min 后可正常启动。点火闭合角在击穿电压之前出现异常峰值,表明点火系统有短路故障。

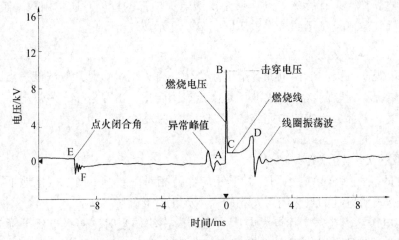

图 2-36 点火闭合角异常峰值

3) 击穿电压

图 2-37 所示为击穿电压过高。重点检查高压阻尼线的电阻值和火花塞电极间隙,火花塞电极因烧蚀而导致间隙过大,会造成点火系统高压电路和电阻值过高,使击穿电压过高。从而导致点火线圈工作电流过大,长时间的工作会造成点火线圈热稳定性不良。高速运转时闭合角过小,击穿电压过低,引起缺火故障。

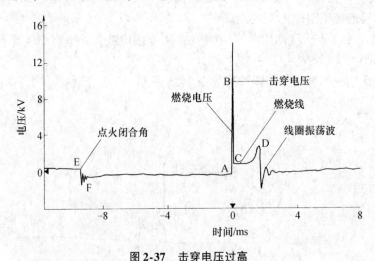

图 2-37 击穿电压过高

图 2-38 所示为击穿电压过低。如果击穿电压只有 6 000~8 000 V,就会因发动机小负荷运转进汽缸内新混合气受废气冲淡的影响较大而产生缺火现象,燃烧不好造成怠速抖动。

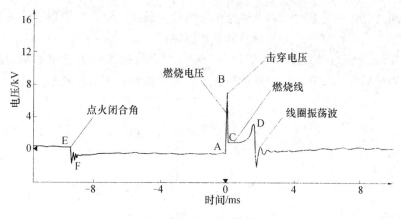

图 2-38 击穿电压过低

4) 燃烧线分析

① 击穿电压和燃烧电压之间为燃烧线，燃烧线上有杂波，如图 2-39 所示。表明点火不，如点火提前角太早、喷油器漏油、雾化不良、火花塞电极有积炭或被污染。点火和燃烧质量越差，杂波就越多。

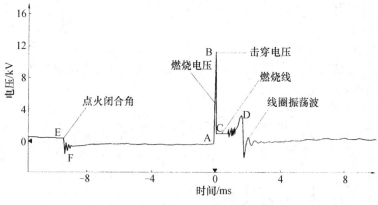

图 2-39 燃烧线上有较多的杂波

② 燃烧线的长度与混合气浓度。理论比燃烧线的长度大约在 1.5 ms，混合气燃烧线越长、过浓的混合气燃烧线的长度在 2 ms 以上。图 2-40 为过浓混合气的燃烧线。

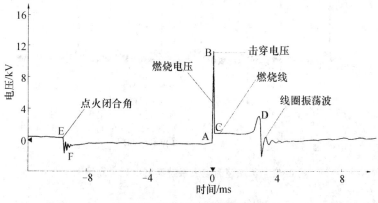

图 2-40 过浓混合气的燃烧线

造成个别缸混合气过浓的原因可能是由于喷油器漏油,检查喷油器必要时更换。所有缸混合气过浓,应检查空气流量传感器和氧传感器。

图 2-41 所示为混合气过稀的燃烧线。个别缸混合气过稀可能是由于喷油器堵塞,使该缸喷油量明显减少,所有缸混合气都过稀应检测喷油脉宽和燃油流量。

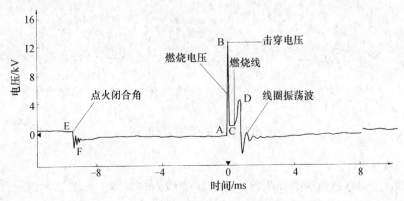

图 2-41 过稀混合气的燃烧线

3. 大负荷动力不足和急加速不良的故障检测

在正常的情况下,无论是怠速、正常行驶还是大负荷和急加速,发动机各缸的峰值、频率、形状、脉冲宽度都应该是相同的。

① 某缸实际峰值明显高于其他缸的峰值。表明该缸点火高压电路方面存在很高的电阻,如图 2-42 所示。

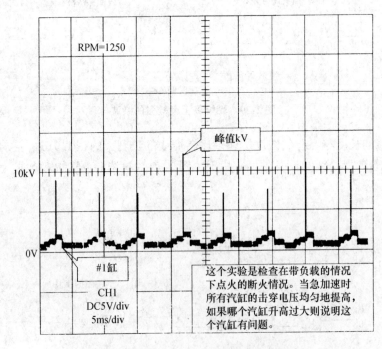

图 2-42 急加速时点火系统某缸出现过高波形

② 某缸实际峰值明显低于其他缸的峰值。表明该缸点火高压电路方面存在短路故障,

如图 2-43 所示。

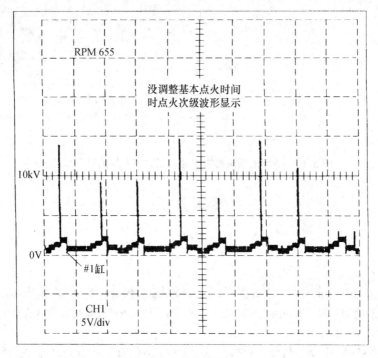

图 2-43　急加速时点火系统某缸出现过低波形

4. 点火线圈振荡线的检查

在汽车发动机工作正常的情况下，点火线圈的振荡线过多说明点火线圈和电容器工作良好，过少（少于两个）说明次级线圈或电容器工作不良。

5. 初级点火波形的检查

初级低压点火系统波形主要包括初级线圈充电时间、击穿电压和燃烧过程三个部分，充电时间过长，燃烧过程的时间就越短。各缸的击穿电压高度应保持一致，否则表明点火系统有故障。如点火线圈的初级线圈内部有短路，使点火能量损失，造成加速不良，如图 2-44 所示。

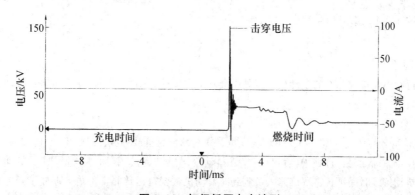

图 2-44　初级低压点火波形

图 2-45 所示为初级低压波形在击穿电压之前出现的异常峰值。

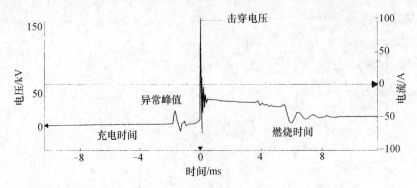

图 2-45 初级低压波形在击穿电压之前出现的异常峰值

案例分析

【案例 1】

1）故障现象

发动机怠速在 700~1300n/min 之间游车，尾气排放超标，耗油量增加，动力性下降，加速座车；调故障码为凸轮轴位置传感器对地断路或短路或对正极短路，但检查凸轮轴位置传感器和线束均正常。

2）故障分析

查询故障码要和维修经验相结合。按常理，检修时应先查控制单元至凸轮轴位置传感器之间线束的电阻值是否在 1.5Ω 之内，再检查凸轮轴位置传感器的电阻值。但出现该故障码通常是由于正时带齿错位造成的，因为凸轮轴位置通常只负责初始点火提前角，发动机启动后控制单元在点火提前信号方面改用曲轴位置传感器信号，所以，尾气排放超标、动力性下降、加速座车、耗油量增加和凸轮轴位置传感器应该没有关系。另外，曲轴位置传感器主要负责提供点火提前角和发动机转速信号，对尾气排放、动力性及耗油量的影响并不是很大。凸轮轴位置传感器主要负责提供点火提前角信号，而点火提前角出现问题，如正时带差一个齿使点火过迟则会造成怠速运转不平稳、发动机尾气排放超标、耗油量增加、动力性下降、加速座车。所以，有经验的维修人员在出现加速座车，同时又有凸轮轴位置传感器故障码时，通常是先检查正时带是否良好，如果正时带没有问题，再进行其他检查。

3）故障诊断

经检查发现正时带差一个齿。

4）故障排除

按规定重新调整安装正时带。

【案例 2】

1）故障现象

一些执行欧洲Ⅳ排放标准的发动机，行驶中会发生突发性抖动，抖动得非常厉害，带动车身一起抖动，但每次抖动持续时间不长。

2）故障分析

① 排放标准较高的发动机（如 POLO 发动机）执行欧洲Ⅳ排放标准，燃烧室积炭过多，所用燃油又达不到欧洲Ⅳ排放标准时，行驶中会发生突发性抖动（爆燃燃烧），抖动得非常厉害，带动车身一起抖动，但每次抖动持续时间不长，等维修人员赶到时发动机又变得运转非常平稳。即使维修人员长时间试车，也很难碰到。如果所用燃油正确并及时清除积炭，发动机很少会发生爆燃。

② 爆燃传感器输送给控制单元的电压信号很弱，容易受到其他设备干扰。如果点火线圈在工作中产生的频率高达 18kHz，明显高于爆燃信号 14kHz；点火线圈有故障时振动频率会更高。

③ 点火过早会使发动机过热，NO_x 含量超标，动力性下降，急速抖动；小负荷时加速不良，耗油量增加，尾气排放超标。

3）故障诊断

① 检查火花塞电极、氧传感器输出的电压信号，或拆下火花塞用窥视镜检查燃烧室的积炭。

② 若点火线圈损坏，急速时车辆抖动非常厉害，加速时抖动会变得更加厉害，急加速座车。检查点火线圈的电阻值和工作温度，可发现点火线圈是否有短路或断路故障。

4）故障排除

排放标准高的发动机必须使用高标号汽油，要及时清除燃烧室的积炭；更换有问题的点火线圈。

【案例3】

1）故障现象

每天第一次启动需要连续启动三次，随后一天之内启动完全正常。平路行驶正常，爬坡明显感觉动力不足，急加速时排气管冒黑烟。

2）故障分析

① 每天第一次启动需要连续启动三次，随后一天之内启动完全正常，这是典型的燃烧室积炭过多所致。电喷发动机为了控制排放，每次启动只喷两次或三次油。如果燃烧室积炭过多，停了一夜后积炭处于干燥状态，发动机每天第一次启动和第二次启动喷油器喷射的油被燃烧室积炭吸收，第三次启动时积炭已经饱和可正常启动。随后的一天之内因燃烧室内积炭始终处于饱和状态，所以，一天之内启动完全正常。但停了一夜后第一次启动时积炭又处于干燥状态，所以，仍然需要连续启动三次。

② 燃烧室积炭过多、过厚，还会使压缩比增大和多点燃烧，导致发动机爆燃，控制单元根据爆燃传感器的信号推迟点火提前角，但每次推迟点火提前角后仍有爆燃信号，控制单元会反复推迟点火提前角，直至推迟到设定的最小点火提前角。点火提前角越接近爆燃点，发动机有效输出功率就越大，相反就越小。推迟点火提前角使发动机有效输出功率明显降低，所以，平路（行驶阻力小）行驶正常，爬坡（行驶阻力大）明显感觉动力不足。

③ 积炭对火花塞电极的污染，还会造成燃烧质量变差，导致急加速时排气管冒黑烟。

3）故障诊断

① 拆下火花塞，火花塞电极发黑，说明燃烧室燃烧不好。

② 用窥视镜通过火花塞装配孔可检查燃烧室积炭情况。

③ 读取氧传感器的数据流，急加速到 3 000 r/min 以上、4 000 r/min 以下，快速松开加速踏板，此时氧传感器的输出电压如果在 0.1～0.9 V 间变动，表明燃烧室被积炭严重污染。

④ 检查发动机进气系统急速时的真空度，真空表指针稳定在 50～55 kPa，原因可能是点火提前角过迟。点火提前角过迟会造成急速抖动或游车，急加速座车。

4）故障排除

将清洗剂加入燃油箱，举升汽车，急速运转 10 min（将燃烧室和进气门积炭泡软），反复急加速 2～3 min（冲刷燃烧室和进气门），然后再急速运转 10 min，反复急加速 2～3 min，随后立即上路连续高速行驶 20 min 可彻底清除燃烧室和进气门上的积炭，使汽车启动、燃烧和动力性恢复正常。

【案例4】

1）故障现象

发动机急速不稳，抖动；发动机转速在 1 500 r/min 以下时加速不良、座车。

2）故障分析

发动机转速在 1 500 r/min 以下时加速不良、座车，在 1 500 r/min 以上时完全正常，最大的可能是发动机小负荷时发电机发电量不足，对爆燃传感器产生电磁干扰，使爆燃传感器误认为有爆燃，而推迟点火提前角，导致加速不良、座车。转速达到 1 500 r/min 以上后随着发动机转速的提高，发电机发电量可满足工作需要，不再对爆燃传感器产生电磁干扰，点火提前角恢复正常，所以，发动机转速在 1 500 r/min 以上后工作恢复正常，加速不良、座车的故障自然消失。

3）故障诊断

用电流表检查怠速时发电机的发电量，或用万用表检查蓄电池在怠速时是否放电。发电机调节器损坏后，发动机在低速急加速时系统电压瞬间过高，产生电磁干扰，会导致爆燃传感器误认为发生爆燃，而推迟点火提前角，导致低速加速不良。电磁干扰，还可能造成发动机机油压力报警器工作不稳定，在急加速的同时开始报警。

4）故障排除

如果发电机怠速时发电量不足或蓄电池在怠速时放电，应进一步检查：

① 发电机轴承是否锈蚀。

② 发电机是否有一组二极管损坏。

③ 发电机调节器是否损坏。轴承锈蚀，除锈后重新润滑即可；二极管损坏的需更换发电机；调节器损坏的需更换调节器。

习　题

一、填空题

1. 无分电器点火控制系统可分为_____、_____。

2. 无分电器独立点火方式每个汽缸有_____个点火线圈，同时点火方式的点火线圈数量是汽缸数量的_____。

3. 发动机正常运转时，ECU 根据发动机_____和_____信号确定基本点火提前角。

4. 在发动机启动时，ECU 不进行点火提前角的控制，以一个固定的_____提前角点火。

5. 最佳点火提前角等于_____、_____、_____之和。

6. 当发动机的转速低于规定的怠速转速时，应_____点火提前角；而当高于目标转速时，则应_____点火提前角。

7. 闭合角控制也称_____控制。

8. 发动机工作时，ECU 根据_____和_____对闭合角进行控制。

9. 常见的爆燃传感器有两种，一种是_____，另一种是_____。

10. 爆燃传感器应用比较广泛的_____、_____两种。

二、选择题

1. 电子控制点火系统由（　　）直接驱动点火线圈进行点火。

　　A. ECU　　　　B. 点火控制器　　　　C. 分电器　　　　D. 转速信号

2. 一般来说，缺少了（　　）信号，电子点火系将不能点火。

　　A. 进气量　　　B. 水温　　　　　　　C. 转速　　　　　D. 上止点

3. 点火闭合角主要是通过（　　）加以控制的。

　　A. 通电电流　　B. 通电时间　　　　　C. 通电电压　　　D. 通电速度

4. 混合气在汽缸内燃烧，当最高压力出现在上止点（　　）左右时，发动机输出功率最大。

　　A. 前10°　　　B. 后10°　　　　　　C. 前5°　　　　　D. 后5°

5. 发动机工作时，随冷却液温度提高，爆燃倾向（　　）。

　　A. 不变　　　　B. 增大　　　　　　　C. 减小　　　　　D. 与温度无关

6. 下列哪个不是怠速稳定修正控制信号（　　）。

　　A. 车速传感器　B. 空调开关信号　　　C. 冷却水温度信号　D. 节气门位置传感器信号

7. ECU 根据（　　）信号对点火提前角实行反馈控制。

　　A. 水温传感器　B. 曲轴位置传感器　　C. 爆燃传感器　　　D. 车速传感器

项目二 微机控制点火系统检修

8. 启动时点火提前角是固定的,一般为(　　)左右。
   A. 15°　　　　B. 10°　　　　C. 30°　　　　D. 20°
9. 采用电控点火系统时,发动机实际点火提前角与理想点火提前角关系为(　　)。
   A. 大于　　　　B. 等于　　　　C. 小于　　　　D. 接近于
10. 发动机工作时,ECU 根据发动机(　　)信号确定最佳闭合角。
    A. 转速信号　　B. 电源电压　　C. 冷却液温度　　D. A 和 B

三、判断题

1. 曲轴位置信号和凸轮轴位置信号是保证 ECU 控制点火系统正常工作最基本的信号。(　　)
2. 爆燃传感器是电子控制点火系统专用的一种传感器。(　　)
3. 安装爆燃传感器的电子控制点火系统实现了点火提前角的闭环控制。(　　)
4. 点火控制器又称为点火模块,是电子控制点火系统的功率输出级。(　　)
5. 许多无分电器点火系统将点火控制器控制电路直接合入电子控制单元 ECU。(　　)
6. 捷达、桑塔纳 2000 GSi AJR 发动机无分电器电子点火系统将点火控制器大功率三极管输出电路与点火线圈集成在一起。(　　)
7. 曲轴位置传感器能够识别是哪一缸活塞即将到达上止点,所以又称其为判缸传感器。(　　)
8. 独立点火、顺序喷射的直列发动机既要安装曲轴位置传感器,又要安装凸轮轴位置传感器。(　　)
9. 在发动机运转过程中拔掉凸轮轴位置传感器,发动机立即熄火。(　　)
10. 双缸同时点火时,两个同步缸都是有效点火。(　　)

四、问答题

1. 发动机启动后在正常工况下运转时,控制点火提前角的信号主要有哪些?
2. 点火控制器主要由哪几部分组成?它的主要功能是什么?
3. 暖机修正控制信号主要有哪些?
4. 电控点火系统的主要优点有哪些?
5. 影响发动机点火提前角的因素有哪些?
6. 微机控制直接点火系统由哪些部件组成?
7. 点火提前角过大或过小对发动机有何影响?
8. 发动机爆燃产生的原因是什么?爆燃怎样被控制?
9. 霍尔传感器是根据什么原理工作的?它有什么特点?
10. 初级线圈通电时间对发动机工作有什么影响?

项目三 进气控制系统检修

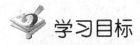

> 通过对任务内容的学习与训练，使学生能掌握电控怠速控制系统、进气道控制系统、进气增压系统、可变气门正时系统、电控节气门系统（ETCS）的组成、结构和工作原理，并能进行常见故障分析与排除。

任务一 电控怠速控制系统

发动机处于怠速工况时的转速对发动机的性能有较大的影响，怠速过高，会增加无谓的燃油消耗。据统计，汽车在交通密度大的道路上行驶时，约有30%的燃油消耗在怠速阶段，因此应尽可能降低怠速。但从减少有害物排放的角度考虑，怠速又不能过低，过低的怠速会使有害物排放量增加。另外，发动机处于怠速工况运行时，由于用电器、空调装置、自动变速器、动力转向伺服机构的接入等情况，会使怠速下降，若不采取有效措施会引起发动机运转不稳定，甚至熄火。

在微机控制怠速控制系统中，ECU 根据相关传感器的输入信号控制怠速控制装置，调整怠速时的进气量，使发动机在怠速负荷发生变化的使用条件下，能以适当怠速稳定运转。怠速控制的内容随车型的不同有较大的差异，一般 ECU 对怠速进行控制的内容包括启动后的控制、暖机过程的控制、负荷变化时的控制及减速时的控制等。

资讯1 电控怠速控制系统的基本原理

在电控怠速控制系统中，ECU 首先根据各传感器的输入信号确定目标转速；然后把目标转速与发动机的实际转速进行比较，得到目标转速与实际转速的差值；最后根据此差值确定达到目标转速所需的控制量，驱动怠速控制装置增加或减少空气量。微机控制怠速控制系统一般采用转速反馈控制方式，车辆正常行驶时，为了避免怠速反馈控制与驾驶员通过加速踏板动作引起的空气量调节发生干涉，电控怠速控制系统需要用节气门全关闭信号、车速信号等对怠速状态进行确认，只有怠速状态得到确认的情况下才进行怠速反馈控制。

除了上述怠速稳定控制外，现代电控汽油机的怠速控制系统，还把过去由其他装置实现的功能集中到怠速控制系统中（如为提高暖机时发动机怠速的补充空气阀、为解决怠速工况空调压缩机工作所需功率输出而附加的节气门控制装置等）。在现代电控汽油机中，这些控制功能都已由电控怠速控制装置来完成，这样不仅减少了零部件，发动机的结构更加简化和紧凑，而且有利于提高发动机可靠性。

资讯 2　怠速控制方式

怠速控制的本质是怠速进气量的控制。虽然进气量控制的方式及所采用控制装置随车型不同而有所差异，但是从怠速进气量控制方式的基本特征分类，可以分为两种类型。一类是以控制怠速旁通空气通道截面大小为基本特征，对怠速空气流量进行调节的旁通气道控制方式；另一类是以直接控制节气门的开度为基本特征，对怠速空气流量进行调节的节气门直动控制方式，如图3-1所示。目前，在电控汽油机中旁通气道控制方式应用较为广泛。

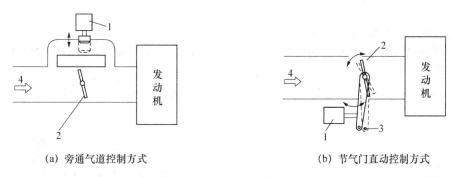

(a) 旁通气道控制方式　　　　　　　(b) 节气门直动控制方式

图 3-1　怠速执行机构进气控制方式
1—怠速控制装置；2—节气门；3—节气门操纵臂；4—空气

资讯 3　怠速控制装置

对于两类怠速控制方式，由于控制方式不同，因此控制装置在结构上有较大的差异。

1. 旁通气道控制方式怠速控制装置

在旁通气道控制方式中，应用比较广泛的控制装置主要有步进电动机式怠速控制装置和旋转滑阀式怠速控制装置，其他还有旋转电磁阀式怠速控制装置、直线电磁阀式怠速控制装置等。

1）步进电动机式怠速控制装置

如图3-2所示，步进电动机式怠速控制装置由步进电动机和怠速控制机构两大部件组成，其中步进电动机由永久磁铁的转子、定子线圈及轴承等组成，怠速控制机构由进给丝杆、阀轴、阀门、阀座及旁通空气通道等组成。怠速控制机构进给丝杆的一端通过阀轴与阀门固连在一起，进给丝杆的螺纹端旋入步进电动机转子内。步进电动机的转子既可以顺时针旋转，也可以逆时针旋转。转子旋转时，进给丝杆受到挡板的约束不能随转子一起旋转，只能在轴向上下运动。进给丝杆上下运动时，带动阀门一起做轴向运动，使阀门与阀座之间的相对距离发生变化，也即使旁通空气通道的截面积发生变化，起到调节流过旁通气道空气量的作用。

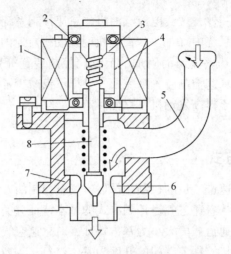

图 3-2　步进电动机式怠速控制装置

1—定子线圈；2—轴承；3—进给丝杆；4—转子；5—旁通空气通道；6—阀门；7—阀座；8—阀轴

(1) 步进电动机的基本结构及工作原理。如图 3-3 所示，步进电动机的转子由 N 极和 S 极在圆周上相间排列的永久磁铁组成，共有八对磁极。定子由 A、B 两个定子组成，定子内绕有 A、B 两组绕组，绕组由导磁材料制成的爪极包裹。每个定子各有八对爪极，每个爪极（N 极与 S 极）之间保持一个爪宽度的间距，A、B 两个定子的爪极相差一个爪的位差，两个定子组成一体安装在外壳内。

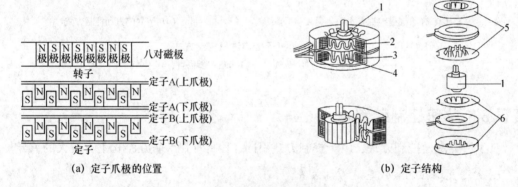

(a) 定子爪极的位置　　　　　　　　(b) 定子结构

图 3-3　爪极位置及结构

1—转子；2—线圈 A；3—线圈 B；4—爪极；5—定子 A；6—定子 B

相线绕组的控制电路如图 3-4 所示，A、B 两个定子绕组分别由 1、3 相绕组和 2、4 相绕组组成，ECU 通过三极管控制各相绕组的搭铁，交替变换定子爪极极性，使步进电动机转子产生步进式转动。如欲使步进电动机正转，相线控制脉冲按 1→2→3→4 相序滞后 90° 相位角，使定子上的 N 极向右移动，则转子正转，如图 3-5、图 3-6 所示。如欲使步进电动机反转，相线控制脉冲按 4→3→2→1 相序依次超前 90° 相位角，定子上的 N 极向左向移动，则转子反转。

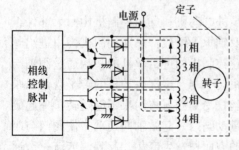

图 3-4　相线绕组的控制电路

项目三 进气控制系统检修

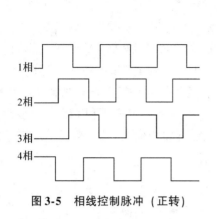

图 3-5 相线控制脉冲（正转）

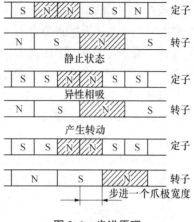

图 3-6 步进原理

转子的转动是为了使定子绕组电磁铁和转子永久磁铁的 N 极和 S 极互相吸引到最近距离。当定子的爪极极性由于相线控制脉冲的变化而改变时，转子也随之转动，始终保持转子的 N 极与定子的 S 极对齐。转子转动 1 圈需 32 个步级，每个步级转动 1 个爪的角度（即 11.25°），步进电动机的正常工作范围为 0～125 个步级。

（2）步进电动机式怠速控制装置的控制内容。电控系统对怠速控制装置的控制内容因发动机而异，对于步进电动机式怠速控制装置，其主要控制内容主要有以下几项。

① 启动初始位置设定。为了保证怠速控制阀在发动机再启动时处于全开位置，在发动机点火开关关闭后，主继电器继续保持接通状态，ECU 控制步进电动机转动使怠速控制阀开至最大位置（即 125 步级），为下次启动作好准备，然后主继电器断电。

② 启动后控制。由于发动机启动前，ECU 已经把怠速控制阀的初始位置预置在最大开度位置，当发动机启动后，若怠速控制阀仍保持全开，则会引起发动机转速过高。为了避免出现这种情况，在启动过程中，当发动机转速达到由冷却水温度确定的对应转速时，ECU 控制步进电动机转动，使怠速控制阀逐渐关小到与冷却水温度相对应的开度。

③ 暖机控制。暖机过程中，ECU 控制步进电动机转动，使怠速控制阀从启动后的开度逐渐关小，当冷却水温达到 70℃时，暖机控制结束，怠速控制阀达到正常怠速开度。

④ 反馈控制。当发动机在怠速工况运转时，如果发动机的实际转速与预置的目标转速的差值超过规定值（如 20 r/min），ECU 控制步进电动机转动，通过怠速控制阀增减旁通空气量，使发动机实际转速与目标转速差小于规定值。目标转速与发动机怠速工况时的负荷有关，对应于空挡启动开关是否接通、空调是否使用、用电器增加等不同情况，都有不同确定的目标转速。

⑤ 发动机转速变化的预控制。发动机处于怠速工况时，空调开关、空挡启动开关等接通或者断开，都会即时引起发动机怠速负荷变化，产生较大的怠速波动。为了减小负荷变化对怠速的影响，ECU 在接收到以上开关量信号后，在发动机转速变化出现前，就控制步进电动机转动，预先把怠速控制阀开大或关小一个固定的距离，以提高发动机的怠速稳定性。

⑥ 学习控制。由于发动机的性能在使用过程中会发生变化，此时怠速控制阀的位置虽没有变化，但实际的怠速也会偏离原来的初始数值。出现这种情况时，ECU 除了采用反馈控制使怠速达到目标值外，同时将此时步进电动机转过的步数储存在备用储存器中，

供以后怠速控制时调用。

2) 旋转滑阀式怠速控制装置

如图3-7所示，旋转滑阀式怠速控制装置由永久磁铁转子、电枢、旋转滑阀、回位弹簧和电刷等组成。旋转滑阀与电枢轴固连，随电枢轴一起转动，改变旁通气道截面的积大小，调节怠速时的空气量。如图3-8所示，永久磁铁转子安装在装置壳体上，形成固定的磁场。电枢位于永久磁铁的磁场中，电枢铁芯上缠有两组绕向相反的电磁线圈L1和L2，当线圈L1通电时，电枢带动旋转滑阀顺时针偏转，空气旁通气道截面积变小；当线圈L2通电时，电枢带动旋转滑阀逆时针偏转，空气旁通气道截面积变大。L1和L2的两端与电刷滑环相连，经电刷引出与ECU相连接。

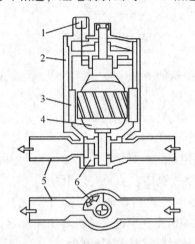

图3-7 旋转滑阀式怠速控制装置
1—电接头；2—外壳；3—永久磁铁转子；
4—电枢；5—旁通气道；6—旋转滑阀

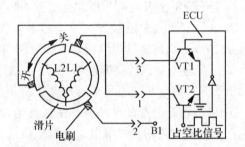

图3-8 旋转滑阀式怠速控制装置连接电路

电枢轴上的电刷滑环与电机换向器结构类似，它由三段滑片围合而成，分别与一个电刷相接触。电枢绕组L1和L2的两端分别焊接在相应的滑片上。当点火开关打开时，怠速控制装置接线插头"2"上即受蓄电池电压，电枢绕组L1和L2是否通电，由ECU控制两线圈的搭铁三极管VT1和VT2的通断决定。由于占空比（一个脉冲周期高电平的时间与一个脉冲周期所经历的时间之比）控制信号和三极管VT1的基极之间接有反向器，所以三极管VT1和VT2集电极输出相位相反，使两个电枢绕组总是交替地通过电流，又因两组线圈绕向相反，致使电枢上交替地产生方向相反的电磁转矩。由于电磁转矩交变的频率（约250Hz）较高，且电枢转动具有一定的惯性，所以旋转滑阀根据控制信号的占空比，摆到一定的角度即处于稳定状态。当占空比为50%时，线圈L1和L2的平均通电时间相等，二者产生的电磁转矩抵消，电枢轴停止偏转。当占空比小于50%时，线圈L1的平均通电时间长，其合成电磁转矩使电枢带动旋转滑阀顺时针偏转，空气旁通气道截面积变小，怠速降低；反之，当占空比大于50%时，空气旁通气道截面积变大，怠速升高。占空比的范围在18%（旋转滑阀关闭）~82%（旋转滑阀达到最大开度）之间，滑阀的最大偏转角度限制在90°以内。对旋转滑阀式怠速控制装置，滑阀的偏转角度由两组线圈的通电时间比例（即控制脉冲的占空比）确定。ECU对旋转滑阀式怠速控制装置的控制内容与步进电动机式基本相同，在此不再重复。

2. 节气门直动方式怠速控制装置

节气门直动控制方式怠速控制装置通过控制节气门开度，调节怠速时的进气量，完成怠速控制的各项内容。图 3-9 所示的节气门直动控制方式怠速控制装置，是近年在微机控制汽油机中采用较多的一种结构形式。

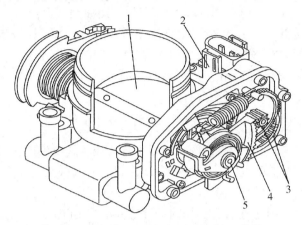

图 3-9　节气门直动控制方式怠速控制装置
1—节气门；2—步进电动机总成；3—减速齿轮；4—节气门操纵齿板；5—节气门轴

该怠速控制装置安装在节气门体上，主要由步进电动机总成、减速齿轮、节气门操纵齿板等组成。发动机在怠速工况运转时，在 ECU 控制下，步进电动机正转一定步数，经过减速齿轮组的减速增矩，由最后一级小齿轮拨动齿板转动，齿板通过传动机构把节气门打开至某一开度，若步进电动机反转，则节气门开度随之变小。由此能够根据怠速工况负荷变化，对怠速时的空气量进行调节。齿板与节气门之间为单向传动，因此不会和加速踏板对节气门的控制发生干涉。

节气门直动控制方式，具有位置控制稳定性好的优点。但怠速控制装置工作时，为了克服节气门关闭方向回位弹簧的作用力，采用能起增矩作用的减速齿轮组，使变位速度下降，响应较慢。

任务训练 1　怠速控制阀的就车检测

1. 发动机怠速运转状况检测

在冷车状态下启动发动机后，暖机过程开始时，发动机的怠速转速应能达到规定的快怠速转速（通常为 1 500 r/min）；在发动机达到正常工作温度后，怠速转速应能恢复正常（通常为 750 r/min）。如果冷车启动后怠速不能按上述规律变化，则怠速控制系统有故障。

发动机达到正常工作温度后，在打开空调开关时，发动机怠速转速应能上升到 900 r/min 左右。若打开空调开关后发动机转速下降，则怠速控制系统有故障。在发动机怠速运转中，若对怠速调节螺钉作微量转动，发动机怠速转速应不会发生变化（转动后应使怠速调节螺钉恢复原来的位置）。若在转动中怠速转速发生变化，说明怠速控制系统不工作。

2. 怠速控制阀的工作状况检查

对于脉冲线性电磁阀式怠速控制阀，可在发动机怠速运转中拔下怠速控制阀线束连接器，观察发动机的转速是否有变化。如此时发动机转速有变化，则怠速控制阀工作正常。对于步进电动机式怠速控制阀，可在发动机熄火后的一瞬间倾听怠速控制阀是否有"嗡嗡"的工作声音（此时步进电动机应工作，直到怠速控制阀完全开启，以利发动机再启动）。如怠速控制阀发出"嗡嗡"声，则怠速控制阀良好。为了检查步进电动机式怠速控制阀的工作状况，也可以在发动机启动前拔下怠速控制阀线束连接器，待发动机启动后再插上，观察发动机转速是否有变化。如果此时发动机转速发生变化，则怠速控制阀工作正常；否则，怠速控制阀或控制电路有故障。

3. ECU 控制电压的检测

对于脉冲线性电磁阀式怠速控制阀，应拔下怠速控制阀线束连接器，用万用表电压挡测量其端子电压。如果在发动机运转过程中，怠速控制阀线束连接器端子有脉冲电压输出，则 ECU 和怠速控制系统线路无故障。若无脉冲电压输出，可打开空调开关后再测试。若仍无脉冲电压输出，则怠速控制系统不工作，应检查 ECU 与怠速控制阀之间的线路（是否有接触不良或断路故障）；如怠速系统的线路无故障，则 ECU 有故障，应更换 ECU。

任务训练 2　旋转滑阀式怠速控制阀的检测

图 3-10 所示为丰田公司的旋转滑阀式怠速控制阀电路，在整个怠速范围内，ECU 通过占空比（0~100%）对怠速转速进行控制。

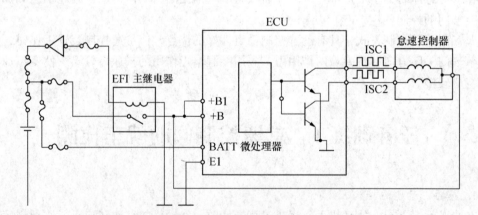

图 3-10　旋转滑阀式怠速控制执行机构控制电路图

1. 电源电压检查

拆下控制阀线束连接器，点火开关置于"ON"，不启动发动机，分别检测电源端子与搭铁间的电压，应为蓄电池电压。

2. 检查 ISC 阀的工作情况

发动机达到正常工作温度、变速器处于空挡位置时，使发动机维持怠速运转，用专用短

接线接故障诊断座上的 TE1 与 E1 端子,发动机转速应保持在 1 000～1 200 r/min,5 s 后转速下降约 200 r/min。如不符合要求,应检查 ISC 阀、ISC 阀至 ECU 的线路和 ECU。

3. 电阻检查

拆下怠速控制阀上的三端子线束连接器,在控制阀侧分别测量中间端子(+B)与两侧端子(ISC1 和 ISC2)的电阻应为 18.8～22.8 Ω。如电阻值不符合要求,应更换 ISC 阀,如图 3-11 所示。

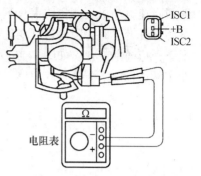

图 3-11 检查旋转滑阀式怠速控制执行机构的电阻

任务训练 3 步进电动机式怠速控制阀的检测（以 2JZ-FE 型发动机为例）

① 拆下控制阀线束连接器,点火开关置于"ON",不启动发动机,分别检测 B1 和 B2 与搭铁间的电压,应为蓄电池电压,如图 3-12 所示。

② 发动发动机后再熄火时,2～3 s 内在怠速控制阀附近应能听到内部发出的"嗡嗡"响声。

③ 拆下控制阀线束连接器,测量 B1 与 S1 和 S3、B2 与 S2 和 S4 间的电阻,应为 10～30 Ω。

④ 拆下怠速电磁阀,将蓄电池正极接至 B1 和 B2 端子,若负极按顺序依次接通 S1→S2→S3→S4 端子时,随步进电动机的旋转,控制阀应向外伸出;若负极按反方向接通 S4→S3→S2→S1 端子,则控制阀应向内缩回。

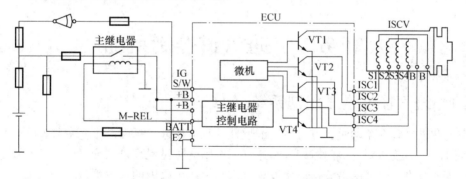

图 3-12 检测 B1、B2 与搭铁间的电压

任务训练 4 节气门直动式怠速控制阀的检测

下面以捷达王 EA113 型发动机为例进行检测。

1. 节气门直动式怠速控制阀电阻的检测

拔下 ECU 连接器,测量线束一侧 66 端子与 59 端子之间的电阻应为 5 Ω,否则检查线路或怠速电动机；测量线束一侧62端子与74端子、62端子与75端子之间的电阻，在节气门开度变化时，阻值连续变化；测69端子与67端子之间电阻，在节气门打开和关闭情况下，应通断变化，如图3-13所示。不符合要求时检查ECU与节气门体之间的线路，线路正常的情况下更换节气门体。

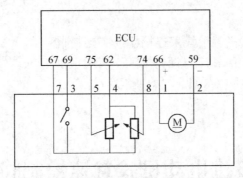

图3-13　节气门体上的怠速稳定控制器的电路原理

2. 节气门直动式怠速控制阀电压的检测

拔下怠速稳定控制器连接器，点火开关置于"ON"，测量线束一侧插件4端子对地电压，应为4.5～5.5 V；测量线束一侧插件3端子的对地电压，应为9 V以上，否则应检查线路，线路正常时检查ECU电源电路，电源电路正常时则更换ECU；测量线束一侧插件7端子的对地电阻，应接近0，如图3-13所示。如果不符合以上测量数据必须检查线路，线路正常时就要更换ECU。

在怠速稳定控制器连接器被拔下的情况下启动发动机，并将线束一侧插件3端子与7端子短接，水温升高后，测量线束一侧插件1端子与2端子之间的电压，应有12 V的工作电压，否则检查线路，线路正常则更换ECU。

任务二　进气道控制系统

资讯1　进气惯性增压控制系统（ACIS）

空气在进气管内流动时，具有一定的惯性并且会在进气管内产生一种往复运动的压力波，如果此压力波达到进气门时即开启进气门，则会明显提高进气充量。试验证明，进气管长，压力波也长，长的谐波可以使发动机低、中速区段内的功率增大；进气管短，压力波也短，短的谐波可使发动机高转速区段内的功率增大。因此通过进气管长度的设计，改变进气压力波的波长，使之与进气门的启闭时间（配气相位）密切配合，可以明显提高进气充量，从而使发动机在预定的转速获得最佳的动力。ACIS就是在节气门已全开的情况下，利用进气的空气谐波，进一步加大充气量，使低速运转时进气管既细又长，而高速运转时进气管既粗又短。

可控的进气谐波近年来发展很快，形式也很多，其工作原理大体上可分为两种。一种是根据发动机转速和负荷的变化情况，自动地改变进气管的有效长度；另一种是利用可变波长的谐波控制进气系统。

项目三 进气控制系统检修

1. 改变进气管有效长度的 ACIS

图 3-14 给出了改变进气管有效长度的一种装置。低转速时，ECU 使进气控制阀片关闭，进气流经较长的管道；高转速时阀片打开，由于流动阻力的不同，进气会自动地大部分经由阀片直接流入进气歧管，从而使有效长度变短。这种方法可以在高、低转速时均获得高的充量系数，从而提高转矩。

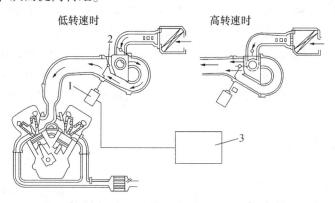

图 3-14 改变进气管有效长度的 ACIS
1—进气控制伺服机构；2—进气控制阀；3—发动机控制装置

2. 进气谐波波长可变的 ACIS

图 3-15 所示是 2JZ-GE 型发动机采用的改变谐振容积的办法控制进气谐波的系统。在进气管中并联一个大容量的空气室，通过阀门的启闭改变进气的路线，从而实现改变进气谐波的长度。图中，当进气控制阀（IACV）关闭时，进气只能沿进气管单向直线运动，距离较长，能在中、低转速区段形成谐波，提高进气充量；当 IACV 打开时，大容量的空气室并联投入工作，缩短了进气谐波的传播距离，使发动机在高转速区段形成了较强谐波进气压力。

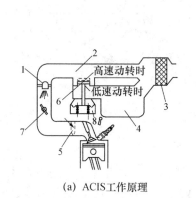

(a) ACIS 工作原理

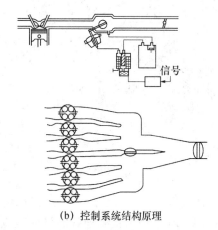

(b) 控制系统结构原理

图 3-15 ACIS 结构和原理
1—喷油器；2—进气道；3—空气滤清器；4—进气室；5—涡流控制气门；6—进气控制阀；7—节气门；8—真空驱动器

系统受 ECU 控制，ECU 通过发动机转速传感器感知发动机的转速。在中、低速时，ECU 发出信号，切断 VSV 的电源，使 VSV 关闭了真空罐的通路，真空泵停止工作，IACV 处于关闭状态，此时进气歧管被分隔成两部分，进气需通过较长的路径方能进入汽缸，从

117

而使中、低转速工况具有较大的功率提升。当发动机的转速提升到 4 000 r/min 以上时，ECU 发出信号，接通 VSV 的电磁线圈，VSV 开启，使真空泵工作，将 IACV 打开，6 根进气歧管便相互连通。由于各汽缸配气相位的不同，各缸的进气路线人为缩短，形成了高速工况下较强的进气谐波，提高了充气量，使高转速工况下发动机的动力有所增加。IACV 安装于进气室的中部，它将进气歧管分隔为两部分，当阀门开启后，分隔的两部分便相互贯通。VSV 为一只三通电磁阀，其工作原理为：在常态下，ECU 断开了 VSV 的电源，E 孔与空气滤清器相通，真空泵在大气压力作用下膜片向上推，关闭了 IACV，此为发动机中、低转速工况；当转速提升到 4 000 r/min 时，ECU 接通了 VSV 的电源，VSV 的电磁阀关闭了空气滤清器通道，E 孔与 F 孔相通，真空罐的负压力抵达真空泵，膜片向下拉，IACV 开启，使分隔为两部分的进气歧管相互贯通，此即为发动机的高转速工况。

资讯 2 动力阀控制系统

1. 动力阀控制系统的功能

动力阀控制系统的功能是控制发动机进气道的空气流通截面积大小，以适应发动机不同转速和负荷时对进气量的要求，从而改善发动机的动力性。

2. 动力阀控制系统的结构原理

ECU 控制的动力阀控制系统如图 3-16 所示。动力阀控制系统主要由真空罐、真空电磁阀、ECU、膜片真空室、动力阀等组成。

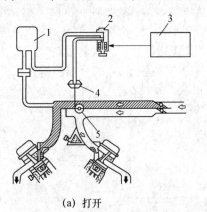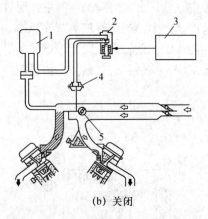

(a) 打开　　　　　　　　　　　　　　(b) 关闭

图 3-16　动力阀控制系统

1—膜片真空室；2—真空电磁阀；3—ECU；4—止回阀；5—动力阀

控制进气道空气流通截面积大小的动力阀安装在进气管上，动力阀的开闭由膜片真空气室控制，ECU 根据各传感器信号通过真空电磁阀（VSV 阀）控制真空罐与膜片真空室的真空通道。当发动机小负荷运转时，进气量较少，ECU 断开真空电磁阀搭铁回路，真空罐中的真空度不能进入膜片真空室，动力阀处于关闭位置，进气通道变小。当发动机大负荷运转时，进气量较多，ECU 接通真空电磁阀搭铁回路，真空罐中的真空度经真空电磁阀进入膜片真空室，动力阀开启，进气通道变大。动力阀控制系统的主要控制信号有发动机转速、温度、空气流量等。

因此，在进气量较少的低速、小负荷工况下，使进气道空气流通截面积减小，可提高进气流速,增大进气流惯性以提高发动机的充气效率。此外,随进气流速提高也可增加汽缸内的涡流强度,有利于低速、小负荷工况下的燃烧和热效率的提高,改善发动机的低速性能;而在进气量较多的高速、大负荷工况下,适当增大进气道空气流通截面积,不仅可以减小进气阻力,对由于进气流速过高而导致的燃烧室内气流扰动也可起到抑制作用,有助于改善发动机的高速性能。此系统在日本本田 ACCORD 等部分轿车发动机上采用。

在维修时,主要应检查真空罐、膜片真空室和真空管路有无漏气,真空电磁电路有无断路或短路,真空电磁阀电阻值是否符合标准。视具体情况维修或更换损坏的元件。

资讯3 三级可变进气系统

1. 谐振增压功能

发动机内产生的转矩在很大程度上取决于进气行程中新鲜空气进气质量。各汽缸的进气行程,即气门开启时的活塞下行行程使进气质量产生振荡。进气汽缸的移动空气质量与该汽缸关闭的进气门相遇时,上述振荡就会与压力峰值产生的振荡相叠加。

这两种振荡叠加时就会产生所谓的谐振或共振。谐振可以使原始振荡放大或衰减。进气行程开始时汽缸上进气门前出现的是压力峰值还是压力低谷,在很大程度上取决于叠加振荡在进气区域内的行程和发动机转速(即气流流速)。

在较大发动机转速范围内希望得到较高的转矩导致内燃机进气导管的种类不断增多。因此,进气装置的几何形状和控制对汽缸换气的质量影响很大。

一根长度固定的进气管只能在特定发动机转速下产生最佳汽缸进气效果。为此,宝马 N52 发动机 N52 装有一个三级可变进气系统(DISA)。

2. 三级可变进气系统结构和原理

如图 3-17 所示,宝马 N52 发动机的三级可变进气系统(DISA)主要由谐振管、溢流管、振荡管、DISA 执行机构1及 DISA 执行机构2等部件组成。

上述原理通过带有两个 DISA 执行机构的一个进气管转换装置和进气范围内的一个溢流管实现。

两个 DISA 执行机构的尺寸不同。DISA 执行机构2安装在溢流管内,DISA 执行机构1安装在振荡管前的进气集气管内。

1) 第1挡——怠速/转速范围较低

如图 3-18 所示,怠速运转和转速范围较低时,DISA 执行机构1和2处于关闭状态。进气经过节气门进入谐振管。在谐振管内分配进气量并通过集气管和振荡管送至各个汽缸内。这样每三个汽缸都可获得等质量进气量。

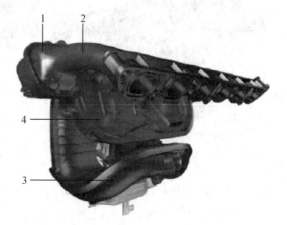

图3-17 三级可变进气系统
1—进气集气管;2—振荡管;3—谐振管;4—溢流管

2) 第2挡——中等转速范围

如图 3-19 所示,处于中等转速范围时,DISA 执行机构2打开。在本示例中,假设第一个汽缸的进气门刚刚关闭，气体的移动在关闭的进气门上产生一个压力峰值。该压力峰值通过振荡管和集气管送至点火顺序中的下一个汽缸处，从而改善下一个准备进气汽缸的新鲜空气进气质量。

3）第 3 挡——转速范围较高

如图 3-20 所示，转速范围较高时，两个 DISA 执行机构都处于开启状态。此时也假设第一个汽缸的进气门刚刚关闭，关闭的进气门前也产生了一个压力峰值。进气量通过振荡管、溢流管和集气管进行输送。

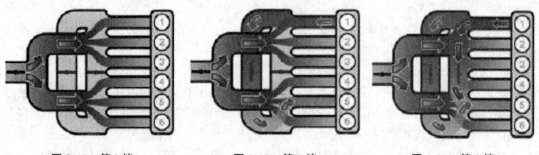

图 3-18　第 1 挡　　　　图 3-19　第 2 挡　　　　图 3-20　第 3 挡

如图 3-21、图 3-22 所示，DISA 执行机构由风门与驱动装置一起构成一个单元。DISA 风门由一个电动机和一个齿轮机构驱动。DISA 执行机构内集成了电子控制装置。DISA 执行机构由电脑通过脉冲宽度调制信号控制。该机构只有两个调节位置：DISA 风门可关闭或开启，就是说启用时电动机将 DISA 风门移动至相应限位位置处。

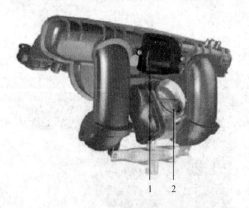

图 3-21　DISA 进气系统（一）
1—DISA 执行机构 1；2—节气门

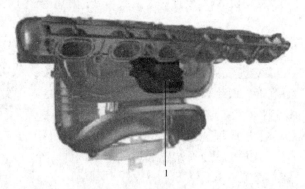

图 3-22　DISA 进气系统（二）
1—DISA 执行机构 2

资讯 4　涡流增压系统

1. 涡轮增压技术的优缺点

涡轮增压技术的优点是显而易见的，它可在不增加发动机排量的基础上，大幅度提高发动机的功率和转矩。装上涡轮增压器的发动机，其输出的最大功率与未装增压器的相比，可增加约 40% 甚至更多。这意味着一台尺寸和重量相同的发动机经增压后可以产生较多的功率，或者说，一台小排量发动机经增压后，可以产生与较大排量发动机相同的功率。另外，发动机在采用了增压技术后，还能提高燃油经济性和降低尾气排放。

增压发动机的缺点主要有：制造复杂，成本高；加速迟滞，且提速非线性；维护成本高；机械增压方式遇到转速瓶颈。

根据进气增压使用的动力源不同，常见的增压方式分为涡轮增压系统、机械（强制）增压系统和罗茨式增压（机械、涡轮混合增压）系统三种，其中以第三种最为理想。

2. 涡轮增压系统的结构和工作原理

涡轮增压系统是利用发动机排除废气的能量驱动增压装置工作。现代轿车使用的涡轮增压系统是在传统涡轮增压器基础上增加了电控装置，主要由控制单元、进气压力传感器、控制进入驱动室（驱动涡轮旋转）气体压力的电磁阀（释放电磁阀）和涡轮增压器组成。涡轮增压系统如图3-23所示。

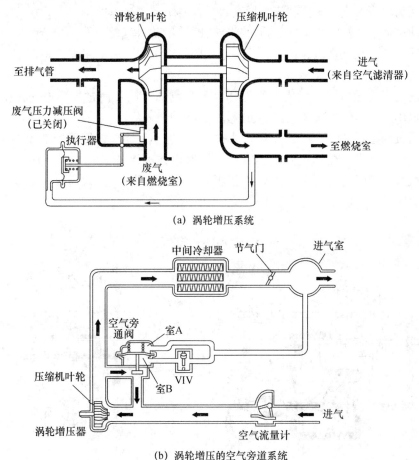

图 3-23 涡轮增压系统

① 控制单元检测到进气压力低于规定值时，控制单元断开释放电磁阀的负极，电磁阀关闭。由涡轮增压器出口引入的进气压力进入驱动气室，关闭旁通排气道，排入的废气进入驱动气室，使进气增压。

② 控制单元检测到进气压力高于规定值时，控制单元接通释放电磁阀的负极，电磁阀打开。通往驱动气室的通道被暂时关闭，同时排气通道打开，排入的废气不经驱动气

室,而是经旁通排气道直接排出。进气压力下降直到进气压力符合规定值时,控制单元重新断开释放电磁阀的负极,电磁阀关闭。涡轮增压器排入的废气进入驱动气室,使进气增压。

3. 罗茨式增压系统的结构和工作原理

罗茨式增压系统是一种由电磁离合器控制的可根据发动机工况需要自动完成机械增压和涡轮增压转换,并可自动进行增压比调节的双增压系统。该增压系统吸收了涡轮增压器和强制增压器各自的优点。发动机低速运转时增压器直接由发动机传动带驱动,与机械增压和涡轮增压系统相比提高了发动机低速运转时的进气压力,瞬间响应加快,提高了低速转矩特性。与传统的和曲轴同步旋转的强制增压器相比增设了电磁离合器切换,在发动机高速运转时废气能量高,利用电磁离合器使发动机动力传递处于分离状态。同时开启进气转换阀使涡轮增压器进入工作状态。罗茨式增压系统如图3-24所示。

在发动机低速运转时,进气转换电控空气阀(简称进气转换阀)完全关闭,空气全部进入机械增压器,在此增压后再进入涡轮增压器的输入端,避免了涡轮增压器在低速区域加速"迟滞"现象。

在发动机中速运转时,因废气量增加,为避免发动机负荷过大,进气转换阀部分开启,机械增压高压空气经阀体回流到机械增压器的低压端。

在发动机高速运转时,因废气大幅度增加,已经不需要机械增压器继续工作,进气转换阀完全开启,当发动机转速接近3 500 r/min时电磁离合器被切断,机械增压器停止工作,发动机大负荷时进气增压任务由涡轮增压器单独完成。罗茨式增压系统进气转换如图3-25所示。

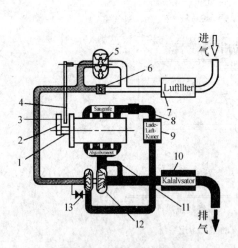

图3-24 罗茨式增压系统

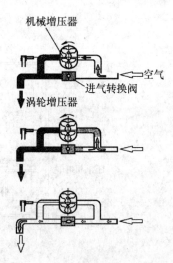

图3-25 罗茨式增压系统进气转换示意

1—曲轴;2、4—传动带;3—电磁离合器;5—罗茨式增压器;
6—进气转换阀;7—空气滤清器;8—节气门;9—中冷器;
10—催化转换器;11—旁通阀;12—涡轮;13—超速循环空气阀

4. 涡流增压系统的使用

为了保证增压器的正常工作,它的正确使用和维护十分重要。主要遵循以下的方法:

① 汽车发动机启动后不能急踩加速踏板,夏天应先怠速运转3 min,冬天至少需要热

车 5 min。这是为了使机油温度升高，流动性能变好，从而使涡轮增压器得到充分润滑。

② 高速行驶后，对于装有涡轮增压器的发动机，厂家的说明书中有明确的规定：汽车在高速行驶后一定要怠速运转几分钟。发动机长时间高速运转后，不能立即熄火。原因是发动机工作时，有一部分机油是用于供给涡轮增压器转子轴承润滑和冷却的，正在运行的发动机突然停机后，机油压力迅速下降为零，机油润滑会中断，涡轮增压器内部的热量也无法被机油带走，这时增压器涡轮部分的高温会传到中间，轴承支撑壳内的热量也不能迅速带走，同时增压器转子仍在惯性作用下高速旋转。这样就会造成涡轮增压器转轴与轴套之间"咬死"而损坏轴承和轴。此外，发动机突然熄火后，此时排气歧管的温度很高，其热量就会被吸收到涡轮增压器壳体上，将可能产生油封密封不良的故障。

5. 涡轮增压系统的维护

1）要选择高品质机油

由于涡轮增压器的作用，使进入燃烧室的空气质量与体积有大幅度的提高，发动机结构更紧凑、更合理，较高的压缩比使发动机的工作强度更高，机械加工精度也更高，装配技术要求更严格。所有这些都决定了涡轮增压发动机的高温、高转速、大功率、大转矩、低排放的工作特点，同时也就决定了发动机的内部零部件要承受较高的温度及更大的撞击、挤压和剪切力。所以在选用涡轮增压轿车润滑油时，就要考虑到它的特殊性，所使用的润滑油必须有抗磨添加剂，有较好的抗氧化添加剂、油性添加剂，要能建立牢固的润滑油膜，并且需要油膜强度高和稳定性好。

而黏温性好的多级黏度汽油机油可以满足上述要求，所以，除了最好使用原厂规定机油外还可以选用黏温性好的多级黏度汽油机油。

2）要定期更换机油和机油滤清器

要按厂家规定定期更换机油，在更换机油时应同步更换机油滤清器。发动机机油和滤清器必须保持清洁，防止杂质进入，因为涡轮增压器的转轴与轴套之间配合间隙很小，如果机油润滑能力下降，就会造成涡轮增压器的过早报废。

3）要按时清洁空气滤清器和更换空气滤芯

按时清洁空气滤清器，清洁过程中不要把灰尘掉入空气滤清器内；定期更换空气滤芯，防止灰尘等杂质进入高速旋转的压气叶轮，造成转速不稳或加剧轴套和密封件磨损。

4）要经常检查涡轮增压器的密封性

要经常检查涡轮增压器的密封环是否密封。因为如果密封环没有密封住，那么废气会通过密封环进入发动机润滑系统，将机油变脏，并使曲轴箱压力迅速升高；此外，发动机低速运转时机油也会通过密封环从排气管排出或进入燃烧室燃烧，从而造成机油的过度消耗产生"烧机油"的情况。

6. 冬季冷车启动时的注意事项

使用涡轮增压的发动机车冷启动后应怠速运转 5 min，热车启动后则应怠速运转 3 min以上，以保证涡轮增压器得到良好的润滑，避免烧坏涡轮增压器。

任务训练　一汽奥迪 A6 1.8T（AEB）发动机涡轮增压系统的检测

一汽奥迪 A6 1.8T 带废气涡轮增压器的增压进气系统总体构成如图3-26所示。

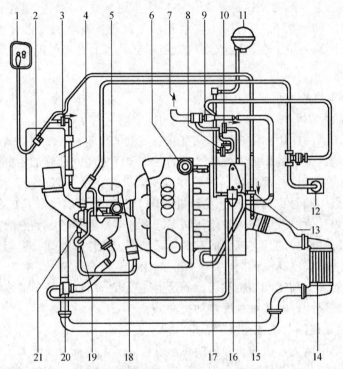

图 3-26　一汽奥迪 A6 1.8T 带废气涡轮增压器的增压进气系统总体构成
1—活性炭罐（N80）；2—活性炭罐电磁阀；3—活性炭罐单向阀；4—空气滤清器；5—涡轮增压器；
6—燃油压力调节器；7—接制动助力器的管口；8、10、13—单向阀；9—抽气泵；11—真空罐；
12—曲轴箱通风装置；14—增压空气冷却器；15—节气门控制单元（J338）；
16—增压器空气再循环阀（N249）；17—进气歧管；18—增压压力调节单元；
19—增压压力限制电磁阀（N75）；20—机械式空气再循环阀；21—曲轴箱通风压力调节阀

1. 基本检查

① 检查废气涡轮增压器的涡轮壳，应无因为过热、咬合、变形或其他损伤而产生的裂纹，否则应更换废气涡轮增压器。
② 检查涡轮油孔，应无淤积和堵塞。
③ 检查废气涡轮增压装置的进油管和回油管，应无堵塞、压瘪、变形或其他损坏。
④ 检查废气涡轮增压器，应不漏机油。
⑤ 检查安装在活性炭罐和废气涡轮增压器前部进气软管之间的活性炭罐单向阀、制动助力器和进气歧管之间的单向阀，应安装正确，上面的箭头应指向导通方向。
⑥ 检查所有的管路，应连接牢固、无泄漏、无老化等。

2. 机械式空气再循环阀的检修

机械式空气再循环阀装在涡轮增压器前面，在通过增压器、空气再循环阀的真空控制下，在发动机超速切断、怠速及部分负荷时打开，使节气门前面存在的增压压力卸压，涡轮增压器保持在较高的转速。一般在发动机功率不足或有负荷变化冲击时应检查机械式空气再循环阀。

3. 涡轮增压器空气再循环阀（N249）的检修

检查涡轮增压器空气再循环阀的内阻。拔下涡轮增压器空气再循环阀的导线连接器，用万用表欧姆挡在涡轮增压器空气再循环阀侧导线连接器处检查涡轮增压器空气再循环阀的电阻，其值应为 27～30 Ω。涡轮增压器空气再循环阀由燃油泵继电器供电。

4. 增压压力限制原理

增压压力限制原理如图 3-27 所示。

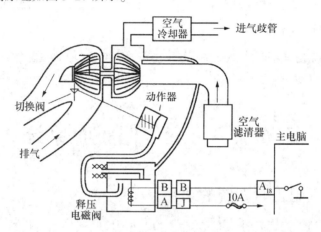

图 3-27　增压压力限制原理

真空电磁阀接收发动机控制电脑发出的控制信号。当电脑接收到从进气压力传感器或增压传感器指示的一定增压压力达到时，控制电脑命令真空电磁阀开启，减小增压压力。控制电脑用脉宽调制信号打开电磁阀，允许真空进入废气阀来调节增压压力。

5. 增压压力限制电磁阀（N75）的检修

增压压力限制电磁阀的检修过程和方法与涡轮增压器空气再循环阀的检修过程和方法完全一样，只是增压压力限制电磁阀内阻为 23～35 Ω，如图 3-28 所示。

6. 增压最高压力测试

将变速器挂入 3 挡，在发动机转速为 2 000 r/min 时以节气门全开进行加速，观察仪表板上的发动机转速表。

在发动机转速约为 2 500 r/min 时，压力表上显示的值应为 1.600～1.700 bar（160～170 kPa），VAS5051 或 VAG1551 上显示组 115 的显示区 4 上显示的数据为 1.600～1.700 bar。

7. 增压压力传感器的检测

当增压压力过高时，电控单元将切断发动机的燃油供给，以保护发动机。检查增压压力传感器的信号电压，插上增压压力传感器导线连接器，用万用表电压挡测量增压压力传感器导线连接器信号端子和搭铁端子之间的电压。发动机怠速运转时，信号电压值应约为

1.90 V；发动机急加速时，信号电压值应为 2.00～3.00 V。

8. 海拔高度传感器的检测

拔下海拔高度传感器的连接器，打开点火开关，用万用表的电压挡测量端子 1 与端子 3、端子 2 与端子 3 之间的电压值，如图 3-29 所示。端子 1 与端子 3 之间的电压应为 5 V；端子 2 与端子 3 之间的电压应为 4～5 V。

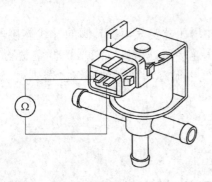

图 3-28　增压压力限制电磁阀电阻的测量

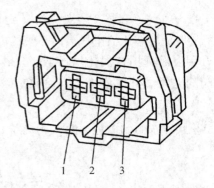

图 3-29　海拔高度传感器的电压测量
1—信号端子；2—5 V 电源端子；3—接地端子

任务三　可变气门正时系统

资讯 1　可变气门正时系统的功用

进气门和排气门专门对发动机充量交换过程进行控制。气门特性参数主要是三个：气门开启相位、气门开启持续角度（指气门保持升起持续的曲轴转角）和气门升程。这三个特性参数对发动机的性能、油耗和排放有重要影响。通常将气门开启相位和气门开启持续角度统称为气门正时。随着发动机负荷和转角的改变，这三个特性参数（特别是进气门开启相位和开启持续角度）的最佳选择是根本不同的。

进气门开启相位提前，一方面为进气过程提供了较多的时间，特别有利于解决高转速时进气时间不足的问题；另一方面，气门叠开角增大，有更多的废气进入进气管，随后又同新鲜充量一起返回汽缸，造成了较高的内部排气再循环率，可降低油耗和 NO_x 排放，但同时导致启动困难、怠速不稳定和低速工作粗暴。

进气门关闭相位推迟，一方面在高转速时有利于利用高速气流的惯性提高体积效率；另一方面在低转速时又会将已经吸入汽缸的新鲜气体推回到进气管中。

气门升程增大，一方面在高负荷时有利于提高体积效率；另一方面在低负荷时又不得不将节气门关得更小，造成更大的泵气损失和节流损失。

综上所述可见，出于不同的考虑，对气门特性参数提出了不同要求。为了提高标定功率，要提早开启、推迟关闭进气门，并提高进气门升程；为了提高低速转矩，要提早关闭进气门；为了改善启动性能并提高怠速稳定性，则要推迟开启进气门，减小气门叠开。显然，进气门特性参数对发动机的影响比排气门特性参数更大，进气门关闭相位的影响比开启相位大。

在传统的发动机中，由于这三个特性参数在运行过程中不能改变，所以只能根据对性能要求的不同侧重点进行折中。过去往往将气门正时设计成对高速全负荷工况最为有利，以便求得最大的标定功率。近年因为更注重油耗和排放，所以将气门正时的优化策略改成对低速工况更为有利。但是，固定的气门正时终究只能设计成对某一个转速或狭小的转速范围最有利。低于这个转速或转速范围则要求进气门推迟开启、提早关闭；反之，则要求进气门提早开启、推迟关闭。于是，人们想到能否设计成气门特性参数可变的进、排气门的系统，以便达到使各种工况都能优化的目的，这就是可变气门操纵（Vaiable Valve Actuation，VVA）。

若仅是气门开启相位和开启持续角度可变，便称为可变气门正时（Variable Valve Timing，VVT）。不过，很多文献将可变气门升程也纳入可变气门正时的范围内，就是说，将VVT的定义范围扩大成与VVA相同。VVA都采用上置式双凸轮轴（Double Over Head Camshaft，DOHC），分别操纵进气门和排气门，可为每缸两气门或四气门。

由于环境保护和人类可持续发展的要求，低能耗和低污染已成为汽车发动机的发展目标。要求发动机既要保证良好的动力性又要降低油耗满足排放法规的规定，在各种现代技术手段中，可变配气相位（VVT）技术已成为新技术发展方向之一。传统发动机的凸轮配气相位是通过各种不同配气相位的试验，从中选取某一固定配气相位兼顾各种工况，是发动机性能的一种折中方案，因而不可能在各种情况下达到最佳性能。与固定配气相位相比，可变配气相位则可以在发动机整个工作范围内的转速和负荷下，提供合适的气门开启、关闭时刻或升程，从而改善发动机进、排气性能，较好地满足高转速和低转速、大负荷和小负荷时的动力性、经济性、废气排放的要求。可变配气相位技术可广泛应用在汽油机以及柴油机上，特别是双凸轮轴的多气门发动机上。可变配气相位在汽油机上应用，更可达到以下效果：

① 提高标定功率。
② 提高低速转矩。
③ 改善启动性能。
④ 提高怠速稳定性。
⑤ 提高燃油经济性达15%。据估计，提高燃油经济性的潜力可达20%。这是因为在部分负荷工况只要缩短或延长进气门开启持续角度和（或）降低进气门升程，不必减少节气门开度便能减少进气量，从而减少进气管真空度造成的泵气损失和节气门的节流损失。低速时降低气门升程至1mm左右，能增强紊流、加速燃烧、改善冷启动和怠速性能而节油。同时，缩减气门叠开角能减少进气和排气过程的互相干扰。燃油经济性得以提高还因为在怠速工况通过缩减气门叠开角减少残余废气，提高怠速稳定性，从而可以在较低转速下达到稳定的怠速运转，而这在我国采用的ECE + EUDC循环中对节油起着重要作用。在全负荷工况如果能够增大气门升程，则减小了气门节流损失，也有利于提高燃油经济性。

⑥ 降低排放。因为低转速时减小气门叠开角可减小新鲜混合气窜入排气管的数量，从而减少HC排放。中等负荷和中等转速时增大气门叠开角可提高内部排气再循环的EGR率，从而减少NO_x排放。

资讯2 可变气门正时系统的结构与原理

可变气门正时系统的控制形式一般有四种：

第一种是控制进气凸轮轴的转角。这种控制方式可以增大高速时的进气迟闭角、提高充气效率。大众帕萨特B5、丰田雷克萨斯、奥迪A6和马自达6的发动机属于该系统。

第二种是控制进气门的开启时刻、关闭时刻和开启升程。三菱公司和本田公司的发动机属于该系统。

第三种是控制两个凸轮。这种系统除控制进气门的开启时刻、关闭时刻和开启升程外，还可确保排气凸轮轴的开关点从"滞后"到"提前"或从"提前"到"滞后"平稳移动。宝马电子气门控制属于该系统。

第四种是发动机的无凸轮轴，由电磁阀控制可变气门。通用公司发动机属于该系统。

1. 无凸轮轴可变气门正时系统

该类机构没有凸轮轴，直接对气门进行控制。其优点是能对气门正时的所有因素进行控制，在各种工况下获取最佳气门正时；另外，还能关闭部分汽缸的气门，实现可变排量。直接对气门控制是比较理想的状况，但该类控制机构操纵时需要消耗较高的能量。如何降低能量消耗是这类机构必须解决的问题，德国FEV电磁控制全可变气门机构是属于该类型的典型机构。

图3-30表示了FEV发动机技术公司的电磁控制气门机构，这是利用电磁铁来固定气门运动终点的自由振动系统。气门开启（或关闭）时间约为3 ms，气门的开启持续时间可以自由选择。这样，气门正时和落座速度可以根据发动机的转速和负荷自由选择。在每个发动机循环中，每个气门启闭所消耗的电能约为1 J，其能量消耗值取决于气门大小和发电机效率等发动机设计参数。使用电磁控制全可变气门机构可以控制无节气门汽油机的混合气和残余废气系数。利用提前关闭进气门来控制混合气可以减少换气损失，降低燃油消耗。根据汽油机的转速和负荷调节节气门正时可以改变混合气的成分，优化燃烧过程。

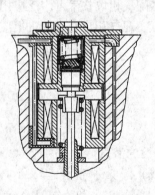

图3-30 FEV发动机电磁控制气门机构

在发动机低转速时，汽油机可以提高全负荷平均有效压力30%。电磁控制全可变气门机构与普通配气机构相比，结构比较简单，驱动气门零件比较少，而且能对气门升程和正时进行全面控制。

2. 变换凸轮型线的可变配气相位机构

这类机构可以提供两种以上凸轮型线，在不同转速和负荷下，采用不同的凸轮型线驱动气门。本田公司的VTEC机构属于此类机构类型。

日本本田公司在VTEC-E型可变配气相位机构基础上，开发出三段式VTEC可变配气相位机构。该机构继承了VTEC-E型机构特点，能更好地改善发动机性能。机构如图3-31所示，每对气门在不同工况下分别由凸轮轴上的滞止凸轮（0.65 mm最大升程）、中速凸轮

(7.3 mm 升程)、高速凸轮（10 mm 升程）控制；相应的凸轮推动的摇臂也有三个：主摇臂、中间摇臂、次摇臂；另外，还有两个转换柱塞协同转换驱动凸轮。低速时如图3-32 (a) 所示，各个摇臂分离独立工作。主摇臂驱动主气门正常工作；次摇臂驱动次气门，最大升程为0.65 mm，主要是产生最适当的涡流实现稀薄燃烧。中速时如图3-32 (b) 所示，电脑控制中速油路开启，液压油驱动中速转换柱塞，使主、次摇臂连接在一起，中速凸轮开始起作用，驱动两个气门运转。高速时如图3-32 (c) 所示，电脑控制打开高速油路，液压油推动高速转换柱塞，主、次摇臂与中间摇臂连接在一起，由高速凸轮驱动。当转速降低时，油路内油压降低，柱塞在回位弹簧的作用下推回，三根摇臂又依次分开。该机构使发动机根据自身转速和负荷自动改变气门的配气相位及气门升程，改变进气量。

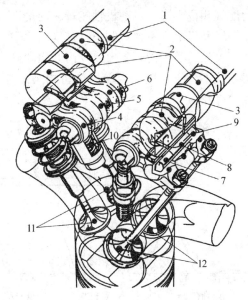

图 3-31　Honda 公司的可变气门系统 VTEC-E

1—凸轮轴；2—低速凸轮；3—高速凸轮；4—主摇臂；5—中间摇臂；6—次摇臂；7—液压柱销 A；8—液压柱销 B；9—止推销；10—空行程弹簧；11—排气门；12—进气门

低速时，VTEC-E 开启一个气门实现稀燃；中速时，采用中速凸轮型线驱动两个进气门，确保中速转矩；高速时，VTEC-E 加大气门升程及延长开启时间，使进气量增加，以输出更大功率（见图3-33）。

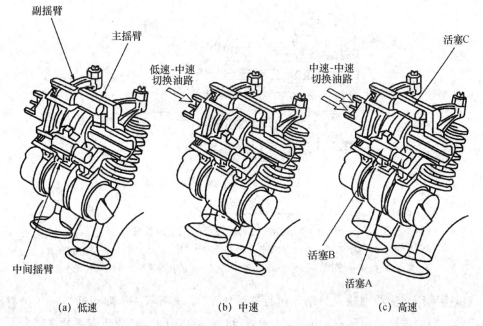

(a) 低速　　　　　　　(b) 中速　　　　　　　(c) 高速

图 3-32　VTEC-E 不同工况的凸轮切换图

3. 改变凸轮轴相角的可变配气相位机构

该类机构利用凸轮轴调相原理,凸轮型线是固定的而凸轮轴相对曲轴的转角是可变的。因为配气相位中影响发动机性能较大的是进气门关闭角和进排气重叠角,在多气门双顶置凸轮轴发动机上,单独控制进、排气凸轮轴,可以实现对这两个因素的控制,改善发动机性能。虽然这类机构不能改变气门升程和持续期,但是机构原理简单,可以保持原发动机气门系统不变,只用一套额外的机构来改变凸轮轴相角,对原机改动较小,便于采用,应用较广泛。

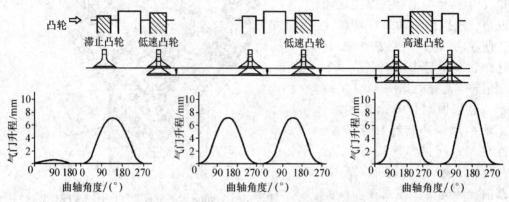

图 3-33　VTEC-E 不同工况的工作示意图

图 3-34 是日本 NISSAN 公司开发的一种液压机构,用在双顶置凸轮轴发动机上,改变进气凸轮轴相角,实现配气相位可变。

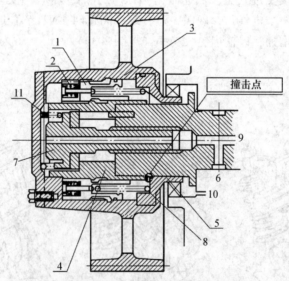

图 3-34　NISSAN 公司的可变气门正时系统

1—环形柱塞;2—斜齿花键;3—正时带轮;4—内轴;5—进气门凸轮轴;6—高压进油孔;
7—带轮螺栓;8—回位弹簧;9—通往电磁控制阀;10—低压泄油孔;11—附加弹簧

该机构采用螺旋花键轴式凸轮调相原理,如图 3-35 所示,主要由凸轮轴、带有斜齿的内轴套、斜齿活塞、正时带轮组成。正时带轮与活塞之间、活塞与内轴套之间分别有旋向相反的斜齿相啮合连接,正时带轮相对曲轴的相位是固定不变的。当控制阀打开时,活塞在高压油作用下向右移动，由于活塞内外为斜齿，从而引起内轴套带动凸轮轴相对于正时带轮发生相对角位移；当控制阀关闭时，活塞在回位弹簧的作用下左移，引起内轴套带动凸轮轴相对于正时带轮发生反向转动。该机构的高压油来自发动机润滑系统，所以不需要另设一套机构提供高压油。

4. 改变凸轮与气门之间连接的可变配气相位机构

该类机构主要是通过改变凸轮与气门之间的连接机构（如挺柱、摇臂或推杆的结构），间接地实现改变凸轮型线作用。这类机构机械式的较多，也有液压式的，可以较好地实现可变配气相位的功能。不足之处是大多数机构从动件比较多，气门系统存在冲击，有的结构也很复杂。

电控液压挺柱式可变配气相位机构原理如图3-35所示。当电磁阀关闭时，凸轮推动第一挺柱，由于挺柱室内的液压油不能溢出，油压推动第二挺柱，使气门工作。当电磁阀打开时，由于一部分液压油溢出到储油室，第二挺柱延缓推动气门，使气门晚开或早关，气门升程也可以减小。这种机构比较简单，只需改变液力挺柱。当液压油溢出到储油室足够多时，可以完全消除气门升程，实现可变排量。

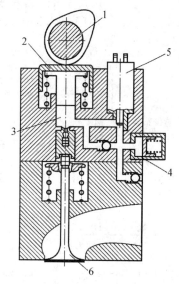

图3-35 电控液压挺柱式可变配气门正时系统

1—凸轮；2—挺柱；3—高压油腔；4—蓄压器；5—电磁阀；6—气门

任务四 电控节气门系统

资讯1 电控节气门系统的组成与原理

电控节气门是一种柔性控制系统，通过节气门体上的电动机驱动节气门，取消了传统节气门与加速踏板之间的直接机械连接，在电控单元的控制下，可实现节气门开度的快速精确控制。

1. 电控节气门的优点

① 可以根据驾驶员愿望以及排放、油耗和安全需求确定节气门的最佳开度；可设置各种功能来改善驾驶的安全性和舒适性，涵盖了牵引力控制、巡航控制、怠速控制等，从而使发动机控制更加理想。

② 解决了传统节气门难以根据汽车的不同工况相应地作出精确调整，特别是在冷启动、低负荷和怠速工况下会导致经济性下降、有害物质排放量增加等问题。

③ 装备此系统的发动机具有低转速高转矩输出、起步反应快、加速灵敏、节油低耗的特点。

国外对电控节气门的研发已开展多年，并已实现商品化。国内目前已在宝来、奥迪、凯美瑞等轿车上安装引进的电控节气门。

2. 电控节气门的组成

ETCS 包括加速踏板位置传感器、发动机 ECU 和节气门体，如图 3-36 和图 3-37 所示。ETCS 中节气门体的构造如图 3-38 所示，电控节气门的节气门体由节气门、减速齿轮、检测节气门开度状态的节气门位置传感器、打开或关闭节气门的节气门驱动电动机以及使节气门返回固定位置的回位弹簧组成。节气门驱动电动机通过两级齿轮减速带动节气门运动。

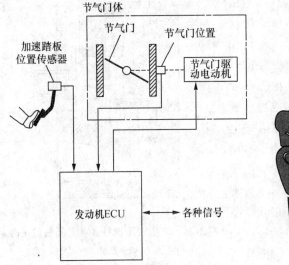

图 3-36　ETCS 的结构示意图

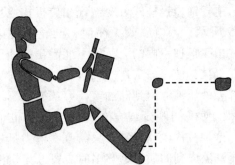

图 3-37　加速踏板位置传感示意图

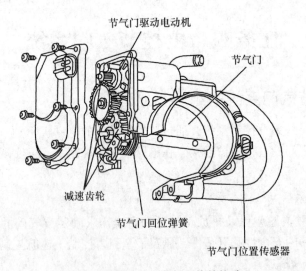

图 3-38　ETCS 中节气门体的构造

3. 电控节气门的工作原理

加速踏板踏入量被传递到加速踏板位置传感器，发动机 ECU 接收到传感器信号后发出指令，通过电动机驱动节气门，以控制节气门开度。常规的节气门的开启与关闭是由加速踏板到节气门的一根节气门拉索来控制的。在电控节气门系统中，已废除节气门拉索；

节气门取消了传统节气门的怠速旁通阀,其怠速空气流量通过节气门的小开度进行控制。此外,节气门的开度还是由节气门位置传感器所检测的。

4. 节气门驱动电动机的工作原理及工作方式

节气门驱动电动机采用了反应灵敏度高、耗能少的直流驱动电动机。发动机 ECU 控制流向节气门驱动电动机电流量的大小和方向,使电动机转动并通过减速齿轮打开或关闭节气门,节气门的实际开启角度由节气门位置传感器检测并反馈给发动机 ECU。

节气门驱动电动机有如下五种工作方式。

(1) 失效模式。当没有电流流向电动机时(ECU 察觉出故障或点火开关处于"OFF"时),靠节气门回位弹簧的作用,使节气门开启到一个固定位置。但是,在怠速期间的节气门的开度反而要关闭到大于这个固定位置。

(2) 节气门关闭。ECU 控制节气门关闭时,节气门驱动电动机的动作示意如图 3-39 所示。ECU 内的 MC 搭铁三极管和 MO 电源三极管导通,电流从 ECU 内流出经 MC 端子、驱动电动机,再从 MO 端子流回 ECU,使节气门保持关闭。

(3) 节气门开启。此时 MC 搭铁三极管和 MO 电源三极管导通,驱动电动机电流方向与节气门关闭时相反,如图 3-40 所示。当脉宽调制占空比增大时,节气门驱动力也增大,节气门开度加大;当脉宽调制占空比减小时,节气门驱动力减小,弹簧松弛,节气门开度减小。

(4) 节气门保持。为使节气门保持开启一定角度,脉冲电流的占空比要能满足使驱动电动机驱动节气门的开启力与弹簧弹力保持平衡。

(5) 怠速控制。调节节气门的开度以维持怠速。如果要达到的目标,怠速需要低于失效模式时的节气门开度,节气门关闭电路被激活;如果要达到的目标,怠速需要高于失效模式时的节气门开度,节气门开启电路被激活。节气门驱动电动机的脉宽调制占空比变大,节气门开大,发动机转速升高。

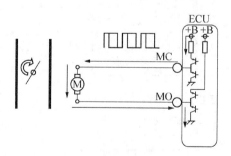

图 3-39 节气门关闭时,节气门驱动电动机的动作示意

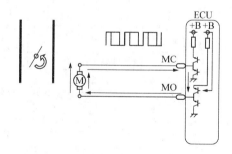

图 3-40 节气门开启时,节气门驱动电动机的动作示意

资讯 2 加速踏板位置传感器

电控节气门系统的节气门位置传感器包括主系统和辅助系统两个系统的传感器电路。如果其中一个出现故障,发动机 ECU 能够检测到两个传感器电路中有一个反常的电压,发动机 ECU 就切断节气门驱动电动机的电流,然后转换到跛行模式。这时,由回位弹簧开启到固定的节气门开度,并且喷油量和喷射时间是由加速踏板的信号来控制。虽然发动

机的输出功率受到很大限制,但是车辆仍能行驶。

加速踏板位置传感器也包含有主系统和辅助系统两个系统的传感器电路。如果其中一个出现故障,发动机 ECU 能够检测到由于两个传感器电路之间的信号出现差别而产生的反常电压。发动机 ECU 就转换到跛行模式。在跛行模式控制中,使用剩余的一条线路来计算加速踏板的开启角度,并且车辆是在节气门开启角度大于正常值的有限条件下行驶。此外,如果两个电路都出现故障,则发动机 ECU 使节气门置于急速状态。在这个时候,车辆只能在急速范围内运行。

加速踏板位置传感器或节气门位置传感器出现故障时,电控节气门系统进入失效保护模式的过程示意如图 3-41 所示。

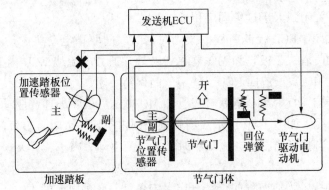

(a) 加速踏板位置传感器有一个传感电路出现故障

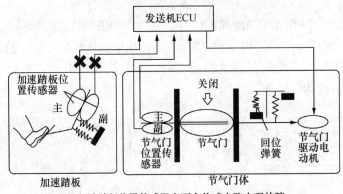

(b) 加速踏板位置传感器有两个传感电路出现故障

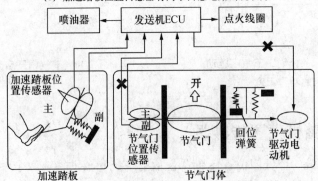

(c) 节气门位置传感器中有一个传感电路反常

图 3-41 失效保护控制过程示意

电控节气门系统使用的加速踏板位置（AP）传感器和节气门位置传感器与传统的节气门位置传感器相似，输出信号电压与节气门开度成正比，如图 3-42 所示。

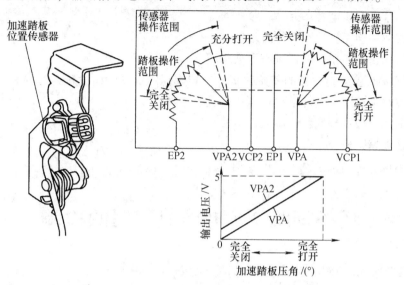

图 3-42　ETCS 系统加速踏板位置传感器原理

当发动机 ECU 检测到节气门驱动电动机系统出现故障时，所采用的控制方法和节气门位置传感器出现故障时采用的控制方法相同。

任务训练 1　ETCS 的初始化

1. 电控节气门总成初始化

电控节气门总成在下列情况下需要进行初始化：

① 更换了发动机电控单元；
② 更换或修复了电控节气门总成；
③ 对发动机电控单元进行了编程或编码。

电控节气门总成的初始化是发动机电控单元读取包括节气门的最大开度和关闭等位置信息。在未完成对电控节气门总成初始化的情况下，发动机电控单元不能很好地通过调节节气门的开度来控制发动机转矩。

以东风雪铁龙爱丽舍轿车为例，电控节气门初始化方法如下：先将点火开关置于"ON"位 30 s（不踩加速踏板），然后断开点火开关 15 s（注意：在这 15 s 内不要接通点火开关，因为在这 15 s 内电源仍向电控节气门总成供电，而发动机电控单元在记录节气门的初始参数）。

如果操作不当，发动机电控单元就不能准确地控制节气门的开度，轿车将"跛行"。出现这种情况后，必须用专用诊断测试设备 PROXIA 进行自动调节装置的初始化。

2. 加速踏板位置传感器的初始化

加速踏板位置传感器的初始化就是读取加速踏板在停止位置和最大行程位置与加速踏

板位置传感器信号的关系,它是发动机电控单元执行驾驶员意图的必要条件。

1)加速踏板位置传感器在下列情况下需要初始化
① 更换了发动机电控单元;
② 维修或更换了加速踏板位置传感器;
③ 对发动机电控单元进行了编程或编码。

2)加速踏板位置传感器的初始化步骤(以东风雪铁龙爱丽舍轿车为例)
① 在不踩加速踏板条件下接通点火开关;
② 将加速踏板踩到底;
③ 松开加速踏板;
④ 在不踩加速踏板条件下启动发动机。

任务训练2　电控节气门的检测

下面以奥迪A6为例说明电控节气门控制系统的检测。

1. 节气门控制部件供电和导线的检测

拔下节气门控制部件插头(见图3-43),打开点火开关,用万用表测量插头端子2和搭铁之间、端子2和6之间的电压值,应约为5 V。若达不到上述要求,按照电路图检查节气门控制部件插头6个端子至ECU相应端子之间的导线是否断路,然后检查导线之间是否导通。

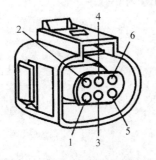

图3-43　节气门控制部件插头端子
1~6—端子

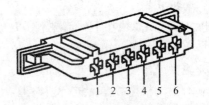

图3-44　加速踏板位置传感器插头端子
1~6—端子

2. 加速踏板位置传感器的检测

将故障阅读仪VAG1551或VAG1552连接到诊断座上,启动发动机,按01键选择发动机电控系统。按08键选择功能"读测量数据块",按Q键确认。输入0、6和2,选择显示组062,按Q键确认。慢慢将加速踏板踩到底,观察显示区3和4的百分比值,应均匀升高,并且显示区3中的显示值总是显示区4的2倍。如果显示值没有达到此要求,则继续进行下述检查。拆下驾驶员侧杂物箱,拔下加速踏板位置传感器插头(见图3-44),打开点火开关,测量插头端子1和搭铁之间、端子1和5之间、端子2和搭铁之间、端子2和3之间的电压值,均应为5 V。检查加速踏板位置传感器各端子至ECU线束端子之间的导线是否断路,然后检查导线之间是否导通。如果导线无故障,则更换传感器。

项目三 进气控制系统检修

拓展知识——电子可变气门（Valvetronic）系统

宝马应用 Valvetronic 技术的发动机是世界上第一台不用节气门控制进气的发动机。Valvetronic 中的"Valve"即阀门，"tronic"即电子控制，Valvetronic 即为电控可变气门。

传统发动机由气门截面积及气门行程决定进入汽缸空气量，气门截面积设计位置固定不可再改变，气门行程由凸轮轴凸顶高度限制最大进气量，在最小与最大进气量间由节气门进行调节。采用 Valvetronic 控制的宝马发动机直接由电子控制进气阀门的开启深度来控制进气量，开启深度最小为 0.18 mm，最大为 9.9 mm，而从最小开启深度变到最大开启深度所需的反应时间只要 0.3 s。

传统发动机都是通过控制节气门来改变进入汽缸的空气量，并通过监视空气流量来决定喷油量。这种控制方式由于存在"泵气损失"而造成很大的能量损失。Valvetronic 发动机不用节气门控制进气也就去除了"泵气损失"，各种标准测试结果都显示，Valvetronic 发动机可以比传统发动机减少功率损失 10% 以上。另外，由于没有了节气门的阻碍，新鲜空气进入也更为顺畅，使燃烧更加充分，CO_2 排放量减少 10% 以上。图 3-45 所示为传统发动机与 Valvetronic 发动机汽缸换气对比。

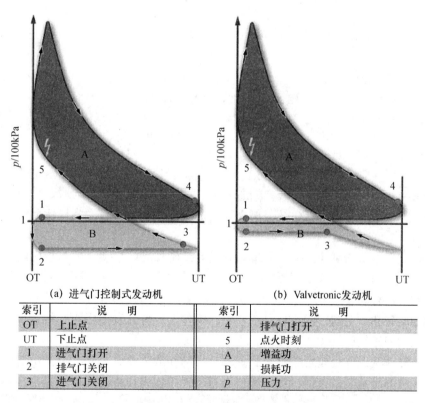

索引	说明	索引	说明
OT	上止点	4	排气门打开
UT	下止点	5	点火时刻
1	进气门打开	A	增益功
2	排气门关闭	B	损耗功
3	进气门关闭	p	压力

图 3-45 发动机汽缸换气对比

图 3-46 所示全可变气门行程控制通过一个伺服电动机、一个偏心轴、一个中间推杆、复位弹簧、进气凸轮轴和滚子式气门压杆实现。

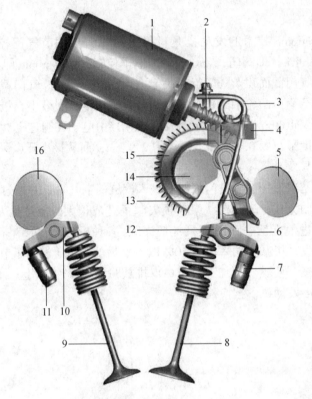

图 3-46 第二代 Valvetronic 系统

1—伺服电动机；2—蜗杆；3—复位弹簧；4—固定架；5—进气凸轮轴；6—斜台；
7、11—液力挺柱（HAV）；8—进气门；9—排气门；10、12—滚子式气门压杆；
13—中间推杆；14—偏心轴；15—涡轮；16—排气凸轮轴

伺服电动机布置在凸轮轴上方，伺服电动机用于调节偏心轴，伺服电动机的蜗杆嵌入安装在偏心轴上的涡轮内，进行调节后无须特别锁止偏心轴，因为蜗杆传动结构具有足够的自锁能力。

偏心轴扭转可使固定架上的中间推杆朝进气凸轮轴方向移动，但由于中间推杆也靠在进气凸轮轴上，因此滚子式气门压杆相对中间推杆的位置会发生变化，中间推杆的斜台朝排气凸轮轴方向移动。

凸轮轴旋转和凸轮向中间推杆移动使中间推杆上的斜台发挥作用，斜台推动滚子式气门压杆，从而使进气门继续向下移动，进气门因此继续开启。

中间推杆改变进气凸轮轴与滚子式气门压杆之间的传动比。在满负荷位置时，气门行程和持续开启时间达到最大值；在怠速位置时，气门行程和持续开启时间达到最小值，如图 3-47 所示。

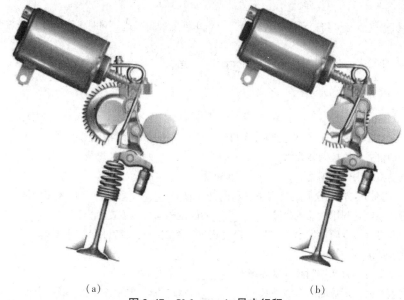

(a)　　　　　　　　　　(b)

图 3-47　Valvetronic 最小行程

案例分析

1）故障现象

一辆配置有涡轮增压发动机、手动 5 速变速器的别克车，挂 5 挡时，加速踏板完全踩到底，最高车速只有 110 km/h。该车没有故障码，维修人员怀疑是离合器打滑，但分解后发现离合器从动盘的摩擦片很厚，换新片后最高车速还是只有 110 km/h。

2）故障分析

没有故障码说明汽车没有高速的原因可能在机械方面。在汽车机械故障中最容易导致没有高速的就是离合器打滑。但任何故障分析都不能代替故障诊断。离合器工作正常起步时离合器踏板抬到接近 1/2 时汽车就可以起步了，而离合器打滑时离合器踏板快抬到头时（摩擦转矩不足所致）汽车才可以勉强起步。本来抬一下离合器踏板就可以诊断出来的故障，却拆半轴、支撑发动机、拆变速器、拆离合器，里里外外忙了一整天，最后白换了一片离合器从动盘，任何问题也没有解决。其实，汽车突然没有高速除常见的离合器打滑外，还有是由于发动机排气不畅引起的。

3）故障诊断

汽车没有高速，没有故障码，用手试一下排气尾管出气口怠速和急加速时排气的气流，如果气流明显小于其他车，急加速时排气管处也没有异常响声，说明三元催化转化器堵塞。拆下氧传感器，检查传感器触头的颜色即可作出准确的故障诊断。

（1）氧传感器触头的颜色发黑，且测试孔被积炭堵塞。说明混合气过浓，三元催化转化器前部被积炭堵塞。

（2）氧传感器触头的颜色为暗红色。说明氧传感器和三元催化转化器因铅中毒堵塞。

（3）该车上游和下游氧传感器触头的颜色均为白色。说明氧传感器被冷却液污染，三元催化转化器被冷却液中的硅中毒后，会造成失效和堵塞，造成失去尾气转化功能和排气不畅，充气系数明显下降，汽车中低速基本正常，但没有高速。

打开此车的散热器盖，急加速时没有见散热器内翻水花，说明发动机缸盖垫密封良好，通过排除法可初步诊断为涡轮增压发动机的进气歧管垫密封不良，导致进气歧管中的冷却液进入发动机燃烧室。

4）故障排除

更换发动机进气歧管垫和三元催化转化器后,汽车恢复最高车速,同时排除了冷却液流失的故障。

习　题

一、填空题

1. 汽车在交通密度大的道路上行驶时,约有_____的燃油消耗在怠速阶段。
2. 步进电动机式怠速控制装置由_____和_____两大部件组成。
3. 步进电动机的工作范围为_____个步进级。
4. ACIS 就是在节气门已全开的情况下,利用进气的_____,进一步加大充气量。
5. 涡轮增压系统是利用发动机排除_____的能量驱动增压装置工作。
6. 进气门和排气门专门对发动机充量交换过程进行控制。气门特性参数主要是三个:_____、气门开启持续角度和_____。
7. 随着温度上升,怠速控制阀开度逐渐_____。
8. 当进气管长时,形成的压力波波长_____,适应发动机在中低速区域;当进气管短时,压力波波长_____,适应高转速情况。
9. 电控节气门系统的节气门位置传感器包括_____和_____两个系统的传感器电路。
10. 宝马应用_____技术的发动机是世界上第一台不用节气门控制进气的发动机。

二、判断题

1. 怠速控制的本质是怠速喷油量的控制。（　　）
2. 步进电动机的转子既可以顺时针旋转,也可以逆时针旋转。（　　）
3. 旋转滑阀与电枢轴固连,随电枢轴一起转动,改变旁通气道截面积的大小,调节怠速时的空气量。（　　）
4. ECU 对旋转滑阀式怠速控制装置的控制内容与步进电动机式基本相同。（　　）
5. 节气门直动控制式怠速控制装置通过控制节气门开度,调节怠速时的喷油量,完成怠速控制的各项内容。（　　）
6. 对于装有涡轮增压器的发动机,发动机长时间高速运转后,不能立即熄火。（　　）
7. 电控节气门是一种刚性控制系统。（　　）
8. 加速踏板位置传感器,如果两个电路都出现故障,则发动机 ECU 使节气门置于怠速状态。在这个时候,车辆只能在怠速范围内运行。（　　）
9. 更换或修复了电子节气门总成,不需要初始化。（　　）
10. 雪地模式控制与正常模式控制相比,这种控制模式使节气门维持在一个较大的开启角度,以防止在较滑的路面上如下雪天的路面上行驶时,车辆打滑。（　　）

三、选择题

1. 技师甲说,怠速控制的本质是怠速进气量的控制；技师乙说,怠速控制的本质是怠速喷油量的控制。试问谁正确？
　　A. 甲正确　　　　B. 乙正确　　　　C. 都正确　　　　D. 都不正确
2. 技师甲说,怠速控制阀在发动机再启动时处于关闭位置；技师乙说,怠速控制阀在发动机再启动时处于全开位置。试问谁正确？
　　A. 甲正确　　　　B. 乙正确　　　　C. 都正确　　　　D. 都不正确
3. 技师甲说,动力阀控制系统能控制发动机进气道的长短；技师乙说,动力阀控制系统能控制发动机进气道的空气流通截面积大小。试问谁正确？

A. 甲正确　　　　B. 乙正确　　　　C. 都正确　　　　D. 都不正确

4. 技师甲说，三级可变进气系统在急速运转和转速范围较低时，DISA 执行机构 1 和 2 处于关闭状态；技师乙说，三级可变进气系统在中等转速范围时，DISA 执行机构 2 打开。试问谁正确？

A. 甲正确　　　　B. 乙正确　　　　C. 都正确　　　　D. 都不正确

5. 技师甲说，带涡轮增压器的汽车发动机启动后不能急踩加速踏板，夏天应先急速运转 3 min；技师乙说，冬天至少需要热车 5 min。试问谁正确？

A. 甲正确　　　　B. 乙正确　　　　C. 都正确　　　　D. 都不正确

6. 技师甲说，带涡轮增压器的发动机长时间高速运转后，不能立即熄火；技师乙说，可以立即熄火。试问谁正确？

A. 甲正确　　　　B. 乙正确　　　　C. 都正确　　　　D. 都不正确

7. 技师甲说，进气门开启相位提前，特别有利于解决高转速时进气时间不足的问题；技师乙说，进气门开启相位提前，气门叠开角增大，可降低 NO_x 排放。试问谁正确？

A. 甲正确　　　　B. 乙正确　　　　C. 都正确　　　　D. 都不正确

8. 世界上第一台不用节气门控制进气的发动机是哪个公司生产的（　　）。

A. 大众　　　　B. 宝马　　　　C. 丰田　　　　D. 现代

9. 技师甲说，在电控节气门系统中，已废除了节气门拉索；技师乙说，在电控节气门系统中，还在使用节气门拉索。试问谁正确？

A. 甲正确　　　　B. 乙正确　　　　C. 都正确　　　　D. 都不正确

10. Valvetronic 发动机可以比传统发动机减少功率损失（　　）以上。

A. 5%　　　　B. 10%　　　　C. 15%　　　　D. 20%

四、问答题

1. 涡轮增压的含义是什么？
2. 提升发动机额定功率的途径有哪些？
3. 步进电动机的工作原理是什么？
4. 电控节气门系统的控制功能有哪些？
5. 宝马 Valvetronic 装置的工作原理是什么？
6. 日产可变配气相位系统的工作原理是什么？
7. 可变进气管长度系统的工作原理是什么？
8. ECU 如何控制发动机的急速？
9. 什么是节气门直动式急速控制装置？
10. 三级可变进气系统的工作原理是什么？

项目四　排气控制系统检修

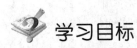

通过对任务内容的学习与训练，使学生能掌握氧传感器、三元催化转换器（TWC）与空燃比反馈控制系统、废气再循环控制（EGR控制）、燃油蒸气排放控制（EVAP）系统、二次空气喷射系统的组成、结构和工作原理，并能进行常见故障分析与排除。

任务一　氧传感器与三元催化转换器检修

资讯1　氧传感器

氧传感器的最初功用是在闭环控制用于喷油脉宽的修正，现今还用于检测三元催化转化器的转化效率。为最大限度地发挥装有三元催化转化器（TWC）发动机的排气净化性能，必须将空燃比保持在理论空燃比附近很窄的范围内。发动机ECU根据氧传感器输出的信号，判断混合气是浓还是稀，通过增加或减少燃油喷射量，使空燃比保持在理论空燃比附近。发动机排气管上安装有两种类型的传感器：一种是窄型氧传感器，即老式的氧传感器，简单地称为氧传感器；另一种是宽型氧传感器，即新型的氧传感器，被称为空燃比（A/F）传感器。

1. 氧传感器的类型

（1）按材质分类。氧传感器分为氧化锆（ZrO_2）式和氧化钛（TiO_2）式两种类型。

（2）按作用分类。氧传感器分为非加热型和加热型。

（3）按在排气管中的安装数量分类。氧传感器分为单氧传感器和双氧传感器。双氧传感器用在采用OBDII系统的车辆上，一个氧传感器安装在三元催化转化器前面排气管上（上游氧传感器），另一个安装在三元催化转化器后面排气管上（下游氧传感器）。上游氧传感器被ECU用于进行空燃比调节，下游氧传感器被ECU用于判断三元催化转化器的转化效率。

2. 氧传感器的安装方式

图 4-1 所示为氧传感器的安装方式。

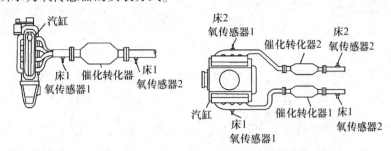

图 4-1　常见氧传感器安装方式

3. 氧化锆氧传感器

1）氧化锆氧传感器的结构

氧化锆氧传感器的构造及其输出特性如图 4-2 所示，该传感器主要由氧化锆管、铂电极和保护套组成。氧化锆管固定在带有安装螺纹的固定套中，锆管的内、外表面均覆盖着一层多孔性铂膜作为电极，锆管内侧通大气，外侧直接与排气管中的废气接触。在氧化锆管外表面的铂膜层上，还覆盖着一层多孔的陶瓷涂层，并加有带槽口的保护套，用来防止废气对铂电极产生腐蚀；在传感器的线束连接器端有金属护套，上面开有小孔，以便使氧化锆管内侧通大气。

2）氧化锆氧传感器的工作原理

氧化锆氧传感器实质是一个化学电池，又称氧浓差电池。在 400℃ 以上的高温时，氧气发生电离，若氧化锆管内、外表面接触的气体中存在氧的浓度差别，则在固体电解

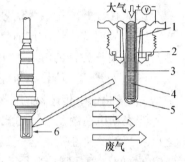

图 4-2　氧化锆式氧传感器
1、3—铂电极；2—二氧化锆元件；
4—加热棒；5—保护套

质（二氧化锆元件）内部氧离子从大气一侧向排气一侧扩散，形成微电池，氧化锆管内、外表面的两个铂电极之间将会产生电压。发动机工作时，由于氧化锆管内表面接触的大气中氧浓度是固定的，而与锆管外表面接触的废气中氧浓度是随空燃比变化的，所以可将氧化锆管内、外表面两个电极间产生的电压输送给 ECU，作为判断实际空燃比的依据。当混合气过稀时，排出的废气中氧含量高，锆管内、外侧氧浓度差小，产生的电压很低（接近 0 V）；当混合气过浓时，排出的废气中氧含量低，锆管内、外侧氧浓度差大，两电极间产生的电压高（接近 1 V），如图 4-3 所示。

因为氧传感器的工作特性与温度密切相关，温度强烈地影响着氧化锆管对氧离子的导通能力。氧化锆只能在 400℃ 以上的高温时才能正常工作，低于 350℃ 时几乎没有信号。另外，输出信号电压随混合气空燃比变化的响应时间也与温度有关。为保证发动机在进气量少、排气温度低时也能正常工作，有的氧传感器内装有加热器，加热器也由发动机 ECU 控制，如图 4-4 所示。加热式的锆管内有加热元件，通电 30 s 便达到工作温度。加热元件为正温度系数（PTC）电阻，温度较低时电阻很小，加热电流、功率大，加热很快。加热后电阻升高，功率不大。

目前氧化锆氧传感器有下列几种形式。

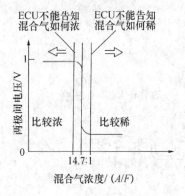

图 4-3 氧化锆传感器电压特性

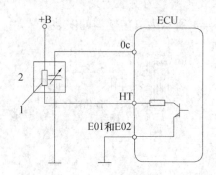

图 4-4 氧传感器控制电路

1—正温度系数电阻；2—加热式氧化锆传感器

（1）单引线式。氧传感器只有一根信号线，以外壳做搭铁回路。该种氧传感器依靠排气管散发的热量才能正常工作，当发动机怠速工作达不到正常工作温度时，ECU 会以一固定值代替氧传感器信号值。

（2）两线式。一条为信号线，另一条则为搭铁线。

（3）三线式。使用在加热型氧传感器上，其中两条引线同上述，第三条线为来自继电器（或点火开关）的 12 V 加热电源线。

（4）四线式。信号线与加热线各自有搭铁回路，即有两条搭铁线。

3）氧化锆氧传感器的信号电压特征

当发动机在浓混合气的状态下运行时，其输出信号电压应大于 0.45 V，并在 0.8～1 V 之间；当发动机在稀混合气的状态下运行时，其输出信号电压应小于 0.45 V，并在 0～0.2 V 之间（根据制造型号不同，这些参数会存在细微的差异）。

4. 氧化钛氧传感器

1）氧化钛氧传感器的结构

氧化钛氧传感器因其结构简单、价格较低、体积小、不需要参比气体电极而得到了广泛的应用。氧化钛氧传感器的结构如图 4-5 所示，主要由二氧化钛元件、导线、金属外壳和接线端子等组成。

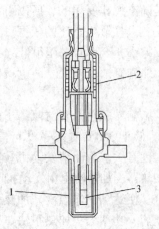

图 4-5 氧化钛式氧传感器

1—保护外壳；2—引线；3—二氧化钛元件

2）氧化钛氧传感器的工作原理

氧化钛氧传感器是利用电阻的变化来判别其中的含氧量。对氧气敏感、易于还原的半导体材料氧化钛与氧气接触时发生氧化还原反应，使晶格结构发生变化，从而导致电阻值变化。它是一种电阻型气敏传感器，就像冷却液温度传感器一样，有着电阻高低的变化，这时只要供给一参考电压，即可由电压得知当时混合比的状况。近来的车型为了使氧化钛氧传感器有着与氧化锆氧传感器相同的变化，将参考电压改成 1 V，所以其信号电压也在 0～1 V 的范围内。混合气稀，尾气中氧的含量高，则氧化钛氧传感器呈现高电阻的状态，此时 1 V 电源电压经氧传感器电阻降压，返回 ECU 的 OX 信号电压低于 0.45 V；混合气浓，尾气中氧的含量低，则氧化钛氧传感器因缺氧而形成低电阻的氧化半导体，此时1V电源电压经氧传感器电阻降压，返回ECU的OX信号电压高于0.45 V，如图4-6和图4-7所示。

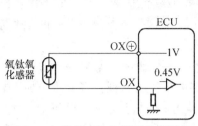

图4-6　氧化钛式氧传感器电路原理

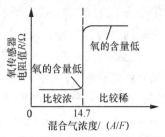

图4-7　氧化钛式氧传感器的电压特性

为了使氧化钛氧传感器能迅速达到它的工作温度（300℃），在氧传感器内部有热敏电阻加热元件进行加热，所以目前的氧化钛氧传感器都为四线的。氧化钛氧传感器应用范围很小，其数量为车上氧传感器使用数量的1%。如下列车型均采用加热型氧化钛氧传感器：1986—1993款日产3.0L货车，1991—1994款日产3.0L Maxima、2.0 LSentra，1987—1990款Jeep Cherokee、Wrangler和Eagle Summit。

氧化钛氧传感器的安装螺纹直径为14 mm，而氧化锆氧传感器的安装螺纹直径为18 mm，两者不能互换。

5. 宽域氧传感器

传统的氧化锆氧传感器为四线制，属于主动、平面型氧传感器，仅适用于标准空燃比附近范围。在350℃或更高的温度下能传导氧离子，传感器两侧氧气的浓度差使两个表面之间产生电位差，且工作曲线非常陡峭。混合气在接近标准空燃比时，输出0.45 V电压；混合气偏浓时，输出0.6～0.9 V电压；混合气偏稀时，输出0.1～0.3 V电压。由于该氧传感器只能在比较狭窄的范围内（0.1～0.9 V）工作，当尾气过浓或过稀时都无法进行检测，因此该氧传感器的应用有一定的局限性。

宽域氧传感器（Wide-band Oxygen Sensor）的基本控制原理是以氧化锆氧传感器为基础而加以扩充的。氧化锆氧传感器有一特性，即当氧离子移动时会产生电动势。若采用反向程序，将电压施加于氧化锆组件上，也会造成氧离子的移动。根据此一特性即可由ECU控制所想要的比例值。如图4-8所示，构成宽域氧传感器的组件有两个部分：一部分为感应室，另一部分是泵氧元。

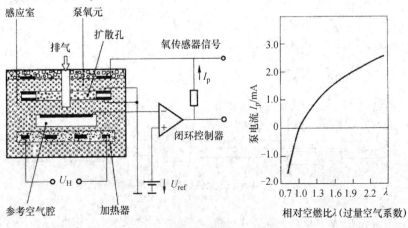

图4-8　宽域氧传感器工作原理

感应室的一面与大气接触，而另一面是测试腔，通过扩散孔与排气接触。与普通氧化锆氧传感器一样，由于感应室两侧的氧含量不同而产生一个电动势。一般的氧化锆传感器将此电压作为 ECU 的输入信号来控制混合比，而宽域氧传感器与此不同的是：ECU 要把感应室两侧的氧含量保持一致，让电压维持在 0.45 V（这个电压只是电脑的参考标准值），这就需要传感器的另一部分来完成。

宽域氧传感器的另一部分是传感器的关键部件——泵氧元，泵氧元一边是排气，另一边与测试腔相连。泵氧元就是利用氧化锆氧传感器的反作用原理，将电压施加于氧化锆组件（泵氧元）上，这样会造成氧离子的移动。把排气中的氧泵入测试腔当中，使感应室两侧的电压维持在 0.45 V。这个施加在泵氧元上变化的电压，才是所需要的氧含量信号。如果混合气太浓，那么排气中含氧量下降，此时从扩散孔溢出的氧较多，感应室的电压升高。为平衡 ECU，增加控制电流使泵氧元增加泵氧效率，使测试腔的氧含量增加，这样可以调节感应室的电压使其恢复到 0.45 V；相反，如果混合气太稀，则排气中的含氧量增加，这时氧要从扩散孔进入测试腔，感应室电压降低，此时泵氧元向外排出氧来平衡测试腔中的含氧量，使感应室的电压维持在 0.45 V。总而言之，加在泵氧元上的电压可以保证当测试腔内的氧含量多时，排出腔内的氧，这时 ECU 的控制电流是正电流；当测试腔内的氧含量少时，进行供氧，此时 ECU 的控制电流是负电流。以上过程供给泵氧元的电流就反映了排气中的剩余空气含量系数。

当 $\lambda=1$（即理论混合比）时，$\lambda=0$；当 $\lambda>1$（即稀混合比）时，λ 渐渐升高；当 $\lambda<1$（即浓混合比）时，λ 为负值。ECU 利用 λ 控制即可得到连续的含氧感应值。

资讯 2　三元催化转换器

三元催化转换器安装在排气管中部，其功能是利用转换器中的三元催化剂，将发动机排出废气中的有害气体转变为无害气体。

1. TWC 的构造

三元催化转换器一般为整体不可拆卸式。日本丰田凌志 LS400 轿车三元催化转换装置如图 4-9 所示，该车型装 V 形发动机，左右排气管上各装一个 TWC。目前，TWC 内装用的三元催化剂一般为铂（或钯）与铑贵重金属的混合物。

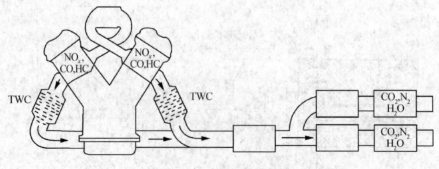

图 4-9　三元催化转换装置

根据催化剂载体的结构特点，TWC 可分为颗粒型和蜂巢型两种类型，前者将催化剂沉积在颗粒状氧化铝载体表面，后者将催化剂沉积在蜂巢状氧化铝载体表面，氧化铝表面有形状复杂的表层，可增大催化剂与废气的实际接触面积。

2. 影响 TWC 转换效率的因素

发动机排出的废气流经 TWC 时，三元催化剂不仅可使废气中的 HC 和 CO 有害气体进一步氧化，生成无害气体 CO_2 和 H_2O，并能促使废气中的 NO_x 与 CO 反应生成无害的 CO_2 和 N_2 气体。TWC 将有害气体转变成无害气体的效率受诸多因素的影响，其中影响最大的是混合气的浓度和排气温度。

TWC 的转换效率与混合气浓度的关系如图 4-10 所示，只有在标准的理论空燃比 14.7 附近，对废气中三种有害气体（碳氢化合物、一氧化碳、氮氧化物）的转换效率均比较高。在发动机工作中，为将实际空燃比精确控制在标准的理论空燃比附近，在装用三元催化转换装置的汽车上，一般都装有氧传感器检测废气中的氧浓度，氧传感器信号输送给 ECU 后，用来对空燃比进行反馈控制，即电控燃油喷射系统的闭环控制。

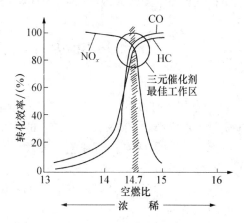

图 4-10　TWC 的转换效率与混合气浓度的关系

电控燃油喷射系统的闭环控制原理如图 4-11 所示。在电控燃油喷射开环控制系统中，ECU 只是根据转速信号、进气量信号、冷却液温度信号等确定喷油量，以控制空燃比，但并不对实际控制的空燃比是否精确进行检测。在闭环控制系统中，氧传感器安装在 TWC 与发动机之间的排气管或排气歧管上，将检测到的废气中氧浓度信号输送给 ECU，ECU 根据此信号对喷油器的喷油量进行修正，使实际空燃比更接近理论空燃比。

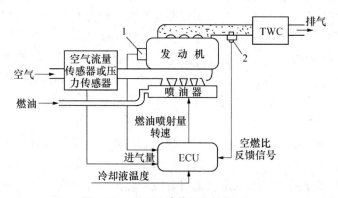

图 4-11　EFI 系统的闭环控制原理

1—曲轴位置传感器；2—氧传感器

在装有氧传感器的电控燃油喷射发动机上，电控燃油喷射系统并不是在所有工况下都进行闭环控制，在发动机启动、怠速、暖机、加速、全负荷、减速断油等工况下，发动机不可能以理论空燃比工作，仍采用开环控制方式。此外，氧传感器温度在400℃以下、氧传感器或其电路发生故障时，也只能采用开环控制。电控燃油喷射系统进行开环控制还是进行闭环控制，由ECU根据相关输入信号确定。

此外，发动机的排气温度过高（815℃以上）时，TWC的转换效率将明显下降。有些三元催化转换装置中装有排气温度报警装置，当报警装置发出报警信号时，应停机熄火，查明排气温度过高的原因，并予以排除。在使用中，排气温度过高一般是由于发动机长时间在大负荷下工作或因故障而燃烧不完全所致。

任务训练1　三元催化转化器检测

① 尾气排放测试。进行尾气排放检测时，怠速时CO的质量分数应小于1%，HC的质量分数应小于200×10^{-6}，NO_x的质量分数应小于100×10^{-6}。如CO、HC和NO_x的含量都高，说明TWC很可能已经失效。

② 上、下游氧传感器输出电压和波形的对比。某些发动机TWC上游和下游都装有氧传感器，上游的氧传感器负责开闭环控制，下游的氧传感器负责监测TWC。路试中用诊断仪读数据流，正常情况下上游的氧传感器输出电压在0~1 V之间交替快速变化（每10 s应该有8次以上循环变化），由于TWC在净化尾气时消耗掉了废气中的氧气，使下游的氧传感器输出电压信号波形变化很缓慢，接近于一条直线，如此则表明TWC工作良好，已将95%左右的废气转化为无害物质。如上游、下游两个氧传感器的输出电压完全一样，说明TWC已经失效，失去了对废气的净化作用，已不再消耗氧气，所以TWC上、下游的氧传感器波形一致时，必须更换TWC。

③ 用红外线测温仪检测TWC的前后温差。汽车行驶中TWC正常时，在正常工作温度下出气口温度至少比进气口温度高出38℃，在怠速时出气口温度比进气口温度也应高出10℃以上。在热车状态下，举升汽车，用红外线测温仪检测TWC进气口和出气口的温度，如果温差不足10℃，说明TWC内部堵塞严重，必须更换。

④ 根据车况分析TWC发生堵塞后的情况。最初的不良反应是冷车启动困难、行驶无力、车速上不去以及废气返流。如一辆最高车速设计为200 km/h的汽车，TWC内部堵塞后，最高车速通常只有130 km/h左右。TWC堵塞后如不及时更换，最后会发展到冷车启动困难（排气不畅）。

⑤ 怠速时进气道内真空度过低。怠速时进气道内真空度已较高，从进气道上拔下任意一个真空软管，用手指封住，应感觉到明显的真空吸力；如真空度过低，感觉不到明显的真空吸力，而发动机怠速转速稳定，说明进气系统没有任何泄漏点（进气系统泄漏，怠速转速会出现向高怠速的漂移），最大的可能性是排气系统不畅通，可能是TWC内部被积炭堵塞。

将发动机加速到2 000 r/min，真空表数值应高于54 kPa。如低于54 kPa，说明排气系统不畅通。将发动机缓加速到2 500 r/min，若真空表数值瞬间又回到原有水平，并维持15 s，说明排气系统畅通，否则说明排气系统不畅通。其中最大的可能性是TWC内部被积炭堵塞。

若进气道内真空度过低，而进气系统又没有任何泄漏点（MAF、TPS和软管的连接点，所有的真空软管都没泄漏），进气道真空度过低就很可能是由排气不畅造成的。

⑥ TWC堵塞会造成废气返流。打开空气滤清器上盖，猛踩加速踏板，废气会从空气滤清器中冒出。发动机工作状态下用尾气分析仪检测空气滤清器气流入口处，可以测到HC。所以TWC堵塞后如不及时更换，会使空气流量传感器热丝或热膜上产生积垢，造成混合气过稀的故障。TWC堵塞除了造成车速上不去，严重时启动不着车外，通常发动机热车时怠速还不如冷车时快怠速稳定，冷车怠速尚可以，热车怠速不稳，急加速时废气从空气滤清器进气口回流，尾气气味呛人。

⑦ TWC堵塞会造成发动机冷却液温度过高。TWC堵塞造成废气不能及时排出，使发动机温度过高，严重时会烧蚀活塞顶部，甚至将活塞烧熔在缸内（在北京地区已经发生多起这类故障）。

⑧ 排气系统内背压过高。如分析TWC或消声器可能发生堵塞，可以用背压表检测TWC，拆下上游氧传感器，在氧传感器装配孔上连接背压表，发动机工作时排气管压力应小于0.025 MPa，如超过该值则说明TWC或消声器发生堵塞，应及时更换。

任务训练2　一汽大众迈腾2.0L发动机（BPY）宽域氧传感器的检修

① 条件。冷却液温度不低于80℃，排气系统无泄漏。

② 用VAS 5051进入发动机系统，08-30。

③ 查看第一区。其规定值应为111，在三位数中，第1位含义为氧传感器加热器接通，第2位含义为氧传感器已准备好，第3位含义为λ调节在工作。

④ 如果未达到标准值，应检查加热器；如果达到规定值，则进入32组，检查第一区和第二区。其规定值为：

第一区：-10.0%～10.0%（怠速时λ自学习值）。

第二区：-10.0%～10.0%（部分负荷时λ自学习值）。

⑤ 如果达到规定值，则进入33组，检查第一区和第二区，其规定值为：

第一区：-10.0%～10.0%，并以至少2%的幅度波动（三元催化转化器前氧传感器）；第二区：1.0～2.0 V，应以20次/min波动（前氧传感器电压值）。

⑥ 若前氧传感器电压恒定值为1.5 V，则氧传感器断路；若电压恒定值为4.9 V，则氧传感器对正极短路；若电压恒定值为0 V，则氧传感器对地短路。

⑦ 检查线路（见图4-12）。1脚和5脚电压为0.4～0.5 V；5脚和6脚、2脚和5脚是否断路或相互短路，3脚和4脚加热器电阻为2.5～10 Ω。

⑧ 根据发动机不同的工况，加热器可能接通或关闭，显示区出现ON或OFF交替变化。如图4-12所示，测量3脚和4脚之间电压，ON时电压应为11.0～14.5 V；ON/OFF交替显示，规定值为0～12 V波动。

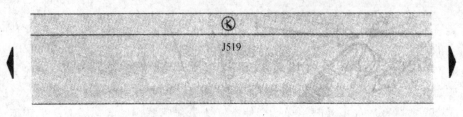

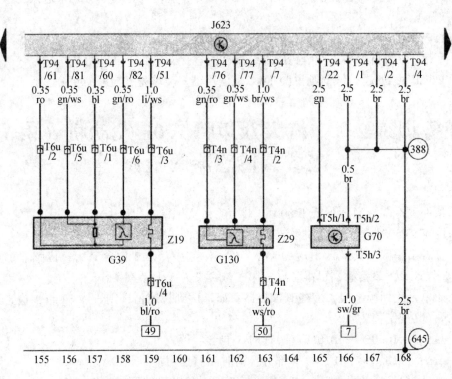

图 4-12 一汽大众迈腾 2.0L 发动机（BPY）宽域氧传感器电路

G39—前氧传感器；G70—空气流量传感器；G130—后氧传感器；J519—车载电脑控制单元；
J623—发动机控制单元（ECU）；Z19—前氧传感器加热装置；Z29—后氧传感器加热装置

任务二 废气再循环控制

资讯1 废气再循环的功能

废气再循环（Exhaust Gas Recirculation，EGR）是目前广泛采用、能减少发动机氮氧化物生成量的一种较有效方法。它把发动机排出的一部分废气通过进气系统引入发动机进行再循环，以降低最高燃烧温度，减少氮氧化物（NO_x）的生成量。

由NO_x的生成机理知，发动机燃烧过程生成的NO_x的生成量与混合气中氧的浓度、燃烧温度及高温持续的时间有关，其中氧的浓度和燃烧温度是两个最重要的因素。图4-13所示给出了$A/F=15$时，NO_x排放浓度随燃烧温度变化的规律。从图4-13可以看出燃烧温度对NO_x的生成浓度有非常重要的影响。虽图4-13的曲线是在$A/F=15$时得到的，但实验表明，在空燃比略小于14∶7时，NO_x的生成浓度随燃烧温度变化的规律与图4-13基本相同。

采用废气再循环方法能有效抑制NO_x生成量。这是因为，废气的主要成分是二氧化碳，虽然二氧化碳本身不能燃烧，但二氧化碳是一种三原子中性气体，

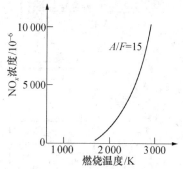

图4-13 燃烧温度与NO_x排放量的关系

具有比二原子中性气体大的比热容值，即在温升ΔT相同的情况下，二氧化碳气体需要吸收更多热量。在新鲜混合气中掺入适当比例的废气后，二氧化碳气体能够吸收较多的燃烧热量，使最高燃烧温度下降，从而使NO_x的生成量减少。

废气再循环中引入的废气量必须适当。若引入废气量过少，对降低NO_x生成量的效果不明显；若引入废气量过多，不仅混合气着火性能变差和发动机输出功率下降，而且会使发动机排放性能恶化。对于废气再循环过程引入的废气量，一般用EGR率来表示，EGR率的定义如下：

$$\text{EGR率} = \frac{\text{EGR气体流量}}{\text{吸入空气量} + \text{EGR气体流量}} \times 100\%$$

对于大多数发动机，废气再循环的EGR率控制在6%～15%范围较适宜。另外，虽然适量废气再循环可以有效地降低NO_x排放量，但是存在影响混合气着火性能和发动机输出功率的缺憾。因此，一般在发动机NO_x排放量较多的运行工况才进行废气再循环。在发动机的启动、暖机、怠速、低转速小负荷、大负荷或高转速及加速等工况，由于废气再循环将明显影响发动机性能，因此在这些运行工况不进行废气再循环。

NO_x是空气中的氮气与氧气在高温、高压条件下形成的。发动机排出的NO_x量主要与汽缸内的最高温度有关，汽缸内最高温度越高，排出的NO_x量越多。

EGR控制系统的功能是将适量的废气重新引入汽缸参加燃烧，从而降低汽缸内的最高温度，以减少NO_x的排放量。此外，为保证发动机正常工作和性能不受过多影响，必须根据发动机工况的变化，控制废气再循环量。

资讯2 废气再循环的组成与原理

目前采用ECU控制的EGR系统主要有两种类型：开环控制EGR系统和闭环控制EGR系统。

1. 开环控制EGR系统

开环控制EGR系统如图4-14所示，主要由EGR阀和EGR电磁阀等组成。EGR阀安装在废气再循环通道中，用以控制废气再循环量。EGR电磁阀安装在通向EGR阀的真空通道中，ECU根据发动机冷却液温度、节气门开度、转速和启动等信号来控制电磁阀的通

电或断电。ECU 不给 EGR 电磁阀通电时，控制 EGR 阀的真空通道接通，EGR 阀开启，进行废气再循环；ECU 给 EGR 电磁阀通电时，控制 EGR 阀的真空通道被切断，EGR 阀关闭，停止废气再循环，这种控制系统属于普通电子控制的 EGR 系统。

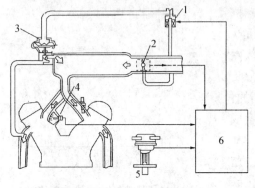

图 4-14　开环控制 EGR 系统
1—EGR 电磁阀；2—节气门；3—EGR 阀；
4—水温传感器；5—曲轴位置传感器；6—ECU

发动机工作时，ECU 给 EGR 电磁阀通电停止废气再循环的工况有启动工况（启动开关信号）、怠速工况（节气门位置传感器怠速触点闭合信号）、暖机工况（冷却液温度信号）、转速低于 900 r/min 或高于 3 200 r/min（转速信号）。在除上述以外的其他工况，ECU 均给 EGR 电磁阀通电进行废气再循环。废气再循环量取决于 EGR 阀的开度，而 EGR 阀的开度直接由真空度控制。由于真空管口设在靠近节气门全闭位置的上方。随发动机转速和负荷（节气门开度）的增大，真空管口处的真空增加，EGR 阀的开度增大；随发动机转速和负荷的减小，EGR 阀开度也减小。

有些发动机的 EGR 控制系统中，EGR 电磁阀采用占空比控制电磁阀，ECU 通过占空比控制电磁阀的开度，即调节作用在 EGR 阀上的真空度，控制 EGR 阀的开度，以实现对废气再循环量的控制。

在开环控制 EGR 系统中，EGR 率只能预先设定，发动机在各种工况下的实际 EGR 率则不能检测。

2. 闭环控制 EGR 系统

在闭环控制 EGR 系统中，以实际检测的 EGR 率或 EGR 阀的开度作为反馈控制信号，控制精度更高。

用 EGR 阀开度作为反馈信号的闭环控制 EGR 系统如图 4-15 所示。与采用普通电子控制的 EGR 系统相比，只是在 EGR 阀上增设了一个 EGR 阀开度传感器（电位计式）。闭环控制 EGR 系统工作时，EGR 阀开度传感器可将 EGR 阀开启高度的信号转换为相应的电压信号，并反馈给 ECU，ECU 根据反馈信号控制真空电磁阀的动作，调节 EGR 阀的真空度，从而改变 EGR 率。

图 4-15 所示为一种采用比例电磁阀控制 EGR 开度的可变 EGR 率的闭环废气再循环系统。当发动机进行废气再循环时，ECU 根据当前运行工况和相关传感器的输入信号确定 EGR 率（EGR 阀的目标升程），先按预先设定的通断电比例使电磁阀将 EGR 阀打开。然后，ECU 根据位置传感器测得的 EGR 阀实际开度，不断调整比例电磁阀的通断电比例，直到 EGR 阀达到预先设定的开度为止。采用电磁阀驱动 EGR 阀，不仅提高了 EGR 阀的响应速度（与真空阀驱动的 EGR 阀相比，反应速度提高了 10 倍）和 EGR 率的控制精度，而且为废气再循环系统诊断故障提供了方便，目前电磁驱动 EGR 阀的使用已越来越多。电磁驱动 EGR 阀的主要不足是电磁线圈长期在高温下工作，工作环境较差，对电磁线圈的耐高温性能有较高的要求。

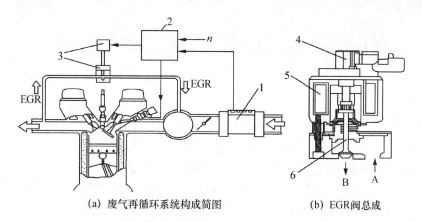

(a) 废气再循环系统构成简图　　(b) EGR阀总成

图 4-15　电控电磁阀驱动可变 EGR 率废气再循环系统

A—排气管废气；B—至进气管

1—空气流量计；2—ECU；3—EGR 阀总成；4—EGR 阀开度传感器；5—电磁线圈；6—阀门总成

3. EGR 的控制方法

EGR 控制系统的控制目标就是根据发动机工况通过控制 EGR 阀对 EGR 率进行自动调节，充分发挥废气再循环的有利方面，并消除不利方面。

1）怠速和极小负荷工况的废气再循环控制

当发动机处于怠速和极小负荷工况时，发动机的运转稳定性相对较低，而且燃烧过程中生成 NO_x 的条件也较差，因此，为了保证发动机稳定运转，不允许进行废气再循环。在这些工况下，控制单元使 EGR 阀处于关闭状态，阻止废气被引入进气中。

2）小负荷工况的废气再循环控制

当发动机处于小负荷工况时，为了兼顾保证发动机稳定运转和降低 NO_x 生成，可以在发动机进气中少量引入废气。在这种工况下，控制单元以较小的占空比向 EGR 阀供给电压脉冲，使 EGR 阀的开度较小，保证 EGR 率较低。

3）中等负荷工况的废气再循环控制

当发动机处于中等负荷工况时，NO_x 的生成条件最好，而发动机的运转稳定性已经不是限制 EGR 率的主要方面，应在保证 HC 排放不会显著增加的前提下，尽量提高 EGR 率，一般为 10%～20%。在这种工况下，控制单元以较大的占空比向 EGR 阀供给电压脉冲，使废气再循环阀的开度较大，保证 EGR 率较高。

废气再循环率对发动机性能的影响还会受到混合气空燃比和点火提前角的影响，由于发动机控制系统在中等负荷下对空燃比和点火提前角都进行闭环控制，从而使空燃比和点火提前角都能自动适应 EGR 率水平。

4）大负荷工况的废气再循环控制

当发动机处于大负荷工况时，由于混合气较浓，NO_x 的生成条件变差，而在这种工况下对发动机的动力性要求提高，因此，应降低 EGR 率，甚至中止进行废气再循环。在这种工况下，因为发动机的进气量较大，所以，即使确定的 EGR 率很低，EGR 阀仍应保持一定开度。

任务训练　EGR 控制系统的检查

1. 一般检查

在冷启动后，立即拆下 EGR 阀上的真空软管，发动机转速应无变化，用手触试真空软管口应无真空吸力；发动机温度达到正常温度后，怠速时按上述方法检查，其结果应与冷启动时相同；发动机在正常工作温度下，若将转速提高到 2 500 r/min 左右，折弯真空软管后并从 EGR 阀上拆下软管，发动机转速应有明显提高（因中断废气再循环）。若不符合上述要求，说明 EGR 系统工作不正常，应查明故障原因，予以排除。

2. EGR 电磁阀的检查

在冷态下测量电磁阀电阻，一般应为 33～39 Ω。如图 4-16 所示，EGR 电磁阀不通电时，从通往进气管侧接头处吹入空气应畅通，从通往大气的滤网处吹入空气应不通。当给 EGR 电磁阀接通蓄电池电压时，吹气通畅情况应与上述相反。若不符合上述要求，应更换电磁阀。

3. EGR 阀的检查

如图 4-17 所示，用手动真空泵给 EGR 阀膜片上方施加约 15 kPa 的真空度时，EGR 阀应能开启；不施加真空度时，EGR 阀应能完全关闭。若不符合上述要求，应更换 EGR 阀。

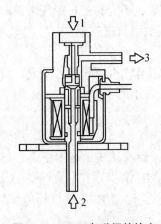
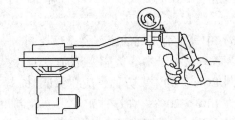

图 4-16　EGR 电磁阀的检查　　　　　图 4-17　EGR 阀的检查
1—通往大气的滤网；2—通往进气管侧软管接头；
3—EGR 阀侧软管接头

任务三　燃油蒸气排放控制系统

资讯 1　燃油蒸气排放控制系统的功能

汽车上排放的 HC 有 20% 来自于燃油蒸发，燃油蒸气排放系统简称 EVAP 系统，其功能是收集燃油箱和浮子室（化油器式汽油机）内蒸发的燃油蒸气，并将燃油蒸气导入汽缸参加燃烧,从而防止燃油蒸气直接排入大气而造成污染。燃油蒸气应在发动机处于闭环控制时导入燃烧室燃烧,只有在闭环控制时才能对因额外蒸气作用导致混合气变浓的情况下调节喷油量。同时,还必须根据发动机工况,控制导入汽缸内参加燃烧的燃油蒸气量。EVAP 系统不正确的操作会造成因混合气浓而出现驱动性下降、怠速不稳或排放不合格等问题。

资讯 2 EVAP 控制系统的结构与工作原理

EVAP 控制系统是密封的,并保持燃油箱蒸气压力稳定,燃油蒸气不会泄漏。当燃油箱蒸气压力过高时,燃油蒸气就会进入活性炭罐。在发动机工作条件允许的情况下,燃油蒸气再导入到进气歧管,回到燃烧室燃烧。

在装有 EVAP 控制系统的汽车上,燃油箱盖上只有空气阀,而不设蒸气放出阀。EVAP 控制系统如图 4-18 所示。活性炭罐与油箱之间设有排气管和单向阀,燃油箱内的燃油蒸气超过一定压力时,顶开单向阀经排气管进入活性炭罐,活性炭罐内的活性炭将燃油蒸气吸附在炭罐内。发动机工作时,活性炭罐内的燃油蒸气经定量排放孔、吸气管被吸入进气管。活性炭罐的上端设有一个真空控制阀,真空控制阀为一膜片阀,膜片上方为真空室,控制阀用来控制定量排放孔的闭合。真空控制阀与进气管之间的真空管路中设有受 ECU 控制的电磁阀,用以调节真空控制阀上方真空室的真空度,改变真空控制阀的开度,从而控制吸入进气管的燃油蒸气量。为防止活性炭罐内的燃油蒸气被吸入进气管后使混合气变浓,活性炭罐下方设有进气滤芯并与大气相通,使部分清洁空气与活性炭罐内的燃油蒸气一起被吸入进气管。

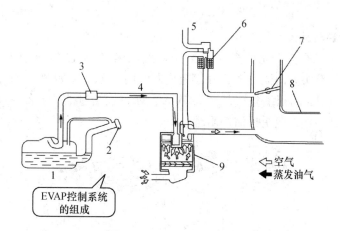

图 4-18 EVAP 控制系统

1—燃油箱;2—燃油箱盖单向阀;3—燃料单向阀;4—蒸气通气管路;5—接大气;
6—炭罐控制电磁阀;7—节气门;8—进气歧管;9—活性炭罐

有些发动机(如韩国大宇轿车等)上的 EVAP 系统不采用 ECU 控制,即真空控制阀与进气管之间的真空管路中不安装受 ECU 控制的电磁阀,真空控制阀的开度直接由真空度控制,真空管口设在靠近节气门全闭位置的上方。发动机转速一定时,随发动机负荷(节气门开度)的增大,真空管口处的真空度增加,真空控制阀的开度增大;随发动机负荷减小,真空控制阀开度也减小。

在部分电控 EVAP 系统中，活性炭罐上不设真空控制阀，而是将受 ECU 控制的电磁阀直接装在活性炭罐与进气管之间的吸气管中。图 4-19 所示为韩国现代轿车装用的电控 EVAP 系统，电脑根据节气门位置传感器、水温传感器和进气温度传感器信号控制电磁阀通电或断电，电磁阀控制活性炭罐与进气管之间的吸气通道。发动机怠速（进气量较少）或温度较低时，电脑使电磁阀断电，关闭吸气通道，活性炭罐内的燃油蒸气不能被吸入进气管。

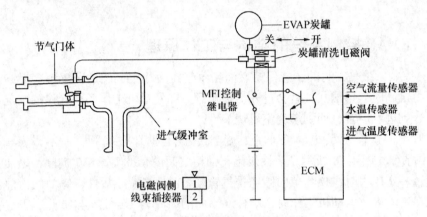

图 4-19　韩国现代轿车 EVAP 系统

任务训练　燃油蒸气排放控制系统的检测

燃油蒸气排放控制系统各部位不得有泄漏现象，燃油箱和燃油箱盖不得变形和开裂，密封垫良好。

1. 活性炭罐的检修

拆下炭罐，外表检查应无破损，从 A 端（燃油蒸气输入端）吹入约 5 kPa 的压缩空气，应能无阻地从箭头方向流出。从 B 端反向吹气时应不通，如图 4-20（a）所示。用手堵住 B 端，用 300 kPa 的压缩空气从 A 端吹入，即可清洁过滤片，如图 4-20（b）所示。如上述检查不符合要求，应更换活性炭罐。

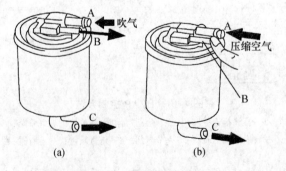

图 4-20　活性炭罐的检修

2. EVAP VSV 检修

用电阻表测量 VSV 电控连接器两端子的电阻，其标准值（200℃时）为 30～34 Ω。检查电控端子与外壳应保证绝缘。

如图4-21（a）所示，从E端吹入压缩空气，F端应不通；如图4-21（b）所示，将蓄电池电压加到电控端子上，从E端吹入压缩空气，F端应畅通。如上述检查不符合要求，应更换EVAP VSV。

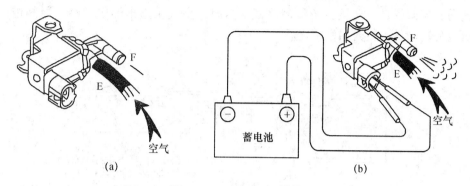

图 4-21 EVAP VSV 检修

任务四　二次空气喷射系统

很多汽车发动机装有二次空气喷射系统，目的是进一步降低排气中的有害物以及提高催化剂的转化率。虽然二次空气喷射系统有各种各样的结构，但是其功用基本相同，即将一定量的新鲜空气经空气喷管喷入排气管或三元催化转化器，使废气中的CO和HC进一步氧化或燃烧成为CO_2和H_2O，以减少CO和HC的排放。为了区别发动机的正常进气，把这种将新鲜空气喷入排气管的过程称为二次空气喷射。二次空气喷射是减少污染物排放的最早使用的办法，在采用三元催化转化器以后，这一方法仍然采用。

二次空气喷射有两种方法：一是空气泵系统，即利用空气泵将压缩空气导入排气系统；另一种方法是脉冲空气系统，即利用排气压力将空气导入排气系统。

资讯1　空气泵系统

图4-22所示为电子控制空气泵二次空气喷射系统，它由空气泵、旁通线圈及旁通阀、分流线圈及分流阀、空气分配管、空气喷管和单向阀等组成。空气泵通常由发动机驱动，空气泵产生的低压空气称作二次空气。在分流阀与排气管之间以及分流阀与三元催化转换器之间均装有单向阀，以防止废气进入二次空气喷射系统。分流线圈及旁通线圈由电控单元ECU控制，当接通发动机点火开关之后，电源电压便施加到两个线圈的绕组上，ECU通过对每个绕组提供搭铁使线圈通电。

当发动机启动之后，ECU不使旁通线圈和分流线圈通电，于是这两个线圈同时把通向旁通阀和分流阀的真空隔断，这时空气泵送出的空气经旁通阀进入大气。这种状态称作启动工作状态，其持续时间取决于发动机的温度。如果发动机温度很低，启动工作状态将持续较长时间。

发动机在预热期间，ECU 同时使旁通线圈和分流线圈通电。这时进气管真空度分别经旁通线圈和分流线圈传送到旁通阀和分流阀。空气泵送出的空气此时经旁通阀流入分流阀，再由分流阀流入空气分配管，最后由空气喷管喷入排气管。

当发动机在正常的冷却液温度下工作时，ECU 只使旁通线圈通电而不使分流线圈通电，通向分流阀的真空度被分流线圈隔断。这时，空气泵送出的空气经旁通阀进入分流阀，再经分流阀进入三元催化转化器。

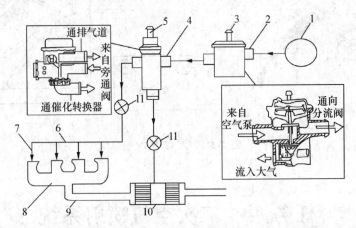

图 4-22 二次空气喷射系统

1—空气泵；2—旁通阀；3、5—真空管；4—分流阀；6—空气分配管；
7—空气喷管；8—排气歧管；9—排气管；10—三元催化转化器；11—单向阀

资讯 2　脉冲空气系统

同空气泵系统相比，脉冲空气系统不需动力源注入空气，而是依靠大气压与废气真空脉冲之间的压力差使空气进入排气歧管，因此，减少了成本及功率消耗。

脉冲空气系统工作原理如图 4-23 所示。

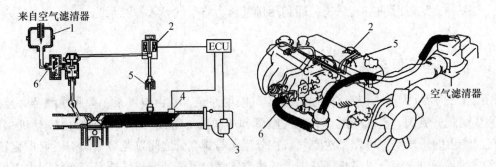

图 4-23 脉冲空气系统工作原理与结构组成

1—谐振室；2—真空电磁阀；3—空气流量计；
4—节气门位置传感器；5—单向阀；6—脉冲空气喷射阀

空气来自空气滤清器，发动机控制单元 ECU 控制电磁阀的打开及关闭，电磁阀与单向阀相连。排气中压力是正负交替的脉冲压力波。当发动机以较低转速运转时，ECU 控制电磁阀打开，进气歧管真空吸起脉冲空气喷射阀的膜片使阀开启，此时由于排气压力为

项目四　排气控制系统检修

负,空气由滤清器通过脉冲空气喷射阀进入排气口,与排出的 HC 进一步燃烧,故可降低 HC 的排放量;当排气压力为正时,脉冲空气喷射阀内的单向阀关闭,所以空气不会反向流动而返回进气管。由此可见,脉冲空气喷射系统在发动机转速较低时,降低 HC 排放的效果更好。

任务训练　二次空气喷射系统的故障诊断

1. 视觉观察

如果排放系统检测不出问题,就应观察空气泵送系统。仔细观察二次空气喷射系统所有的管道及管接头,如有任何的孔洞而导致漏空气或尾气,就应更换掉。当空气泵工作不良时,应检查单向阀的情况,看是否有尾气倒流现象,以防止损坏空气泵。二次空气吸入阀损坏(常通)等,会导致怠速不稳,加速无力。

对于带驱动型空气泵,应检查驱动带是否磨损,以及是否有足够的张力。

2. 二次空气喷射的主动测试方法

二次空气喷射的主动测试方法有两种:通过性测试和密封性测试。

1) 通过性测试

检查二次空气是否充足,方法是:关闭闭环控制,使发动机进入开环控制(让发动机在浓混合气下运转),同时二次空气泵被接通,于是新鲜空气被引入排气歧管,从而提高了废气中的氧含量。此时应能检测到较稀的混合气,说明二次空气已经足够,以此来判断二次空气喷射系统正常。

2) 密封性测试

密封性测试目的是检测分流阀的关闭是否良好。检测方法是:当发动机在正常工作温度怠速时,二次空气泵被接通,但让分流阀处于关闭状态。二次空气泵接通,发动机控制单元就开始检测空燃比或氧传感器信号。如果密封良好,新鲜空气就不能到达排气歧管,空燃比或氧传感器信号无明显变化。如果系统漏气,闭环控制调节会使混合气明显变浓,空燃比或氧传感器会识别出此变化过程。

拓展知识——柴油机微粒捕集器

柴油机冒黑烟,可以说是柴油机一出现就有的疑难故障,多年来人们一直在进行防治。所谓排气后处理技术,就是在柴油机排气管中间加上一个集催化、过滤等功能为一体的排气净化装置。

采用后处理技术,是对现有车型进行技改、控制排放的最有效措施;对于新车,采用机外后处理措施也比采用机内净化措施容易得多。机外后处理装置主要是催化转换器的微粒捕集器,如图 4-24 所示。

微粒捕集器能够减少柴油机所产生的烟灰达 90% 以上。这种捕集器是一种安装在排放系统中的陶瓷过滤器,它可以在微粒排放物质进入大气之前将其捕捉。捕捉到的微粒排放物质随后在车辆运转过程中燃烧殆尽。它的基本工作原理是：柴油微粒过滤器喷涂上金属铂、锗、钯，柴油机排出的含有炭粒的黑烟，通过专门的管道进入柴油机尾气微粒捕集器，经过其内部密集设置的袋式过滤器时，吸附在金属纤维毡制成的过滤器上；当微粒的吸附量达到一定程度后，尾端的燃烧器自动点火燃烧，将吸附在上面的炭烟微粒烧掉，变成对人体无害的二氧化碳排出。为了做到这一点，微粒捕集器应用了先进的电控系统、催化涂层和燃料添加型催化剂（FBC）。这种燃料添加型催化剂包含诸如钵、铁和铂等金属。这些材料按比例加入燃料中，在柴油机控制系统的帮助下不仅控制微粒排放物质的数量，而且控制碳氢化合物和污染气体等污染物的排放量。微粒捕集器的再生或净化功能必须在可控的基础上完成，以保持过滤器不被烟灰堵塞。在净化周期结束以后，任何残留灰尘或滤渣最终都将在日常维护中被人为地清除。

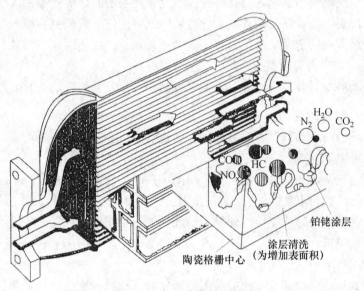

图 4-24 柴油机微粒捕集器

柴油机微粒捕集器可以有效地减少微粒物的排放，它先捕集废气中的微粒物，然后再对捕集的微粒进行氧化，使微粒过滤器再生。所谓过滤器的再生是指在柴油机微粒过滤器（DPF）长期工作中，过滤器里的颗粒物逐渐增加会引起柴油机的排气背压升高，导致柴油机性能下降，所以要定期除去沉积的颗粒物，恢复 DPF 的过滤性能。过滤器的再生有主动再生和被动再生两种方法。主动再生指的是利用外界能量来提高捕集器内的温度，使微粒着火燃烧。当捕集器中的温度达到300℃时，沉积的颗粒物就会氧化燃烧；如果温度达不到300℃，过多的沉积物就会堵塞过滤器，这时就需要利用外加能源（例如电加热器、燃烧器或柴油机操作条件的改变）来提高 DPF 内的温度，使颗粒物氧化燃烧。被动再生指的是利用燃油添加剂或者催化剂来降低微粒的着火温度，使微粒能在正常的柴油机排气温度下着火燃烧。添加剂（有钵、铁和铂）要以一定的比例加到燃油中，添加剂过多影响不大，但是如果过少，就会导致再生延迟或再生温度升高。

国内最常用的催化器是三元催化转化器，它是由金属壳体、隔温衬垫和催化剂组成的筒形构件。隔温衬垫使用堇青石陶瓷压制而成，横截面上每平方厘米有32～64个小孔；在这种蜂窝状陶瓷载体表面，附着有作为催化剂的铂、铑、钯等贵金属和作为助催化剂的稀土添加剂。贵金属稀土联用催化剂是目前最有效的催化剂。柴油机废气的气相反应通常在很慢的速度下进行，一旦有了催化剂，CO、HC、NO_x 在催化剂作用下被迅速氧化还原成 CO_2、H_2O、N_2。

三元催化转化器中的花茎青石陶瓷蜂窝也是一个滤烟的微粒捕集器，当炭烟通过比它小得多的蜂窝微孔时，就被通道管壁截获。蜂窝陶瓷的网眼堵塞后形成的烟灰层，在500℃以上的温度下会被废气点燃而使捕集器不致失火。

三元催化转化器可以加装在柴油机排气管末端，也有将它与消声器做成一体的。对于在隧道内施工的机械，还可采用二级净化系统，即在催化转化器后再安装一个烟尘水洗箱；水洗箱中加有涤烟剂，烟气穿过水溶液时会进一步溶解废气中的有害气体并使炭烟微粒沉淀。

柴油机采用上述排气后处理技术，可以有效地降低柴油机的黑烟和排气污染。排气后处理效果见表 4-1。

表 4-1 排气后处理效果

排气成分	炭粒	NO_x	CO	HC
减少量	90% 以上	90%～99%	90%～99%	50%～90%

案例分析

【案例 1】

1）故障现象

冷车时启动和行驶正常，热车后启动困难，排气管放炮，有的车连续崩坏消声器内隔音板，打开燃油箱盖的瞬间能听到真空吸气声，加油时汽油反喷，中低速行驶正常，急加速座车，没有高速，跑长途有时会将塑料油箱底磨漏。

2）故障诊断

如果汽车冷车时启动正常，热车后需要连续启动三次才能启动，在高速公路上最高车速只有 100 km/h 左右。遇到这个故障应向驾驶员询问以下三个问题：

① 夏天在车内是否有燃油味；

② 加油打开燃油箱盖时是否听到油箱内发出的真空吸气声；

③ 燃油箱还未加满，箱内的油是否就向外反喷。

如果有了这三点就表明炭罐内空气滤清器已经完全堵塞。

进一步诊断，热车熄火后打开油箱盖，立即启动，可正常启动，原先空挡加速发闷，打开油箱盖后加速良好，表明炭罐内的空气滤清器堵塞。

3）故障分析

炭罐内的空气滤清器堵塞使燃油箱与大气之间的唯一通道堵塞，随着燃油箱内油量的减少，真空度会越来越高。电喷发动机燃油箱盖上没有空气阀和真空阀，燃油箱内油液减少后，依靠炭罐内的空气滤清器进气，以保持箱内气压和大气压的平衡。炭罐内的空气滤清器堵塞，随着燃油箱内燃油的减少，箱内就会产生真空。在外界大气压压迫和燃油箱内部燃油泵工作产生的真空吸力的双重作用下，钢的或塑料的燃油箱底被吸起，燃油泵的集滤器大部分空间被挡住，使燃油供给量明显减少，于是就会出现可燃混合气过稀、急加速不良、热车启动困难（必须连续启动三次）的故障。发动机熄火后，燃油泵停止吸油，来自集滤器的吸力没有了，汽车经过一夜停放后，燃油箱底已经回到原来位置，所以冷车时启动正常。炭罐内空气滤清器堵塞，燃油箱内的燃油减少时，热车后燃油箱内为负压，打开燃油箱盖能听到真空的吸气声，燃油箱未加满就向外反喷也就正常了。汽车中低速行驶时所需供油量相对较少，尽管燃油滤清器部分被燃油箱底堵塞，但仍能基本保证供应，所以，中低速行驶正常。急加速和高速行驶时燃油需求量加大，燃油滤清器部分被堵塞，导致供油量不足，于是出现急加速座车，没有高速，跑长途时由于燃油箱底被吸上去，燃油泵的集滤器和燃油箱底反复发生摩擦，最终可能导致塑料燃油箱底被磨漏。一辆雷克萨斯轿车就曾因为炭罐内空气滤清器堵塞，跑长途时磨漏了塑料燃油箱底。

4）故障危害

① 热车后箱内真空度提高，燃油箱底被吸上来，使油泵进油受阻，启动困难，必须连续启动三次。

② 严重时热车后油箱底被吸上来，行驶中有加不上油的感觉，由于可燃混合气过稀，汽车慢慢熄火。行驶中慢慢熄火故障在燃油系统，行驶中突然熄火故障在点火系统。

③ 不及时更换炭罐，故障发展下去，就会出现热车启动时，需要连续启动 5～6 次才能启动，而且还会出现启动过程中连续放炮（可燃混合气过稀所致）。如果还不更换炭罐，最终导致消声器内隔音板被崩坏。进而导致发动机工作温度过高，没有最高车速，严重时没有超速挡。有的驾驶员由于缺乏经验，连续崩坏了三个消声器。消声器内隔音板被崩坏后，将手放在排气尾管处，能感觉到排气气流明显较其他车要小，急加速在尾管处能听到剧烈的金属撞击声。

5）故障排除

更换炭罐，才能使油箱内外气压相等。故障由炭罐引起，更换炭罐即可排除故障。

【案例2】

1）故障现象

冷车时启动和暖机时排气管不冒黑烟，热车后排气管冒黑烟，汽车没有高速。调故障码为空气流量传感器故障，但检测传感器完全正常。

2）故障分析

故障灯被点亮，故障码显示空气流量传感器有故障，尾气分析仪显示 CO 和 HC 含量过高（可燃混合气过浓）。空气流量传感器如果输出的电压信号过高，在启动和暖机时排气管也应冒黑烟，而不只是在热车后排气管才冒黑烟。判断空气流量传感器是否因输出电压信号过高导致可燃混合气过浓，最准确的检测方法是读取数据流，在节气门开度和怠速步进电动机正常的前提下，检查不同速度区域传感器的进气量和厂家规定是否相符。在读取怠速和特定高速区域的空气流量传感器的数据流时，如果发现空气流量传感器的进气量和厂家规定相符，表明可燃混合气过浓和空气流量传感器没有关系。

控制单元自诊断系统检测故障的方法之一是对比法，即在发现异常时把相关的传感器或执行器的数据进行对比。如果将各缸的燃烧情况进行对比，将同一条制动管路的两个轮速传感器的信号进行对比，空气流量传感器信号严重超差和氧传感器无法正常调整是一样的。所以，空气流量传感器信号和氧传感器信号也可以进行对比。对比中发现不正常，控制单元会先考虑核心传感器（空气流量传感器）信号，亮起故障灯，留下核心传感器的故障码。

冷车时氧传感器没有参加工作，热车后才参加工作，所以，汽车启动和暖机时排气管不冒黑烟，热车后排气管冒黑烟，应把检查重点转移到氧传感器。

3）故障诊断

（1）氧传感器的检测。主要有两项：氧传感器输出电压信号的高低以及氧传感器调节频率。氧传感器调节频率在 10 s 内能完成 8 次为合格。

（2）导致氧传感器调节频率过慢。其原因有：

① 氧传感器加热器损坏，输出电压过低，导致可燃混合气过浓；

② 氧传感器本体上缝隙或孔隙被积炭等有害物质堵塞，无法和氧气接触，输出电压过高，导致可燃混合气过稀；

③ 氧化锆氧传感器上端的空气孔被堵塞，无法进行氧浓度差比较，进入闭环控制后会造成可燃混合气过浓、怠速不稳、部分负荷冒黑烟。

（3）经检查氧传感器存在调节频率过慢的故障。造成氧传感器调节频率过慢的三种原因中加热器损

坏导致可燃混合气过浓的可能性最大，经电阻值检测证明氧传感器加热器损坏。

4）故障危害

氧传感器失效会造成发动机的动力性、经济性严重下降以及排放超标。氧传感器触头没有被积炭污染，但调节频率过慢，表明加热器损坏，输出电压过低，控制单元因此加大喷油脉宽，导致可燃混合气过浓，会造成：

① 可燃混合气过浓，怠速不稳，发动机部分负荷冒黑烟，油耗高；

② 尾气排放中 CO 和 HC 严重超标；

③ 汽车没有高速。

5）故障排除

更换氧传感器。

习　题

一、填空题

1. 氧化锆氧传感器有_____、_____、_____和_____四种形式。
2. 三元催化转化器是利用_____、_____、_____将有害气体变为无害气体。
3. 影响三元催化转化器转换效率的最大因素是_____和_____。
4. 只有在_____围内，三元催化转化器对废气的转化效率才都比较高。
5. 发动机排出的 NO_x 量主要与_____有关。其中_____和_____是两个最重要的因素。
6. EGR 把发动机排出的一部分_____通过进气系统引入_____进行再循环，以降低最高燃烧温度，减少_____的生成量。
7. 发动机工作时，ECU 给 EGR 电磁阀通电停止废气再循环的工况有启动工况、怠速工况、暖机工况、转速低于 900 r/min 或高于 3 200 r/min。在除上述以外的其他工况，ECU 均不给 EGR 电磁阀通电进行废气再循环。
8. 采用电磁阀驱动 EGR 阀，不仅提高了 EGR 阀的_____和_____的控制精度，而且为废气再循环系统_____提供了方便。
9. EVAP 系统不正确的操作会造成因_____而出现驱动性下降、_____或排放_____等问题。
10. 二次空气喷射系统，将一定量的_____经空气喷管喷入排气管或三元催化转化器，使废气中的_____和_____进一步氧化或燃烧成为_____和_____。

二、判断题

1. 三元催化转化器一般为整体不可拆卸式。（　　）
2. EGR 是目前广泛采用、能减少发动机氮氧化物生成量的一种较有效方法。（　　）
3. 当发动机处于怠速和极小负荷工况时，为了保证发动机稳定运转，允许进行废气再循环。（　　）
4. 当发动机处于小负荷工况时，为了兼顾保证发动机稳定运转和降低 NO_x 生成，使废气再循环阀的开度较小，保证废气再循环率较低。（　　）
5. EVAP 控制系统与大气相通，并保持燃油箱蒸气压力稳定，燃油蒸气不会泄漏。（　　）
6. 汽车发动机装有二次空气喷射系统，目的是进一步降低排气中的有害物以及提高催化剂的转化率。（　　）
7. 脉冲式二次空气喷射系统在发动机转速较低时，降低 NO_x 排放的效果更好。（　　）
8. 安装有氧传感器的燃油喷射系统属于开环控制系统。（　　）
9. 空燃比传感器的工作温度比氧传感器低得多。（　　）

10. 装有氧传感器的电控发动机在任何时刻都采用闭环控制。   (   )

三、选择题

1. 技师甲说，EGR 阀的作用是降低废气中的 CO；技师乙说，EGR 阀的作用是降低废气中的 NO_x。试问谁正确？
   A. 甲正确　　　　　B. 乙正确　　　　　C. 都正确　　　　　D. 都不正确

2. 下面哪种气体不是汽车尾气排出的有害气体？
   A. CO　　　　　　B. N_2　　　　　　C. CH　　　　　　D. NO_x

3. 技师甲说，发动机的排气温度过高（815℃以上）时，TWC 的转换效率将明显下降；技师乙说，排气温度对 TWC 的转换效率没有明显影响。试问谁正确？
   A. 甲正确　　　　　B. 乙正确　　　　　C. 都正确　　　　　D. 都不正确

4. 技师甲说，氧化钛氧传感器与氧化锆氧传感器两者可以互换；技师乙说，两者不可以互换。试问谁正确？
   A. 甲正确　　　　　B. 乙正确　　　　　C. 都正确　　　　　D. 都不正确

5. 技师甲说，上游的氧传感器负责开闭环控制，下游的氧传感器负责监测 TWC；技师乙说，两个氧传感器都是用来检测 TWC 的。试问谁正确？
   A. 甲正确　　　　　B. 乙正确　　　　　C. 都正确　　　　　D. 都不正确

6. 技师甲说，汽油蒸气应在发动机处于开环控制时导入燃烧室燃烧；技师乙说，汽油蒸气在任何时候都可以导入燃烧室燃烧。试问谁正确？
   A. 甲正确　　　　　B. 乙正确　　　　　C. 都正确　　　　　D. 都不正确

7. 技师甲说，汽缸内最高温度越高，排出的 NO_x 量越少；技师乙说，汽缸内最高温度越高，排出的 NO_x 量越多。试问谁正确？
   A. 甲正确　　　　　B. 乙正确　　　　　C. 都正确　　　　　D. 都不正确

8. 三元催化转换器将汽车尾气中的有害气体转变为（   ）。
   A. H_2O　　　　　B. CO_2　　　　　C. N_2　　　　　D. CH

9. 技师甲说，三线式氧传感器第三条线为 12 V 加热电源线；技师乙说，三线式氧传感器第三条线为 6 V 加热电源线。试问谁正确？
   A. 甲正确　　　　　B. 乙正确　　　　　C. 都正确　　　　　D. 都不正确

10. 技师甲说，TWC 堵塞会造成发动机冷却液温度过高；技师乙说，TWC 堵塞后，会使空气流量传感器热丝或热膜上产生积垢，造成混合气过稀的故障。试问谁正确？
    A. 甲正确　　　　　B. 乙正确　　　　　C. 都正确　　　　　D. 都不正确

四、问答题

1. 电控汽油发动机为什么要把过量空气系数控制在 1 附近？
2. 三元催化转化器是怎样处理 NO_x、CO、HC 的？
3. 发动机尾气中的 NO_x 是怎样产生的？
4. 发动机中控制 NO_x 产生的原理是什么？
5. EGR 都在哪些工况使用？
6. 什么是 EGR 率？如何控制 EGR 率？
7. EVAP 在什么工况下进行清空炭罐？
8. 二次空气喷射系统主要处理哪些有害气体？对 NO_x 有何影响？
9. 什么是二次空气喷射的启动状态？
10. 脉冲空气喷射系统的工作原理是怎样的？

项目五　柴油机电控燃油供给系统检修

 学习目标

> 通过对任务内容的学习与训练，使学生能掌握柴油机电控燃油供给系统的电控直列泵燃油系统、电控分配式喷油泵燃油系统、电控泵喷嘴燃油系统、电控高压共轨燃油供给系统组成及工作原理，能进行电控高压共轨燃油供给系统的常见故障检修。

任务一　柴油机电控燃油供给系统概述

资讯 1　柴油机电控燃油供给系统的发展概况

到目前为止，柴油机电控燃油供给系统经历了三代变化。

1. 第一代：凸轮压油 + 位置控制

第一代柴油机电控燃油供给系统的燃油压送机构和机械式燃油系统相同，传统的机械式调速器和提前器则被电子控制机构来代替。喷油量的控制是根据电控单元（ECU）的指令由齿杆或溢油环的位置进行控制的；喷油时间的控制是根据 ECU 的指令由发动机驱动轴和凸轮轴的相位差进行控制的。

优点是：无须对柴油机的结构进行较大改动，生产继承性好，便于对现有机型进行技术改造。缺点是：控制系统执行频率响应仍然较慢、控制频率低、控制精度不够稳定，喷油率和喷油压力难于控制，而且不能改变传统喷油系统固有的喷射特性，因此很难较大幅度地提高喷射压力。

2. 第二代：凸轮压油 + 电磁阀时间控制

第二代电控燃油供给系统是在第一代位置控制式的基础上发展起来的。采用高速电磁阀对喷油量和喷油时间进行时间控制。第二代电控燃油供给系统的燃油升压是通过喷油泵或发动机的凸轮来实现的，喷油量和喷油时间由电磁阀直接控制。

优点是：第二代柴油机燃油供给系统在相对程度上摆脱了机械结构对供油时刻的限制，可以利用柱塞上行过程任意一段行程持续供油，从而获得理想的供油正时。缺点是：

喷油压力对转速的依赖性较大，在低速、低负荷时喷油压力不高，而且难以实现多次喷射，极不利于降低柴油机的噪声和振动。

3. 第三代：燃油蓄压＋电磁阀时间控制

第三代柴油机电控燃油系统是第二代的进一步发展，将喷油量和喷油时间控制融为一体，使燃油的升压机构独立，亦即燃油压力与发动机转速、负荷无关，具有可以独立控制压力的高压燃油存储器——"共轨"。燃油喷射压力可以按照人们的意志进行自由控制，喷油量、喷油时间等参数直接由装在各个汽缸上的喷油器控制。

优点是：可实现高压喷射（最高达 250 MPa），喷射压力独立于发动机转速，可实现多次喷射，具有良好的喷射特性，喷油定时和喷油量可自由选定。

资讯 2　柴油机电控燃油供给系统的分类

1. 按控制方式分

1) 位置控制式

位置控制式电控燃油供给系统是第一代柴油机电控燃油喷射系统，在该系统中仍保留着喷油泵-高压油管-喷油器（PLN）、控制齿条、齿圈、滑套、柱塞上的螺旋槽等油量控制机构，齿条或滑套的移动位置由原来的机械控制改成电控。

一汽捷达轿车 SDI 电控燃油喷射系统，就是采用博世公司 EDC，即在 VP37 分配泵的基础上实行位置控制式柴油机电控燃油供给系统。

2) 时间控制式

时间控制式电控燃油供给系统是第二代柴油机电控燃油喷射系统，该系统用高速电磁阀直接控制高压燃油的适时喷射。这种系统可以是保留原来的喷油泵、高压油管、喷油器系统，也可以采用新型的产生高压的燃油系统，而用高速电磁阀直接控制高压燃油的喷射。一般情况下，电磁阀关闭，执行喷油；电磁阀打开，喷油结束。喷油始点取决于电磁阀关闭时刻，喷油量则取决于电磁阀关闭时间。因此既可实现喷油量控制又可实现喷油定时的控制。时间控制系统的控制自由度更大。

一汽大众宝来、奥迪 A6TDI 柴油机均采用时间控制式柴油机电控燃油供给系统。

3) 共轨式电控燃油供给系统

共轨式电控燃油供给系统是一种燃油喷射压力与发动机转速、负荷无关的供油方式，即喷射压力的产生和喷射过程相互分开。在该系统中，高压油泵把高压燃油输送到公共油轨，油轨内的高压燃油通过燃油分配器，按发动机喷油顺序，将高压燃油输送到喷油器，喷油器内电磁阀根据 ECU 指令切断回油通路，高压燃油克服喷油器内弹簧预紧力而开启喷油。第三代油轨最高喷射压力可达 200 MPa 以上。

现在柴油越野车大部分都采用共轨式电控燃油供给系统发动机，如长城 H3、现代途胜等。

2. 按照反馈形式分类

1) 开环控制

如图 5-1（a）所示，开环控制系统的结构特点是用电子控制装置取代喷油提前角调节装置。在分配泵凸轮滚环上设置一个液压活塞，液压活塞由一电磁阀控制，凸轮滚环的实际位置由活塞位置传感器检测。电磁阀控制活塞到达所要求的位置，即调整点。该调整点由 ECU 根据发动机的转速、总供油量和冷却水温来确定。最佳喷油提前角在研制开发系统时确定，并存入 ECU，即凸轮滚环位置与喷油提前角的关系是预先设定好的。此种控制方式会因为零件的磨损、喷孔的堵塞等原因，导致即使相同型号的不同发动机或同一台发动机在不同的使用阶段喷油提前角存在差异。

2）闭环控制

如图 5-1（b）所示，闭环控制是在发动机工况及工作条件变化时，通过测定实际喷油提前角和调节流入正时活塞的压力对喷油提前角进行调整。当 ECU 根据反馈回来的信息发现实际喷油正时在调整点之外时，它就通过电磁阀控制正时活塞使之回到调整点。一般采用喷油传感器或着火正时传感器反馈实际喷油正时。

3）复合式控制

如图 5-1（c）所示，此种控制方式是把闭环控制系统与凸轮滚环位置的定位控制结合起来，可克服传统闭环系统响应速度慢的缺点。当调整点与实际喷油正时出现误差时，控制系统就会知道活塞移动的距离，补偿误差。通常在相邻两次喷油间就能达到调整点。

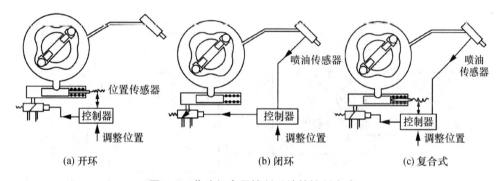

图 5-1 柴油机电子控制系统的控制方式

资讯 3 柴油机电控系统的组成

柴油机电控系统由传感器、控制器（ECU）和执行机构三部分组成。

1. 传感器

传感器的主要功能是采集柴油发动机运行参数及状态参数，并将这些物理量转换成电量，然后将这些电量输送到 ECU。柴油发动机电控系统所需传感器的功能大多与汽油发动机电控系统相同（温度传感器、进气歧管绝对压力传感器等），有些是柴油发动机特有的专用传感器。传感器有加速踏板位置传感器、曲轴位置传感器、质量空气流量传感器、进气温度传感器、着火正时传感器、冷却液温度传感器、泵角度传感器、进气压力传感器、油压传感器、燃油温度传感器、溢流环位置传感器、正时活塞位置传感器、控制杆位置传感器、控制套筒位置传感器等。根据柴油机电控燃油供给系统的不同，传感器的种类和数量也有一定的差异，因具体车型而定。

2. 控制器（ECU）

ECU 是柴油发动机电控系统核心，ECU 工作的可靠性、控制程序和控制方法的科学合理性直接关系到柴油发动机的经济性、动力性、环保性和工作可靠性。柴油发动机电控系统 ECU 基本组成与汽油发动机电控系统 ECU 基本相同，这里不再赘述。

3. 执行器

执行器是具体执行某项控制功能的装置，受 ECU 控制。执行器是 ECU 的执行者，由 ECU 控制执行器电磁阀线圈的搭铁回路，有的由 ECU 控制某些电控电路，完成一定的控制内容。执行器接收 ECU 发出的控制指令，调节发动机的喷油量和喷油正时，从而调节发动机的运行状态。在柴油电控发动机上，执行器主要有喷油嘴电磁阀、发动机电热塞继电器、燃油计量电磁阀、压力控制电磁阀等。

资讯 4　柴油机电控燃油供给系统的控制内容

采用灵活的电子控制功能可使燃油供给系统控制自由度大大增加。以前，人们根本无法想象的控制功能，采用电子控制系统以后可以很方便地实现。

1. 喷油量控制

柴油机电控燃油供给系统的喷油量控制框图如图 5-2 所示。

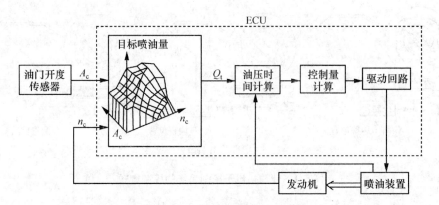

图 5-2　喷油量控制框图

根据各种传感器的信息，ECU 计算出目标喷油量、喷油装置的供油时间，并向驱动单元发送驱动信号；根据 ECU 送来的驱动信号，喷油装置中的电磁阀开启或关闭，控制喷油装置供油开始、结束的时间或只控制供油结束时间，从而控制喷油量。

2. 喷油时间控制

电控燃油供给系统中喷油时间的控制框图如图 5-3 所示。根据各个传感器的信息，ECU 计算出目标喷油时间，喷油装置中的电磁阀控制流入或流出提前器的工作油量。由于工作油量对提前机构的作用，改变了燃油压送凸轮的相位角或提前或延迟，从而控制喷油时间。

3. 喷油压力控制

共轨式燃油系统中喷油压力控制框图如图 5-4 所示。

项目五　柴油机电控燃油供给系统检修

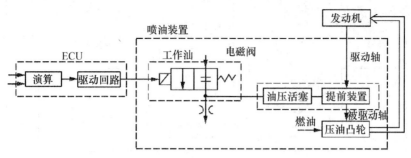

(a) 第一代喷油时间控制

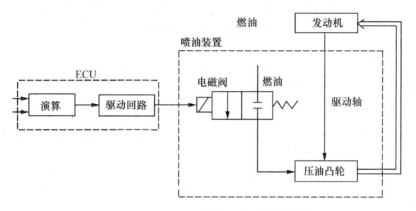

(b) 第二代喷油时间控制

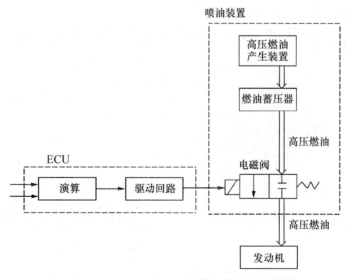

(c) 第三代喷油时间控制

图 5-3　喷油时间控制框图

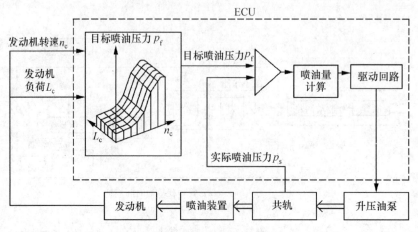

图 5-4 喷油压力控制框图

ECU 根据各个传感器的信息确定出目标喷油压力与实际喷油压力并进行比较，然后发出命令控制油泵，得到最佳的喷油压力特性。

4. 喷油率控制

在发动机压缩行程中，需要多次驱动喷油装置的电磁阀来完成预喷射的控制。预喷射油量和预喷射时间是 ECU 喷油率控制的两个重要参数，喷油率控制框图如图 5-5 所示。

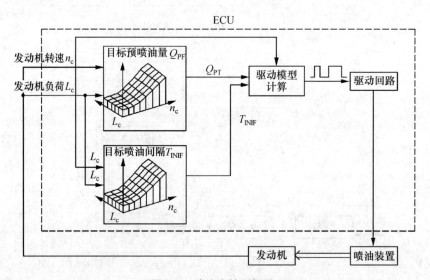

图 5-5 喷油率控制框图

5. 启动预热控制

在不同的启动条件下，以发动机冷却液温度为基本控制参数，通过控制预热塞的通电时间，对进气进行预热，改善柴油机的低温启动性能和稳定低温怠速。

任务训练 柴油机电控燃油供给系统认知

1. 任务训练目的

了解电控柴油机的总体结构及工作原理。掌握柴油机电控燃油供给系统的类型、组成和工作原理，各部件在发动机上的安装位置，以及各元件的功能和原理。

2. 捷达柴油轿车电控分配泵式的燃油供给系统认知

对捷达柴油轿车主要认知电控分配泵式的燃油供给系统组成、柴油电控系统中有哪些传感器、进气系统和排气系统的组成以及各部件的位置（见图5-6）。通过对捷达柴油轿车的认知，进一步了解电控分配泵式的燃油供给系统的结构原理。

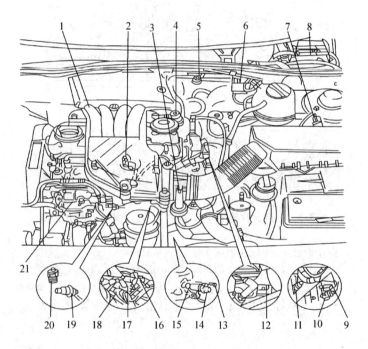

图5-6 喷射系统部件的安装位置示意

1—进气歧管（上部）；2—喷油器；3—进气连接件；4—废气再循环阀（机械）；
5—废气再循环阀（N18）；6—低热输出继电器（J359）与高热输出继电器（J360）；
7—进气歧管温度传感器（G72）；8—柴油直喷系统控制单元（J248）；
9—制动踏板开关（F47）；10—制动灯开关（F）；11—离合器踏板开关（F36）；
12—冷却液温度传感器（G62）；13—紧固螺栓（10N·m）；14—发动机转速传感器（G28）；
15—O形环；16—2脚连接器；17—3脚连接器；18—10针插头；19—喷油提前角调节阀（N108）；
20—燃油切断阀（N109）；21—喷射泵

3. 宝来柴油轿车电控泵喷嘴燃油供给系统认知

对宝来柴油轿车主要认知电子控制泵喷嘴燃油系统组成、柴油电控系统中有哪些传感器、进气系统和排气系统的组成以及各部件的位置（见图5-7）。通过对宝来柴油轿车的认知，进一步了解电控泵喷嘴燃油供给系统的结构原理。与捷达柴油轿车电控分配泵式燃油供给系统进行比较，对它们的特点进行分析总结。

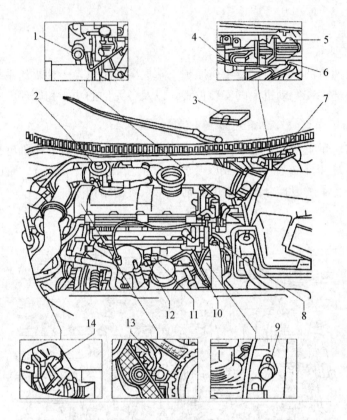

图5-7　一汽大众宝来TDI型发动机主要电子部件的位置

1—冷却液温度传感器；2、4—废气再循环阀；3—发动机电控单元；
5—进气歧管翻板转换阀；6—增压压力控制电磁阀；7—空气流量计；
8—连接器（用于泵喷嘴）；9—发动机转速传感器；10—燃油温度传感器；
11—连接器（用于凸轮轴位置传感器）；12—连接器（用于发动机转速传感器）；
13—凸轮轴位置传感器；14—进气歧管压力传感器和温度传感器

4. 奥迪A6轿车TDI发动机高压共轨燃油供给系统认知

了解奥迪A6轿车TDI发动机高压共轨燃油供给系统组成、进气系统和排气系统的组成以及各传感器和执行器的位置（见图5-8）。通过对奥迪A6轿车TDI发动机的认知，进一步了解高压共轨燃油供给系统的结构原理。与捷达柴油轿车电控分配泵式燃油供给系统、宝来柴油轿车电控泵喷嘴燃油供给系统进行比较，对它们的特点进行分析总结。

项目五 柴油机电控燃油供给系统检修

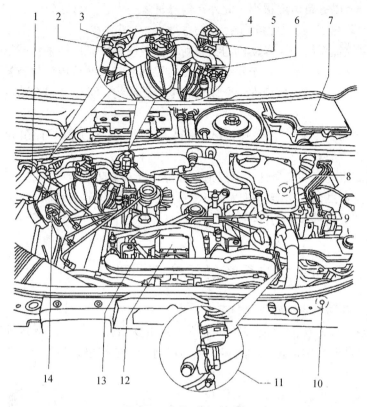

图 5-8 电控元件位置图

1—3 缸喷油器；2—废气再循环阀；3—增压压力控制电磁阀；4、5—连接器；6—机油温度传感器；7—ECU；8—进气歧管翻板转换阀；9—发动机转速传感器；10—进气歧管压力传感器；11—进气歧管翻板真空单元；12—喷油泵；13—冷却液温度传感器；14—空气流量传感器和进气温度传感器

任务二　电控直列泵燃油系统

电控直列泵燃油系统中，由调速器执行机构控制调节齿杆的位置，从而控制供油量；由提前器执行机构控制发动机驱动轴和喷油器凸轮轴间的相位差，从而控制喷油时间。调速器执行机构和提前器执行机构是电控直列泵燃油系统中的两个特殊机构。

资讯 1　电控直列泵燃油系统的特点

电控直列式燃油系统和传统的机械式燃油系统相比具有如下特点。

① 对于机械控制燃油系统来说控制自由度较大。机械式燃油系统中基本控制信息是发动机转速和加速踏板位置，而且这两个基本参数要转换成飞块的离心力和弹簧的作用，通过力的平衡关系控制齿条的位置。

作为补偿控制信息有冷却水温度和进气压力。这些基本参量也必须以适当方式转换成作用力，并通过杠杆机构调节弹簧，从而控制齿杆位置。因此，必须在弹簧特性的范围内设定控制方式。所以，自由度很小。此外，信息量多一点，则杆系复杂，装置庞大。由于在发动机上的安装约束，从而限制了控制信息量。

在电子控制燃油系统中，发动机的状态和环境条件都可以用各种传感器检测，电子控制单元则可计算、判断出最适合于发动机状态的控制条件，并输出到执行器，此外，信息检测过程中，不需要各种机械杆件，所以信息量不受制约。可以从最合适的位置检测最适当的信息。

② 可以检测控制对象，并可进行反馈控制。所以，因机械磨损而引起的时间效应可以给予补偿，控制精度高。

③ 为了提高服务性和安全性，可以追加故障诊断和故障应急等功能。

④ 通过数据信息传输功能，可以提高全系统的功能，而且可使机构简单。

⑤ 只要改变电控单元中的程序，就可以改变工作过程。

资讯2　电控直列泵燃油系统的组成与原理

1. 电控直列泵燃油系统的组成和原理

电控直列泵燃油系统的组成如图5-9所示，主要由输油泵、高低压油管、燃油滤清器、喷油泵、喷油器、回油管、调速器、喷油提前器、电控单元和相应的传感器等组成。

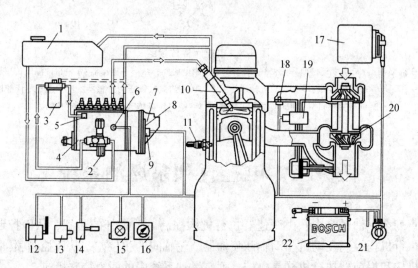

图5-9　电控直列泵燃油系统的组成

1—燃油箱；2—输油泵；3—燃油滤清器；4—直列式喷油泵；5—电子停油装置；
6—燃油温度传感器；7—油量调节齿杆位置传感器；8—线性电磁执行机构；9—转速传感器；
10—喷油器；11—冷却液温度传感器；12—加速踏板位置传感器；13—离合器、制动和排气制动开关；
14—操纵板；15—警告灯和故障诊断接口；16—车速表；17—ECU；18—进气温度传感器；
19—增压压力传感器；20—涡轮增压器；21—电热塞和冷启动开关；22—蓄电池

各传感器将柴油机的多种运行参数和驾驶员的操作意图传给ECU，ECU根据这些信息进行计算分析后，发出指令控制喷油泵上相关执行机构的工作，使柴油机获得最佳的供油正时和供油量。

2. 电子调速器结构与控制

电子调速器根据发动机机型不同而略有差异。

1）电子调速器

电子调速器的结构如图5-10（a）所示。在电控直列泵燃油系统中，电子调速器执行机构的作用相当于飞块。用电磁作用力或液压代替离心力控制齿杆位移。

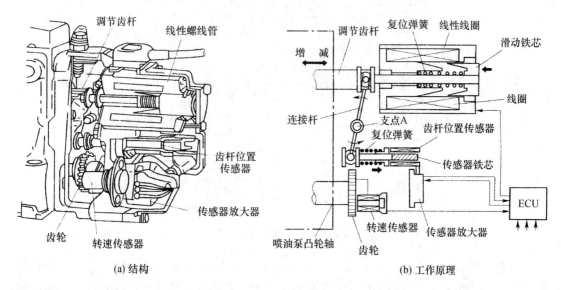

图5-10 电子调速器的结构

电子调节器的内部主要由线性螺线管、齿杆位置传感器、转速传感器、传感器放大器四部分构成。线性螺线管控制线圈中的电流，使喷油泵的调节齿杆移动；齿杆位置传感器检测出调节齿杆的位置；转速传感器检测出发动机的转速；传感器放大器将检测到的齿杆位置传感器的输出信号放大后送到ECU中。此外，还有将加速踏板的角度转换成电信号的加速踏板位置传感器、水温传感器和启动信号等。

喷油量由油门开度和发动机转速决定。当电流流过线性螺线管线圈时，滑动铁芯被拉向图5-10（b）所示箭头方向，在复位弹簧力的作用下，滑动铁芯在某一个平衡位置停住。

调节齿杆和滑动铁芯是连在一起的和铁芯一起联动，向增加喷油量的方向移动。如果铁芯向箭头相反的方向移动，则调节齿杆使喷油量向减少的方向移动。

现在，假设调节齿杆向增加喷油量的方向移动，和调节齿杆联动的连接杆则以支点A为中心，向逆时针方向转动，连接杆的下端和齿杆位置传感器的传感器铁芯联动，所以传感器铁芯向右方（箭头方向）移动。因此，齿杆位置传感器的输出发生了变化。

齿杆位置传感器送来的信号经过传感器放大器进行整流、放大，输入到电控单元中。然后，电控单元将该信号和齿杆位置的目标值进行比较，根据两者的差值向线性螺线管发出驱动信号，改变喷油量。

2）喷油定时器

喷油定时器（或电子提前器）是通过改变发动机曲轴与喷油泵轴之间的相位角即喷油提前角，来实现对喷油定时控制的。喷油定时器的结构如图5-11所示。

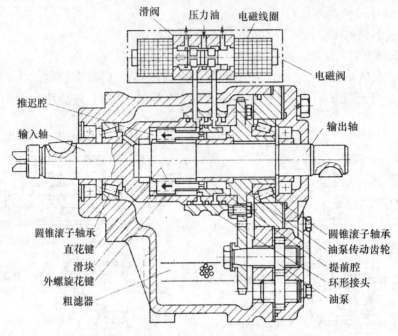

图 5-11 喷油定时器的结构

执行器的转子总成如图 5-12 所示，它由带喷油泵转动的输入传动轴、输出传动轴和滑块组成。滑块有一个内直花键和一个外螺旋花键，它们分别与输出轴的直花键和输入轴的螺旋花键相啮合。此外，有一个环形接头装在输入轴的外部，它上面有油路直通滑块。喷油定时器的控制原理如图 5-13 所示。

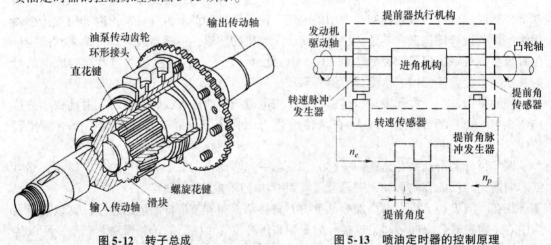

图 5-12 转子总成　　　　　图 5-13 喷油定时器的控制原理

电磁阀由电控单元驱动，控制作用在油压活塞上的油压。油压活塞左右移动使转换机上下运动，从而改变发动机驱动轴输入轴和凸轮轴输出轴之间的相位。

发动机驱动轴和凸轮轴上分别装有转速脉冲发生器和提前角脉冲发生器。对应两个脉冲发生器分别安装了转速传感器和提前角传感器。从两个传感器的信号和可检测出两者的相位差。除了发动机的转速外，电子提前器对于发动机的负荷也可以通过适当改变喷油时间而加以控制。液压执行器系统如图 5-14 所示。

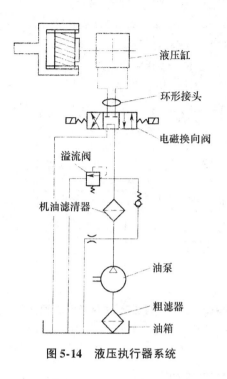

图 5-14　液压执行器系统

液压执行器系统主要元件是一个双作用液压缸和一个三位四通电磁换向阀。通过该电磁换向阀控制液压缸活塞的往复运动，即可实现曲轴与喷油泵凸轮轴旋转相位角之间的改变，实现喷油定时的调节。

任务三　电控分配式喷油泵燃油系统

资讯 1　位置控制型电子控制分配式喷油泵

图 5-15 所示是位置控制型电子控制分配式喷油泵的典型组成。电子控制系统的输入信号由加速踏板位置传感器、转速传感器、燃油温度传感器、水温传感器、启动开关等输入 ECU，检测实际动作值的反馈信号由控制套筒位置传感器反馈给 ECU。ECU 对输入的控制信号和反馈信号进行分析处理，计算出相应的喷油量及喷油提前角控制参数值，分别送往电动调速器和时间控制器，使电动调速器和时间控制器工作，从而对喷油量和喷油提前角进行精确控制。

图 5-16 所示是电子控制分配式喷油泵的工作原理图。喷油量控制由图中所示控制滑动执行元件进行控制，喷油时间则由定时控制阀进行控制。

1. 喷油量的控制

喷油量的控制是由 ECU 控制电动调速器中控制套筒的位置来实现的。

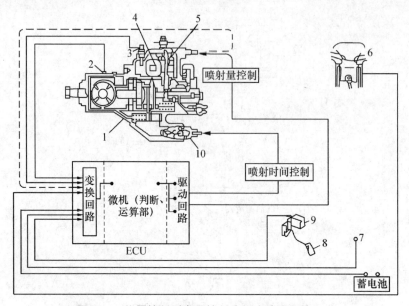

图 5-15　位置控制型电子控制分配式喷油泵的组成
1—喷油泵；2—转速传感器；3—燃油温度传感器；4—电动调速器；5—控制套筒位置传感器；
6—水温传感器；7—启动开关；8—加速踏板；9—加速踏板位置传感器；10—时间控制器

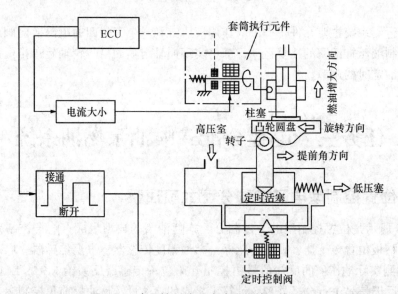

图 5-16　电子控制分配式喷油泵的工作原理

如图 5-17 所示，喷油量控制用电动调速器，由转子式电磁执行器和油量控制机构组成。转子式电磁执行器的工作原理如图 5-18 所示。控制喷油量的控制套筒执行元件和检测控制套筒位置的传感器部分是位于图 5-17 中的同轴整体的机构，其动作如图 5-18 所示，非对称磁极铁芯上绕有线圈，ECU 根据有关输入信号可通过改变占空比的方法（控制正时控制阀线圈通电时间的长短），即可控制喷油提前角，控制流入线圈电流的大小，就能使转子在 0～60°范围内旋转。当转子旋转时，在转子轴的前端与轴心偏离的位置上装有滚珠，由于转子的旋转运动，套筒改变运动方向，转变为沿柱塞轴向的直线运动，柱塞的压缩有效行程发生变化，从而改变喷油量。在转子上端装有控制套筒位置传感器（属电涡流式角度传感器），用以向 ECU 反馈喷油量的变化情况。

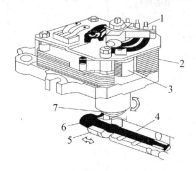

图 5-17　喷油量控制用转子式电动调速器构造
1—控制套筒位置传感器；2—线圈；3—转子；
4—柱塞；5—控制套筒；6—滚球；7—轴

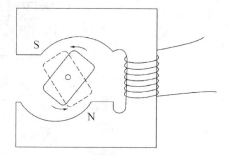

图 5-18　转子式电磁执行器工作原理

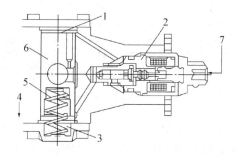

图 5-19　时间控制器构造
1—高压室（来自泵内）；2—正时控制阀；3—低压室（通往输油泵吸入端）；
4—提前作用；5—回位弹簧；6—正时活塞；7—来自控制中心的驱动信号

2. 喷油提前角的控制

电子控制分配式喷油泵喷油提前角的控制由时间控制器（定时器）控制。如图 5-19 所示，时间控制器由正时控制阀和正时活塞组成。正时控制阀受 ECU 控制，其作用是控制连接正时活塞高压室和低压室的中间通路，以控制通往正时活塞高压室的油压实现对正时活塞位置的控制。而正时活塞位置变化时，由于活塞的作用，使圆筒形状的转子体旋转，转子体内的转子以及转子上部旋转的凸轮盘升程的变化，控制柱塞的压送开始时间。当正时控制阀线圈通电时，高压室与低压室连通，正时活塞两端的油压差消失，在回位弹簧的作用下，正时活塞回位，使喷油时间推迟。

当正时控制阀线圈断电时，高压室与低压室隔断，正时活塞在高压油压力的作用下压缩回位弹簧向下移动，喷油时间提前。通电时间长，喷油提前角减小；通电时间短，喷油提前角增大。

以上喷油提前角的控制是开环控制，柴油轿车发动机用电子控制 VE 型 COV-EC-1 喷油泵及 4FBI 柴油机 I-TEC 电子控制系统均属上述类型的喷油泵。

如果利用溢油环位置传感器、定时器活塞位置传感器、喷油嘴针阀升程传感器、着火时间传感器进行控制，就构成了喷油量和喷油定时闭环控制，能进一步提高定时精度。图 5-20 所示是日本电装公司批量生产的 VE 分配泵用的 ECD-V1 型位置控制式电控喷油系统。

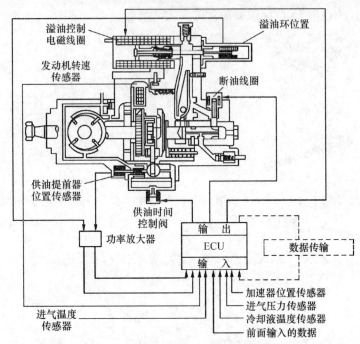

图 5-20 ECD-Vl 电控喷油系统

该系统保留了 VE 分配泵上控制喷油量的溢油环（也称滑套），取消了原来的机械调速机构，通过布置在泵上方的线性电磁铁操纵杠杆来控制溢油环位置的方式，实现对喷油量的控制，并以溢油环位置传感器的位置信号作为反馈信号，实现喷油量的闭环控制。喷油正时控制也保留了 VE 分配泵上原有的液压提前器，它用一个正时控制电磁阀（见图 5-21）来控制液压提前器活塞的高压室和低压室之间的压差。当电磁阀通电时，吸动铁芯，高压室与低压室形成通路，两室之间压力差消失，在回位弹簧作用下，提前器活塞复位，带动滚轮架转动，形成喷油提前。同时系统中还设置了供油提前器活塞位置传感器，形成喷油正时的闭环控制。

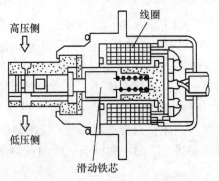

图 5-21 正时控制电磁阀

资讯 2　时间控制型电子控制分配式喷油泵

如图 5-22 所示，日本电装公司 ECD-V3 是典型的时间控制型电子控制分配式喷油泵，与位置控制型电子控制分配式喷油泵相比取消了原 VE 泵上的溢油环，而在泵的泄油通路上设置了一个电磁溢流阀，其油量控制原理如图 5-23 所示。

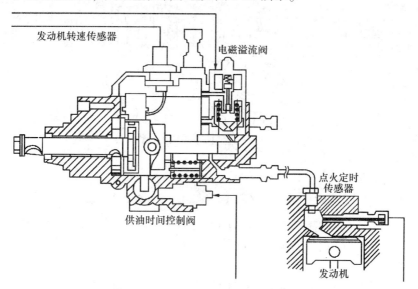

图 5-22　日本电装公司 ECD-V3 系统

在柱塞泵油阶段，当电磁溢流阀断电时，溢流阀打开，高压燃油立即卸压，停止喷油。喷油始点并不取决于电磁溢流阀关闭的时刻，而是取决于分配泵平面凸轮的行程始点，这与机械控制采用溢油环来改变喷油终点以控制油量方式是一样的。电磁溢流阀打开越晚，喷油量越多。平面凸轮行程始点，也即是图 5-23 中泵角度信号上的无齿段终点信号。泵角度传感器装在滚轮环上，这样即使喷油正时有变化，由于泵角度传感器随着滚轮环一起移动，泵油角度并不改变，泵油始点与无齿段终点相对位置也始终不会变，其工作原理如图 5-24 所示。

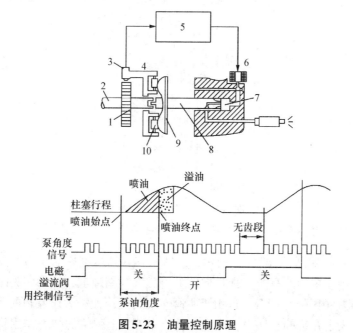

图 5-23　油量控制原理

1—转速信号齿轮；2—传动轴；3—转速传感器；4—滚轮环；
5—ECU；6—溢流阀；7—出油阀；8—柱塞；9—凸轮盘

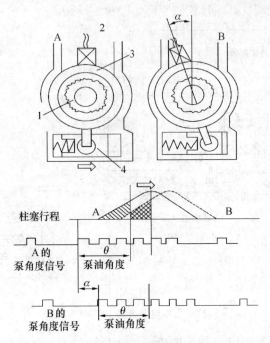

图 5-24　喷油正时变化时泵油角度与柱塞行程
1—转速信号齿轮；2—传动轴；3—转速传感器；4—滚轮环

如图 5-24 所示，电磁溢流阀采用双重阀的结构形式，辅助阀为小电磁阀，其开闭受 ECU 控制；主阀为液压阀，其开闭受燃油压力控制。电磁溢流阀工作过程如图 5-26 所示。

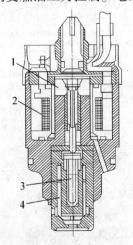

图 5-25　电磁溢流阀结构
1—电枢；2—螺线管电磁线圈；3—溢流控制阀；4—主溢流阀

（1）压缩喷射。如图 5-26（a）所示，柱塞右移，高压室燃油压力升高，高压燃油经主阀上的小孔作用在主阀的右侧。ECU 向辅助电磁阀线圈通电，辅助阀关闭，此时主阀左右两面的燃油压力（压强）相等。但由于主阀右边的受压面积大于左边的受压面积，故主阀右边的总压力大于左边的总压力，此压力差的作用加上弹簧的弹力作用将主阀压紧在阀座上，使溢流通路关闭，高压室的燃油经高压油管由喷油器喷出。

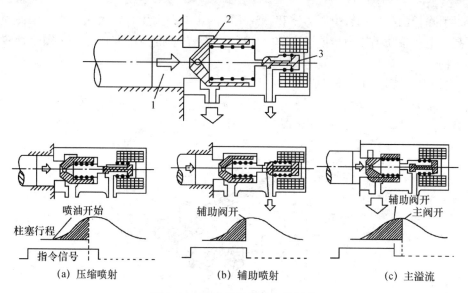

图 5-26 电磁溢流阀的工作过程
1—高压腔；2—主阀；3—辅助阀

（2）辅助喷射。如图 5-26（b）所示，停止喷油时，ECU 切断辅助电磁阀线圈中的电流，辅助电磁阀打开，燃油从主阀右边流出，使主阀右边的油压迅速降低。

（3）主溢流。如图 5-26（c）所示，一旦辅助电磁阀打开将主阀右侧油压泄掉，主阀左侧高压油将主阀压开，高压室的燃油迅速流入低压室从而压力迅速降低，喷油器停止喷油。

这种双重阀的控制方式，由于辅助电磁阀的质量及磁滞影响都很小，加上控制油腔的容积很小，故具有很高的响应速度。

喷油正时控制机构取消了提前器活塞位置传感器，反馈信号来自曲轴角度传感器的曲轴位置信号和泵角度传感器的无齿段信号间的相位差。同时，ECD-V3 还在汽缸内设置了一个燃烧始点光电传感器（见图5-27），它通过测定燃烧闪光产生的电信号，对喷油正时进行补偿调节，而消除柴油品质（十六烷值）、大气压力变化对柴油机性能的影响。

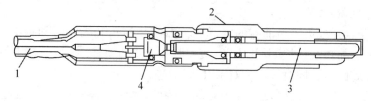

图 5-27 燃烧始点光电传感器
1—信号线；2—外壳；3—石英棒；4—光敏三极管

任务四 电控泵喷嘴燃油系统

资讯 1 电控泵喷嘴燃油系统

泵喷嘴就是将泵油柱塞和喷油嘴合成一体，安装在缸盖上。喷油嘴由于无高压油管，所以可以消除长的高压油管中压力波和燃油压缩的影响，高压容积大大减小，因此喷射压力可很高。电控泵喷嘴压力目前可达 200 MPa。它的驱动机构比较特殊，必须是顶置式凸轮驱动机构。

1）电控泵喷嘴燃油系统组成

主要由泵喷嘴、驱动摇臂机构、电控单元（ECU）、各种传感器等组成（见图 5-28）。

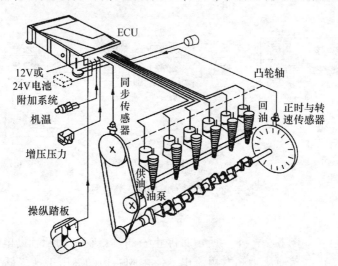

图 5-28　电控泵喷嘴燃油系统组成

电控泵喷嘴燃油系统的最大特点是：燃油压力升高仍然是机械式的，喷油始点和终点由电磁阀控制，即喷油量和喷油时间是由电磁阀控制的。

2）电控泵喷嘴燃油系统的结构特点

① 为了使供油泵将燃油稳定地供到安装在汽缸盖内部的喷油器内，采用大容量齿轮式供油泵。

② 自供油泵送来的燃油经高效滤清器滤除杂质后，供入汽缸盖上的主供油管内；主供油管和汽缸盖上的各个喷油器之间由支管连接。溢出燃油通过连接各喷油器的溢油管经调压阀排出到汽缸盖外部。

③ ECU 控制打开或关闭喷油器的电磁阀，控制喷油量和喷油时间；必须向各个喷油器布置导线，为了缩短线束长度，ECU 直接安装在发动机机体上。为了减低因发动机引起的振动，采用橡胶固定，同时用燃油对 ECU 背面进行冷却。

④ ECU 根据安装在飞轮以及凸轮相关部位的两个转速传感器检测到的发动机转速和曲轴转角、加速踏板位置传感器信号及其他的传感器信号进行最佳燃油喷射控制。

⑤ 柱塞通过摇臂由凸轮轴驱动，压缩燃油；喷油器的高速电磁阀是常开的，燃油通过汽缸盖内部的油路流动；但电磁阀关闭时，柱塞开始向喷油嘴压油，燃油从喷油嘴喷入汽缸；当电磁阀打开时，溢油开始，喷油结束。该电磁阀的开闭由 ECU 控制，根据发动机的运行状态，可实现最佳控制喷油量和最佳控制喷油时间。

⑥ 因为没有喷油管，高压容积甚小，不仅可以实现高压喷射，而且可以通过适当组合喷油嘴的喷孔流通截面积和驱动凸轮的形状，改善喷油规律，减少预混合期间的喷油量，从而达到控制预混合燃烧。

资讯 2 泵喷嘴

1. 结构特点

泵喷油器安装在柴油机原普通喷油器的位置上(见图 5-29),其外形也与普通喷油器相似。泵喷油器实质上由喷油泵、喷油器和电磁控制阀三部分组成(见图 5-30)。喷油凸轮安装在控制气门打开和关闭的凸轮轴上,其上升段为陡峭的直线(有利于快速提高喷油压力),而下降段较平缓(有利于在喷油结束以后向高压油腔缓慢进油,避免在燃油中产生气泡)。电磁控制阀位于泵喷油器的中部,由一柴油机电子控制系统控制。电磁控制阀针阀用于接通和切断高压油腔与低压油道之间的通道。辅助柱塞的上部为圆台,实际上是两个阀门,圆台的锥面用来开启和关闭高压油腔与辅助柱塞腔之间的通道,而圆台的底面则用来开启和关闭辅助柱塞腔与喷油针阀复位弹簧腔之间的通道。喷油针阀阻尼器为倒"工"字形,其作用是控制燃油的预喷量。

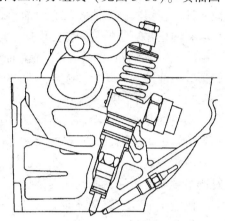

图 5-29 泵喷嘴的安装位置

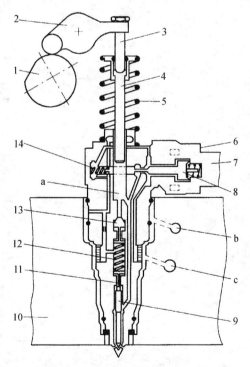

图 5-30 泵喷油器结构示意图

1—喷油凸轮;2—摇臂;3—球头螺栓;4—泵油柱塞;5—泵油柱塞复位弹簧;6—电磁控制阀;
7—电磁控制阀体;8—电磁控制阀针阀;9—喷油针阀;10—泵喷油器壳体;11—喷油针阀阻尼器;
12—喷油针阀复位弹簧;13—辅助柱塞;14—电磁控制阀针阀复位弹簧
a—高压油腔;b—回油道;c—低压油道

2. 工作过程

泵喷油器的喷油过程可分为预喷油和主喷油两个阶段，也可以分为预喷油、预喷油结束、主喷油、主喷油结束及高压油腔进油五个过程。喷油时间和喷油量由辅助柱塞、喷油针阀、喷油针阀复位弹簧、喷油针阀阻尼器与电磁控制阀共同控制。

1) 预喷油

当凸轮的直线段与摇臂接触时，电子控制系统向电磁控制阀供电，使电磁控制阀针阀向左移动，切断高压油腔与低压油道之间的通道，与此同时，泵油柱塞在摇臂的作用下，克服泵油柱塞复位弹簧的弹力而向下运动，使高压油腔中的油压迅速上升。当油压上升到 18 MPa 时，燃油在喷油针阀中部锥面上产生的向上推力大于喷油针阀复位弹簧的预紧力，就顶起喷油针阀，开始预喷油（见图 5-31）。

2) 预喷油结束

预喷油开始后，喷油针阀继续向上运动，当凸轮转过喷油行程的 1/3 时，喷油针阀阻尼器下端进入喷油针阀阻尼器孔内，喷油针阀顶部的燃油就只能通过细小的缝隙流向喷油针阀复位弹簧腔内。这样，在喷油针阀的顶部形成了一个所谓的"液压垫圈"，阻止喷油针阀继续向上运动，使燃油的预喷量受到限制。

随着泵油柱塞的继续向下运动，高压油腔里的油压继续上升。当油压达到规定值时，辅助柱塞在高压燃油的作用下向下运动后，高压油腔的体积突然增大，燃油压力瞬间下降。此时，喷油针阀中部锥面上的向上推力随之下降，喷油针阀在喷油针阀复位弹簧的作用（由于受辅助柱塞的压缩而弹力增大）下复位，预喷油结束（见图 5-32）。

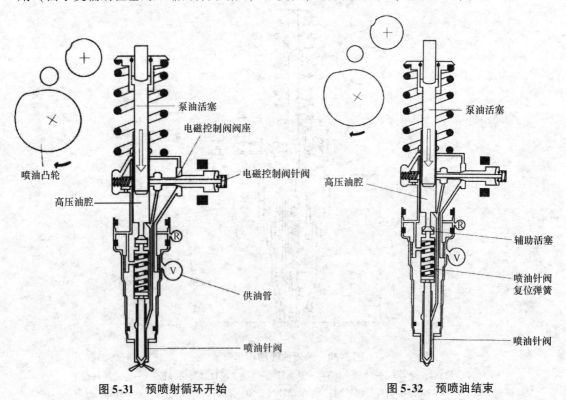

图 5-31 预喷射循环开始　　　　　　图 5-32 预喷油结束

项目五　柴油机电控燃油供给系统检修

3）主喷油

预喷油结束后，泵油柱塞继续向下运动，导致高压油腔内的油压迅速上升。当油压上升到大于预喷油的油压（30 MPa）时，喷油针阀向上移，主喷油开始。由于高压油腔内燃油油压上升的速度极快，所以高压油腔内的油压继续上升，直到205 MPa左右（见图5-30）。

4）主喷油结束

当电子控制系统停止向电磁控制阀供电时，电磁控制阀针阀在电磁控制针阀复位弹簧的作用下向右移动，接通高压油腔与低压油道。这时，高压油腔内的燃油经电磁控制阀流向低压油道，高压油腔里的燃油压力下降，喷油针阀在喷油针阀复位弹簧的作用下复位，辅助柱塞则在喷油针阀复位弹簧的作用下关闭高压油腔与喷油针阀复位弹簧之间的油道，主喷油结束（见图5-34）。

5）高压油腔进油

当凸轮的下降段与摇臂接触时，泵油柱塞在泵油柱塞复位弹簧的作用下向上运动，高压油腔因体积增大而产生真空。这时，低压油道（与进油管相连接）内的燃油经电磁控制阀流向高压油腔，直到充满高压油腔为止，从而为下一次喷油作好准备（见图5-35）。

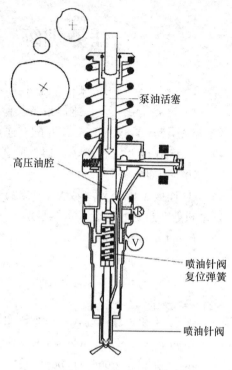

图5-33　主喷油开始

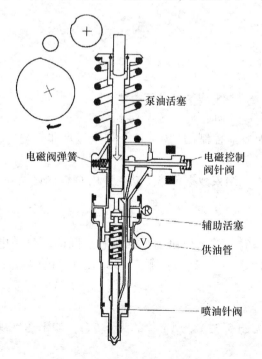

图5-34　主喷油结束

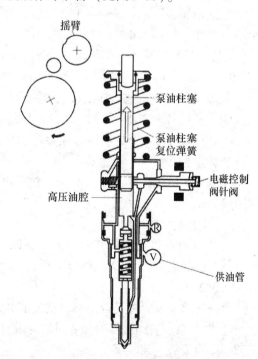

图5-35　高压油腔进油

任务训练　电控泵喷嘴的检查

以一汽大众公司宝来轿车 TDI 系统电控泵喷嘴为例，说明电控泵喷嘴的检查与安装。

1）必备专用工具、维修设备及检测仪

VAG1551 或 VAG1552，并配有连接线 VAG1551/3、测试盒 VAC1598/31、手提式万用表 VAG1526 或万用表 VAG1715、成套辅助接线 VAG1594 等。

2）测试顺序

① 连接 VAG1551（或 VAG1552），输入地址码 01，选择发动机控制单元，此时，让发动机处在怠速状态，显示器显示：

Rapid data transfer　　　　　HELP
Select function　　××
快速数据传递　　　　　帮助
选择功能　××

② 按 0 和 8 键，进入"读取测量数据块"，用 Q 键输入，显示器显示：

Read measure value block HELP
Input display group number　××
阅读测量数据块　　帮助
输入显示组号××

③ 按 0、1 和 8 键，进入"显示组 18"，用 Q 键确认输入，显示器显示：

Read measure value block　18
0　0　0　0
阅读测量数据块 18
0　0　0　0

④ 发动机至少怠速运转 1 min，检查显示区 1~4 的泵喷嘴状态值。

显示区 1 = 1 缸，显示区 2 = 2 缸，显示区 3 = 3 缸，显示区 4 = 4 缸。

规定值：所有 4 个显示区必须显示表示无故障控制的"0"值。如果显示非 0 数字，检查泵喷嘴电阻。

⑤ 按"1"键，按"0"和"6"键，进入"结束数据传输"功能，用 Q 键确认输入。关闭点火开关。

3）检查泵喷嘴电阻

① 断开汽缸盖处的泵喷嘴插头（见图 5-36），检查汽缸盖处插头触点间的泵喷嘴电阻，如 1 缸触点 7 和 5、2 缸触点 7 和 3、3 缸触点 7 和 2、4 缸触点 7 和 6，它们的规定值约为 0.5 Ω。

检查电路间及对地是否短路，规定值为无限大。

② 检查泵喷嘴阀触点 1 和 2 间的电阻（见图 5-37），规定值约为 0.5 Ω。如未达到规定值，更换失效的泵喷嘴。

项目五 柴油机电控燃油供给系统检修

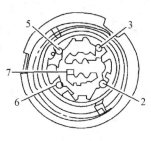

图 5-36 泵喷嘴插头
1～7—触点

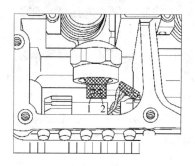

图 5-37 检查泵喷嘴阀触点间的电阻
1、2—触点

③ 检查控制单元的线路,将测试盒 VAG1598/31 连接到发动机控制单元的线束上接发动机控制单元。按电路图检查测试盒与插头间的线路是否断路:触点 2—插口 118,触点 3—插口 117,触点 5—插口 116,触点 6—插口 121,触点 7—插口 114,线路电阻最大为 1.5 Ω。另外,对线路间搭铁及对蓄电池正极是否短路进行检测,规定值为无限大。

任务五　电控高压共轨燃油供给系统

电控高压共轨燃油供给系统与发动机匹配时方便灵活,其突出的优点可以归纳如下。
(1) 广阔的应用领域。如用于轿车和轻型载货车,每缸功率可达 30 kW;用于重型载货车和船舶用柴油机,每缸功率可达 200 kW 左右。
(2) 更高的喷油压力。目前可达 140 MPa,不久的将来计划达到 180 MPa。
(3) 喷油始点、喷油终点可以方便地改变。
(4) 可以实现预喷射、主喷射和后喷射,可以根据排放等要求实现多段喷射。
(5) 喷油压力与实际使用工况相适应。在电控共轨式燃油系统中,喷油压力的建立与燃油喷射之间无相互依存关系,喷油压力不取决于发动机转速和喷油量。在高压燃油存储器即"共轨"中,始终充满喷射用的具有一定压力的燃油。喷油量由 ECU 通过计算决定,受到其他制约条件很少。
(6) 喷油正时和喷油压力在 ECU 中有存储的特性曲线谱。

资讯 1　电控高压共轨燃油供给系统的组成与原理

1. 电控高压共轨燃油供给系统的组成

电控高压共轨燃油供给系统由低压燃油供给部分、高压燃油供给部分、高压共轨部分、燃油喷射部分及电子控制部分组成,如图 5-38 所示。
① 低压燃油供给部分。包括燃油箱、粗过滤器、低压输油泵、精过滤器(装有可选择的油水分离器和加热器)和低压油管等。
② 高压燃油供给部分。包括高压油泵、共轨管、高压共轨喷油器、高压油管、电液比例高压溢流阀、限压阀(或者称安全阀)、流量限制阀(限流器)和共轨管压力传感器等。

③ 电子控制部分。包括微控制器、各种传感器、功率驱动电路、通信模块、线束和接插件等组成。

如图 5-38 所示，其中的停油阀是 BOSCH 公司 CPI 型高压油泵中泵油柱塞上端安装的一个高速电磁阀，用于控制该泵油柱塞的实际泵油量，当不需要高压油泵输出较大流量时，应用停油阀使该泵油柱塞在其吸油行程中吸入的燃油，在压油行程中又排回燃油箱，这样减少高压油泵的实际输出油量。另外，此系统是采用在高压端应用电液比例溢流阀来控制共轨管压力的。

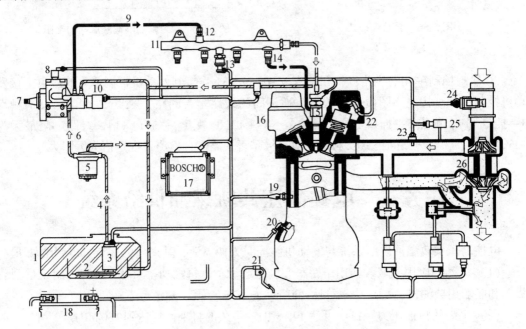

图 5-38　BOSCH 公司的高压共轨燃油供给系统结构

1—燃油箱；2—粗过滤器；3—低压输油泵；5—精过滤器（带油水分离器）；4、6—低压油管；7—高压油泵；8—停油阀；9—高压油管；10—电液比例高压溢流阀；11—共轨管；12—高压油进油口；13—共轨压力传感器；14—流量限制阀；15—高压共轨喷油器；16—燃油温度传感器；17—ECU；18—蓄电池；19—冷却液温度传感器；20—曲轴转速传感器；21—加速踏板传感器；22—凸轮轴转速传感器；23—进气温度传感器；24—空气流量传感器；25—增压压力传感器；26—涡轮增压器

2. 电控高压共轨燃油供给系统的工作原理

如图 5-38 所示，燃油箱的燃油在低压输油泵的作用下，首先经过燃油粗过滤器的过滤，被低压输油泵吸入并加压后输出具有一定压力（一般在 300~600 kPa）的低压燃油，再经过精过滤器的过滤后，通过发动机驱动的高压油泵的进油阀（或吸油阀）进入高压油泵的泵油柱塞腔［或者经过电液比例低压进油节流阀（进油计量阀）的调节后，进入高压油泵的泵油柱塞腔］，在这里经过泵油柱塞的加压后开启高压油泵的出油阀，将高压燃油送入共轨管，此时的燃油压力至少超过 130 MPa。进入共轨管的高压燃油在共轨管进行滤波、稳压，这样高压共轨喷油系统的喷油压力就建立起来了。此过程和发动机的转速没有关系，也和喷油器是否喷油也没关系，这是高压共轨喷油系统区别于此前传统柴油机的喷油系统的最本质特征。一般情况下，低压输油泵和高压油泵集成在一起，采用同一个凸轮轴驱动。

和发动机的各个汽缸燃烧室连接的喷油器通过高压油管和共轨管相连（见图5-38），因此高压共轨喷油系统中的喷油器始终处于高压环境。当相应的喷油器需要喷油时，ECU发出指令，高压共轨喷油器的高速电磁阀（或者压电陶瓷驱动喷油器的压电驱动器）在功率驱动电路的驱动下开启，喷油器开始喷油，高速电磁阀的开启时间，以及喷油器喷油时共轨管的燃油压力决定了喷油器的喷油量，显然这里的喷油量和发动机的转速或和高压油泵的转速无关，这也是高压共轨喷油系统最主要的特征之一。当高速电磁阀断电时，喷油器的喷油结束。然后下一个汽缸，在ECU的控制下喷油开始，依此类推，各个汽缸实现循环喷油。

在高压共轨喷油系统中，喷射压力的建立和燃油的喷射是完全分开的，燃油喷射压力的建立和发动机的转速无关。

3. 喷射方式

电控共轨燃油系统喷射方式有三种：一段喷油法、二段喷油法和多段喷油法。

1）一段喷油法

一段喷油法是在一个工作循环中只有一次喷射，即主喷射。应用于早期的电子控制柴油机燃油系统。

2）二段喷油法

二段喷油法是指在主喷油之前有一个喷油相当小的预喷过程，即预喷射加主喷射。在主喷射之前进行预喷射（时间间隔约1 ms）可以使燃烧噪声明显降低，这是一项已经实用化的技术。但是，由于预喷射会导致PM排放增加，因此可以使预喷射段靠近主喷射段，从而降低PM排放。

3）多段喷油法

多段喷油法是将每一个工作循环中的喷油过程分成若干段来进行，每段喷油均是相互无关、各自独立的，其主要目的是控制燃烧速度。多段喷油一般包括引导喷射、预喷射、主喷射、后喷射和次后喷射等多段。在多段喷射过程中，电磁阀必须完成多次开启、关闭动作，因此驱动能量和消耗能量成了问题。

在主喷射前后的预喷射、后喷射中，由于喷油的间隔相互靠近，因此前段喷射会对后段喷射的喷油量带来影响。解决的办法是：利用喷油压力和喷油间隔，修正后续的喷油指令。在多段喷油构成中，各段喷油的作用如图5-39所示。

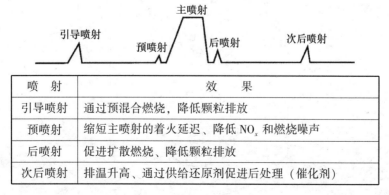

图5-39　多段喷射的作用

资讯 2　低压供油系统

低压供油系统主要由燃油箱、粗过滤器、低压输油泵、精过滤器及低压油管等组成。

1. 低压输油泵

低压输油泵负责向高压油泵提供充足的燃油，常用的有电动式和机械式两种。

1）滚柱式电动油泵

用于小轿车和轻型汽车。它不仅向高压油泵供油，而且在紧急情况下负责断油。电动燃油泵有两种：一种装在燃油箱外面，燃油箱和滤清器之间的输油管路上，并固定在汽车底板总成上；另一种装在燃油箱里，电动机和液压元件都在燃油箱里，共用一个滤清器、油位传感器和储存油管。燃油泵主要由泵、电动机、端盖等元件组成，如图 5-40 所示。

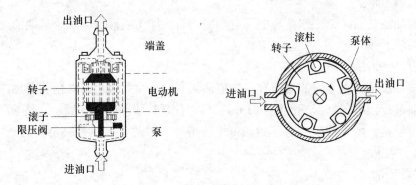

图 5-40　电动燃油泵的构造

泵是电动燃油泵的一部分，共轨式燃油泵采用滚柱式电动燃油泵，与汽油机的工作原理相同。

2）机械式输油泵

机械式输油泵与高压油泵融为一体，且一同被驱动或附着在发动机上直接受发动机驱动。驱动的一般形式是耦合驱动，或用齿轮或齿轮形传动带动驱动。机械式输油泵为齿轮泵由两个反向旋转的齿轮构成，如图 5-41 所示。

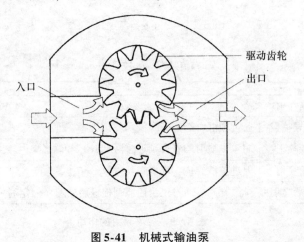

图 5-41　机械式输油泵

齿与泵体间的变化形成压力，从泵口处泵油。要保证进油口和出油口处密封良好，以防止燃油回流。齿轮泵的泵油量是与发动机转速成比例的。油量可通过在进油口处设置节流阀和在出油口处设置过压阀控制。

齿轮泵是免维护的，第一次启动前或当燃油箱中无燃油时，在齿轮泵或低压管路上安装手动泵，以进行排空空气的操作。

2. 燃油滤清器

燃油中的杂质可能使泵油元件、出油阀和喷油器损坏，因此使用满足喷油系统要求的燃油滤清器是保证柴油机正常工作和延长使用寿命的前提条件。通常燃油中会含有化合形态（乳浊液）或非化合形态（温度变化引起的冷凝水）的水。如果这些水进入喷油系统，会对其产生腐蚀并造成损坏，因此与其他喷油系统一样，共轨喷油系统也需要带有集水槽的燃油滤清器（见图5-42），每隔适当时间必须将水放掉。随着乘用车采用柴油机比例的增加，自动放水报警装置的使用也在不断增加。当系统必须将水排出时，该装置的警告灯就会闪亮。对于那些燃油中含水量较高的国家，在汽车上必须装用这种装置。

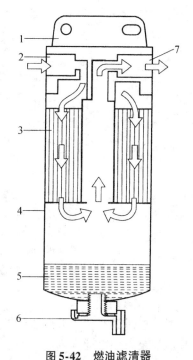

图5-42 燃油滤清器

1—滤清器盖；2—燃油进油口；
3—纸质滤清材料；4—壳体；
5—储水器；6—排液螺栓；
7—出油口

资讯3 高压供油系统

当点火开关接通后，低压输油泵的转子便在永磁电动机的带动下旋转泵油。当输油泵的泵油压力大于安装在高压油泵上的调压阀弹簧弹力时便顶开调压阀，低压燃油便进入共轨高压油泵的油道内，并通过高压油泵内的油道与燃油泵的三个柱塞腔相通。在高压油泵的凸轮轴旋转时，三个柱塞便上下往复运动，将低压燃油泵成共轨油压。

高压燃油形成部分主要由高压油泵以及装在高压油泵上的电控油压调节阀和电控油量修正阀组成。

1. 高压油泵

1）功用

在车辆使用过程当中，在各个工况下，它提供足够的高压油，包括快速启动所需的燃油和共轨管中的燃油。

高压油泵是低压和高压部分的交接点。高压油泵持续产生共轨高压蓄压器所需的压力。高压油泵供油量应远大于发动机所需最大供油量，以保证共轨高压蓄压器内的压力恒定。

2）安装位置

高压油泵在柴油机上的安装位置与以往的分配泵相同，高压油泵由发动机（发动机转速范围的一半，最大为3 000 r/min）通过联轴器、齿轮、链条或齿形传动带进行驱动，并且通过自身泵出的柴油润滑。

3) 组成

高压油泵主要由泵体、切断阀、安全阀、电液比例高压溢流阀等部件组成（见图5-38）。在高压油泵内部，燃油通过三个呈120°的放射状的泵柱塞实现压缩。

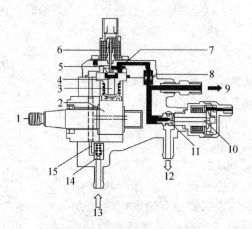

图5-43 三柱塞式高压油泵构造

1—驱动轴；2—偏心轮；3—柱塞组件；4—泵腔；5—进回阀；
6—回油管关断电磁阀；7—出油阀；8—密封装置；
9—连接共轨的高压油管接头；10—电液比例高压溢流阀；11—球阀；
12—低压回油接头；13—进油口；14—安全阀；15—低压通道

4) 工作过程

燃油通过带有油水分离器的燃油滤清器过滤，输油泵通过进油管和安全阀将燃油输送至高压油泵。使燃油强制通过安全阀处的节流孔，进入高压油泵的润滑和冷却系统。带有偏心轮的驱动轴带动3个泵柱塞随着偏心轮的形状上下运动。

压力达到安全阀开启压力（50～150 kPa）时，油泵泵出的油将通过高压油泵进油阀进入泵腔，此时泵腔中的泵柱塞向下运动（吸油过程）。当活塞到达下止点时，进油阀关闭。当泵腔中的油压超过输送过程中正常压力时，压力会再增加打开出油阀，将油输送到高压油路。

泵柱塞继续输送燃油，一直到上止点（压油过程），之后压力迅速下降，柱塞回位，出油阀关闭，直到柱塞再次向下运动。

泵腔中的压力降到油泵压力以下时，进油阀再次开启，开始下一个循环。

2. 共轨管

共轨管（见图5-44）储存高压燃油，同时压力波动的产生取决于高压油泵的燃油分配和共轨管燃油容积的衰减。共轨高压蓄压器对所有汽缸而言都是公用的，因此称为共轨。当大量的燃油排出时，共轨高压蓄压器几乎能维持内部的压力不变，这可确保喷油剩余的压力在喷油器打开时仍然恒定。

从图5-44可知，共轨直接与高压油泵相通，共轨上安装有共轨燃油压力传感器、流量限制阀和限压阀。

项目五 柴油机电控燃油供给系统检修

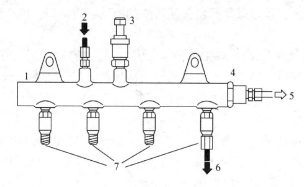

图 5-44 共轨管总成图

1—共轨；2—共轨进油口；3—共轨压力传感器；4—限压阀；5—压力回路；6—去喷油器；7—流量限制阀

3. 限压阀

1) 功用

限压阀和过压阀做同样的工作。限压阀通过打开轨道旁通道限制轨道中的压力。限压阀允许短时间共轨管内的最大压力为工作压力的 110%。

2) 安装位置

限压阀一般安装在共轨高压蓄压器上。

3) 组成与工作过程

限压阀是个机械装置，包括底座螺钉（拧到轨道上）、一端连接到燃油箱的回油管、可移动的柱塞、弹簧等部件（见图 5-45）。

限压阀连接到轨道上以后，底座上有一个通道，一个圆锥形的柱塞与底座的表面接触形成密封面，在正常的工作压力（大于 135 MPa）下，弹簧推动柱塞与底座接合，轨道保持压力。当压力过高时，柱塞被轨道压力推动，克服弹簧压力，燃油通过压力内部的通道流回燃油箱。当阀门打开时，轨道中的压力便会降低。

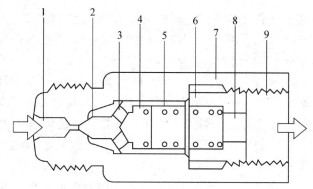

图 5-45 限压阀构造原理

1—高压接头；2—阀；3、8—通孔；4—柱塞；5—压力弹簧；6—限位套；7—阀座；9—回油孔

4. 流量限制阀

1) 功用

防止喷油器的不正常喷油现象，当共轨管流出的高压燃油量超过最大流量时，为了阻

止燃油连续不断地喷入，流量限制阀将关闭对应的喷油器进油口，停止继续喷油。

2）安装位置

流量限制阀一侧通过螺纹拧到油轨上（高压），另一侧通过螺纹拧到喷油器油路上。每个底座都带有一个通道，目的是与油轨进行液压连接，与喷油器进行油路连接。流量限制阀不是高压共轨燃油供给系统必备的元件。

3）结构

流量限制阀主要由柱塞、柱塞弹簧、底座、外壳等零件组成，如图5-46所示。流量限制阀内部有一个柱塞，通过弹簧直接与共轨管相连。柱塞的底座密封，通道贯穿进出油口。通道的尾部直径减少，起节流作用。

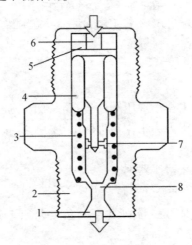

图 5-46　流量限制阀
1—去喷油器的出油口；2—壳体；3—柱塞弹簧；4—柱塞；
5—密封垫；6—与共轨相连的进油口；7—节流孔；8—密封座面

4）工作原理

① 正常情况下。柱塞位于停止位置，也就是说流量限制阀的油轨端向上顶着止动器。喷射燃油时，喷油器端部的喷射压力下降，使柱塞在喷油器内移动的方向改变。流量限制阀通过柱塞改变燃油的体积，以补偿喷油器从导轨内喷出的燃油体积，而不是通过节流孔（因为通过这种方式是远远不够的）。在喷油末期，柱塞偏离底座而占据中间的位置，没有将出油口完全关闭。柱塞弹簧迫使柱塞回到最初停止位置，同时燃油可以通过节流孔。

柱塞弹簧与节流孔径是规定好的，那样即使在最大的喷油量状态（加上安全储备），柱塞也有可能返回到流量限制阀轨道底端（顶着止动器的位置），然后保持在这个位置，等候下一个喷油时刻的到来。

② 严重泄漏时。由于大量燃油离开燃油导轨，流量限制阀被迫离开静止位置并且向上顶着出油口的密封底座。柱塞保持在这个位置，向上顶着流量限制阀喷油器侧的止动器，阻止燃油到达喷油器。

③ 轻微泄漏时。由于存在泄漏量，流量限制阀柱塞不能回到静止位置。几次喷射发生之后，柱塞移动到出油口孔径处的密封底座上。柱塞保持在这个位置，向上顶着流量限制阀喷油器侧的止动器，直到发动机熄灭、切断喷油器的燃油输入为止。

5. 喷油器

共轨喷油器目前常见的控制工作形式主要有两种：一种是电磁式，另一种是压电晶体式。

1）电磁式共轨喷油器

（1）功用。使燃油在一定的压力下，以雾状形式喷入燃烧室，并合理分配，以便和空气混合形成最有利于燃烧的可燃混合气。

（2）构造。喷油器主要由喷油嘴部分、油压活塞部分和电磁阀部分组成（图5-47），喷油器中由电磁阀直接控制喷油始点、喷油间隔和喷油终点，从而直接控制喷油量、喷油时间和喷油率。喷油器实际上完成了传统喷油装置中的喷油器、调速器和提前器的功能。设计良好的喷油器和传统式机械喷油器结构相近，因此共轨式喷油器在直喷柴油机中的安装不需要显著改变汽缸盖结构。

（3）工作过程。喷油器的工作可分为四步（发动机运转而且高压油泵供油）：喷油器关闭（产生高压）、喷油器打开（开始喷油）、喷油器全部打开、喷油器关闭（结束喷油）。

作用在喷油元件上的分配力产生操作结果。若发动机停转或轨道中没有压力，则喷油器弹簧将关闭喷油器。

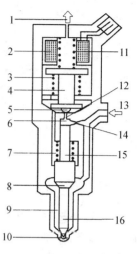

图 5-47　喷油器的结构图

1—回油孔；2—静铁芯励磁线圈；3—辅助弹簧；4—衔铁；5—球阀；6—控制腔；7—针阀复位弹簧；8—针阀锥面；9—高压油道；10—喷油孔；11—电磁阀的复位弹簧；12—出油节流孔；13—高压燃油进口；14—进油阻尼孔；15—控制柱塞；16—针阀

喷油器关闭（复位状态）在复位状态下，电磁阀不吸合，因此喷油器关闭（见图5-47）。弹簧力将铁芯下的球阀压向出油节流孔座处，出油节流孔关闭。轨道中的高压作用在阀控制腔中，而且相同的压力也作用在喷油器的高压油道内。轨道压力作用在柱塞的末端，与喷油器弹簧的弹力一起使喷油器保持关闭状态。

喷油器开始打开时［见图5-48（a）］，针阀处于喷油前的静止状态，当电控单元发出指令开始喷油时，电磁阀的线圈开始通电。为提高电磁阀的响应速度，以高电压、大电流驱动电磁阀线圈，使电磁铁迅速产生足够的电磁吸力，吸合衔铁克服电磁阀复位弹簧的预紧力，快速上移，球阀在控制腔内高压燃油的作用下升起，出油节流孔开启，控制腔内的高压燃油从出油节流孔流向其上方低压腔，并从该低压腔经回油管流回油箱。出油节流孔开启后，控制腔内的燃油立即卸压，使作用在控制柱塞上端面的燃油压力迅速降低，而这时作用在针阀锥面和针阀下端圆锥面上的垂直向上燃油压力，由于进油节流孔的阻尼作用，虽有一定程度的下降（因为此时进、出油节流孔均开启，所以来自共轨管的一部分高压燃油会经过进油节流孔、控制腔、出油节流孔泄走），但基本保持有足够的压力，使针阀能克服针阀复位弹簧的预紧力快速升起，使来自共轨管的高压燃油，从针阀下端圆锥面和与其配合的针阀体内圆锥形座面之间形成的通道经针阀压力室的喷孔喷入燃烧室（如采用无压力室针阀偶件，则针阀升起后，高压燃油会直接从喷孔喷入汽缸）。与此同时，由于衔铁上升被吸合，电磁铁的静铁芯和衔铁之间的吸合面气隙减小，此时电磁铁的吸力大幅度增长，因此电磁阀启动时的大电流可以降低到电磁铁保持吸合所需的维持电流即可。

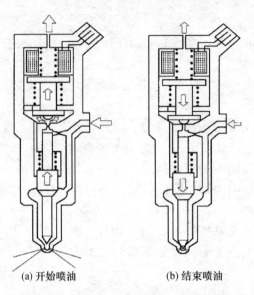

(a) 开始喷油　　　(b) 结束喷油

图 5-48　高压共轨喷油器的工作原理图

因为针阀升起与喷油开始几乎是同时发生，因此，把针阀升起的瞬间称为喷油始点。

喷油器全部打开时，针阀从静止状态的升程为零直到最大升程，需要一个升起过程，在这过程中喷油一直在进行。

针阀升程由零到最大的过程中，针阀尖端圆锥面和与其配合的针阀体内圆锥形座面之间形成的通道的开度由全关到全开，流经此通道的高压燃油的节流阻力由最大到最小，不同的开度会产生不同的节流阻力，对喷油量产生不同的影响。

针阀的升起速度影响着喷油量和喷油规律，而针阀的上升速度取决于进、出节流孔尺寸大小的绝对值以及两孔间的相对值（即孔径比）机针阀的复位弹簧等诸多因素。

针阀在升起过程中，控制柱塞同时上移，使控制腔内的容积逐渐减小，这时如果控制室内无燃油流出，则其内部压力会不断升高，并将阻挡针阀升程的加大。与控制腔相通的不仅有出油节流孔，还有进油节流孔。当控制腔内因部分燃油流出后产生一定压降的同时，来自共轨管的高压燃油，从进油节流孔经节流后不断向控制腔内补充，又使控制腔内压力回升，由此可见，针阀在升起过程中，控制腔内燃油有出、有进。为了保证针阀升起能连续进行，要求出得快、进得慢，因此，出油节流孔的直径一般要大于进油节流孔的直径。

上述分析表明，出油节流孔直径大于进油节流孔时，会使针阀具有一定的上升速度，但如果出油节流孔直径与进油节流孔直径差距过大，会使针阀上升速度过快，造成初始喷油速率过高，会影响柴油机的噪声及排放；如果出油节流孔与进油节流孔直径差距过小，针阀上升速度又会过慢，造成初始喷油速率过低，同样会影响柴油机性能。

从针阀开始升起的喷油始点到喷油终点，喷油压力基本保持在与共轨管的燃油压力相等的高压状态下进行。喷油量取决于针阀的开启持续期（取决于电控单元输出的脉宽）、针阀的喷孔流量特性、喷油压力及针阀升程。

喷油结束如图 5-48（b）所示。当喷油脉宽满足要求后，电磁阀在电控单元的指令下，切断电磁铁线圈的电流，电磁力消退，电磁阀复位弹簧推衔铁使其向下运动，使球阀落座关闭出油节流孔。

虽然出油节流孔关闭，但是由于进油节流孔始终开启，因此来自共轨管的高压燃油从进油节流孔进入控制腔内后，控制腔内的燃油只进不出，因此，压力会很快升高，达到共轨管的燃油压力。这种高压作用在控制柱塞上端面，所形成的压力与针阀复位弹簧的作用力，很快超过了针阀锥面和针阀下端圆锥面向上的燃油压力，针阀迅速下降落座，关闭喷孔，喷油结束。

针阀的关闭速度取决于通过进油节流孔的流量，针阀从下移开始直至最后落座，才把喷孔通道关闭，喷油停止。

由于共轨中的压力一直存在，所以任何时刻喷油器都可以在电磁阀的控制下喷油、停油，这也为柴油机在每个工作循环内实现多次喷射创造了有利条件，这也是传统的脉动时间控制系统无法与之比拟的。

2）压电晶体式喷油器

随着对柴油机动力性、经济性要求的改进和提高，特别是为使排气净化满足排放法规的要求，柴油机的喷射压力已超过 150 MPa。由于喷油压力的提高和雾化质量的改善，使柴油的燃烧更加充分，但因燃烧速度的加快，燃烧压力的急剧上升，使发动机的噪声和振动也随之加大。为既满足充分燃烧又减轻噪声和振动的要求，通过大量实践证实，采用多段喷射是一个最佳的方案。但采用电磁阀实现多段喷射时，由于电磁阀动作的机械惯性和电感作用，使其响应速度满足不了要求，其控制精度有很大的局限性。

为实现在一个喷油循环中完成多次喷射，即预喷射、主喷射和主喷射后的多次喷射，采用压电晶体或喷油器代替电磁阀控制喷射便可以完美地完成。

(1) 构造及原理。压电晶体式喷油器是利用压电晶体具有压电效应的原理制成的。

压电晶体变形时，产生电荷迁移会在相应的晶面上产生异性电荷。这种由于变形而在晶体相应的晶面上产生电动势的特性，称之为正压电效应。若将晶体上通电（即施加电场），晶体不仅极化，而且产生应变，这种在电场作用下晶体产生变形的作用，称之为电致伸缩效应。正压电效应与电致伸缩效应统称为压电效应。

压电晶体材料有压电陶瓷、单晶体材料、有机压材料。其中压电晶体材料中的石英晶体是应用较为广泛的。

用压电晶体取代电磁阀式喷油器，其总体结构如图 5-49 所示。

从图 5-49 可知，喷油器将压电晶体集成在喷油器上，压电晶体通过装在喷油器上部的大活塞、小活塞、球阀和球阀弹簧取代电磁阀式喷油器。喷油器的下部（即喷油嘴）也由针阀、针阀弹簧、针阀座及针阀座与针阀之间的油囊等组成。

(2) 工作过程。共轨的高压燃油一方面直接送入针阀的油囊内，另一方面通过节流孔送入柱塞上部的控制腔内，再通过控制腔内的通道与球阀腔相通。当压电晶体不通电时，共轨高压燃油进入控制腔后，通过通道进入球阀腔。此时球阀在弹簧及腔内油压作用下，压靠在球阀座上，将共轨高压油封闭在控制腔内，于是高压燃油下压活塞杆，通过活塞杆下压针阀，此时针阀的下压力是活塞杆下压力与针阀弹簧力的合力，这个合力大于针阀油囊内的油压向上推针阀的力，因此针阀落座停止喷油。

当电控单元向压电晶体送电后，压电晶体产生应变，推动喷油器上方的大活塞下移，使由低压输油泵通过单向阀送入控制腔内的燃油升压，将单向阀压靠在单向阀座上，将控制腔内低压燃油密封。由于液体的不可压缩和密封容器内的液体等压传递原理，使大活塞通过液压，将放大的油压作用在小活塞上，增压的小活塞下行推开球阀使控制腔泄油，由于泄油孔孔径远大于节流孔的，所以控制腔迅速降压，于是喷油器针阀便在油囊共轨油压作用下升起喷油。

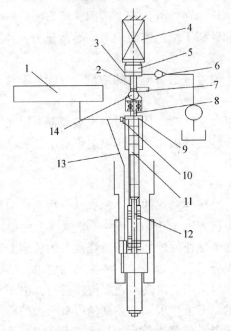

图 5-49　压电晶体喷油器结构

1—共轨；2—小活塞；3—油腔 2；4—压电晶体；5—大活塞；6—单向阀 2；7—油道 2；
8—油道 1；9—油腔 1；10—节流孔；11—活塞杆；12—复位弹簧；13—油道；14—单向阀 1

综上所述，由于压电晶体伸缩响应速度快，所以在一个喷油循环中可多次喷射，且可将每次喷射的喷油量控制最小，实现预喷射使发动机运转平稳、噪声小的目的。压电晶体可将喷油器的喷油量控制在小于 1.5 mm³/行程，且重复精度高，保证发动机工作平稳。

资讯 4　电子控制部分

电子控制部分由传感器、电控单元（ECU）、执行器组成。电控单元是电控高压共轨燃油供给系统的核心部分。电控单元根据各个传感器的信息计算出最佳的喷油时间和最合适的喷油量，使发动机在各种工况下都能在最佳状态下工作。传感器有空气流量传感器、加速踏板传感器、增压压力传感器、燃油压力传感器、曲轴转速传感器、凸轮轴位置传感器等，执行器有喷油器和各种电磁阀。在其他项目中讲解过的相同类型的传感器和执行器，这里不再赘述。

1. 电液比例高压溢流阀

1）功用

电液比例高压溢流阀保持共轨管中的压力正确和恒定。如果共轨压力过高，电液比例高压溢流阀打开，部分燃油通过回油管回到燃油箱；如果共轨压力过低，电液比例高压溢流阀关闭，由低压升为高压。

2）安装位置

电液比例高压溢流阀通过一个法兰盘装在高压油泵或共轨高压蓄压器上。

3）组成

电液比例高压溢流阀主要由电磁铁、弹簧、电枢、球阀等组成如图5-50所示。

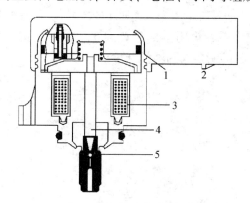

图 5-50　电液比例高压溢流阀结构
1—弹簧；2—电气接头；3—电磁铁；4—电枢；5—球阀

4）工作过程

（1）电液比例高压溢流阀不通电时。共轨管中的高压油或高压油泵输出的油通过高压入口进入电液比例高压溢流阀（不通电时没有电磁铁的外力作用），过量的高压油的压力大于弹簧的弹力，顶开弹簧，电液比例高压溢流阀开度由油量决定。弹簧压力预先设计大约为 10 MPa。

（2）电液比例高压溢流阀通电时。压力继续增加，电磁铁通电，弹簧的弹力增加，使压力控制保持关闭状态，直到一边的高压油压力与另一边弹簧的弹力加电磁铁的力达到平衡，阀门打开，燃油压力保持恒定。油泵油量的变化或过量高压油的排除通过控制阀门来实现。PWM 脉宽的励磁电流和电磁力是对称的。1 kHz 的脉冲频率提供足够的电磁力，防止不必要的电磁铁移动或共轨管压力的波动。

2. 加速踏板位置传感器

加速踏板位置传感器主要有电位计式和霍尔式两种。电位计式加速踏板位置传感器是利用可以相互滑动的电阻元件和滑臂之间的相互接触工作的，因而它的寿命短。霍尔式加速踏板位置传感器是非接触式的，使用寿命长，现已逐渐取代电位计式加速踏板位置传感器。

1）功用

加速踏板位置传感器广泛用于各种电子油门柴油机电控系统上，其功用是获取加速信号，然后传到电控单元，由电控单元操纵电控喷油泵或喷油器调节喷油量。加速踏板位置传感器是电控柴油机非常重要的传感器。

2）安装位置

加速踏板位置传感器安装在加速踏板上，如图5-51所示。

3）电位计式加速踏板位置传感器构造及原理

电位计式加速踏板位置传感器的工作原理如图5-51所示，一个简单的电位计或可变电阻将踏板的踩下情况直接转变为电压信号输出。当驾驶员移动加速踏板或手动油门时，与加速踏板位置传感器线圈接触的小型滑臂沿圆弧转动，电位计式加速踏板位置传感器从 ECU 接收恒定的 5 V 直流基准电压。当油门关闭时（急速），滑臂转动到使基准电压通过全部线圈位置，电位计式加速踏板位置传感器产生约为 0.5 V 的输出信号，向 ECU 回馈；当油门处于全开位置时，滑臂转动到基准电压只通过很少线圈的位置，向 ECU 回馈的信号电压约为 4.5 V；当油门处于急速和全开之间位置时，电位计式加速踏板位置传感器向 ECU 回馈的信号电压将与滑臂在电阻上的位置成正比。ECU 按照程序将回馈电压信号进行查表比较，就能判定驾驶员所要求的油门开度。

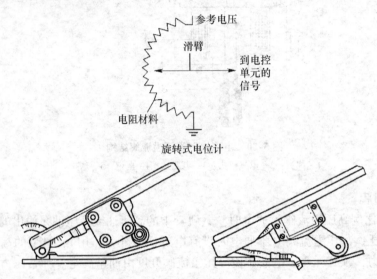

图 5-51　加速踏板位置传感器的工作原理示意

随着驾驶员踩下加速踏板深度的增大，传感器的电压信号也会随之变化，ECU 识别该电压变化后，将比脉冲宽度更宽的驱动电压发送给各喷油器电磁阀，使喷入汽缸的燃油量增多，柴油机转速因此提高。柴油机的实际喷油量及基功率输出还会受到柴油机冷却液温度、涡轮增压压力、润滑油压力和润滑油温度等传感器向 ECU 输入信号的影响。这些传感器都向 ECU 连续地发送电压信号，ECU 将根据这些输入信号计算确定喷油脉冲宽度信号。

有些电位计式加速踏板总成集成了急速确认开关或传感器，它将加速踏板位置和急速开关两个电信号发生器组合在一个壳体中（见图 5-52），两个元件的电路是独立的，但与加速踏板通过机械联系被一同操纵。两个信号发生器在制造厂被校准设定，并在其整个寿命期内的维护过程中被调整。急速开关对油门电位计所指示的踏板是否处于急速位置的信号提供独立保证，该组合可以使 ECU 发现油门总成的潜在问题，急速开关可以是独立机构，也可以是与电位计集成在一起的开关。

4）霍尔式加速踏板位置传感器构造及原理

用霍尔元件制成的加速踏板位置传感器是一种非接触式加速踏板角度位置传感器（见图 5-53）。在与加速踏板连接的轴上安装有磁铁。当踏板轴旋转时，轴与霍尔元件之间的位置发生了变化，因而改变了作用在霍尔元件上的磁场强度，使霍尔元件上的输出电压也发生变化。测量电压值就可测得加速踏板的角位移（即加速踏板位置）。

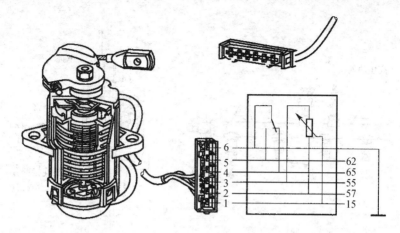

图 5-52　加速踏板位置传感器与怠速开关组合为一体

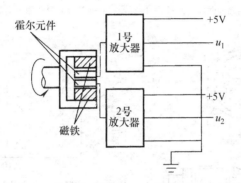

图 5-53　霍尔式加速踏板位置传感器

霍尔效应原理是：霍尔电压 U_H 与输入电流 I_c 和磁感应强度 B 成线性关系。当输入控制电流 I_c 保持不变时，传感器的输出电压与磁感应强度成正比关系。

3．共轨压力传感器

1）功用

共轨压力传感器安装在共轨管上，其作用是以足够的精度，在相对较短的时间内，测定轨道中的实时压力，并向 ECU 提供电信号。

对共轨压力传感器的主要要求如下：

（1）测量范围宽。要求能测量 20～200 MPa 的燃油压力。

（2）精度要求高。精度要求达到 2%～3%。

（3）可靠性好。在柴油机不同运行工况下能够精密控制燃油压力，在 200 MPa 高压状态下，仍有很高的可靠性。

2）结构原理

图 5-54 所示是德国博世公司共轨压力传感器的结构图，图 5-55 所示是 ECD-U2 型电控共轨系统压力传感器的结构和特性曲线。

共轨压力传感器主要由压力敏感元件（焊接在压力接头上）、带求值电路的电路板和带导线线束连接器的传感器外壳等组成。

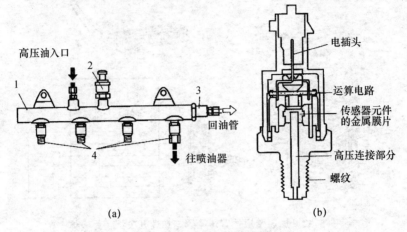

图 5-54 共轨压力传感器

1—燃油油轨；2—压力传感器；3—限压阀；4—流量限制阀

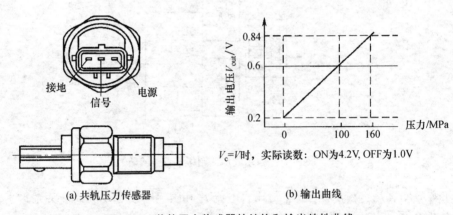

图 5-55 共轨压力传感器的结构和输出特性曲线

燃油经一个小孔流向共轨压力传感器，传感器的膜片将孔的末端封住。高压燃油经压力室的小孔流向膜片。膜片上装有半导体型敏感元件，可将压力转换为电信号，通过连接导线将产生的电信号传送到一个向 ECU 提供测量信号的求值电路。

共轨压力传感器的工作原理：当膜片形状改变时，膜片上涂层的电阻发生变化，这样，由系统压力引起膜片形状变化（150 MPa 时变化量约 1 mm）促使电阻值改变，并在用 5 V 供电的电阻电桥中产生电压变化。电压在 0～70 mV 之间变化（具体数值由压力而定），经求值电路放大到 0.5～4.5 V。精确测量共轨中的压力是电控共轨系统正常工作的必要条件。为此，压力传感器在测量压力时允许误差很小。

4. 燃油含水率传感器

燃油含水率传感器安装在油水分离器下方，当燃油中的水分在油水分离器内到达传感器两电极的高度时，利用水的可导电性将两电极短路，此时水位报警灯点亮，提示驾驶员放水。

任务训练　高压共轨发动机部分元件检测

下面任务训练的检测以长城哈弗 2.8TC 柴油发动机为例。与汽油发动机传感器和执行器原理、结构和检测基本相同的传感器和执行器，在这里不再赘述，进行训练时参照汽油发动机的检测方法，基本参数参阅长城哈弗 2.8TC 柴油发动机维修手册。

1. 加速踏板位置传感器的检测

1）失效模式及失效产生原因

（1）无法测得油门位置信号。原因：ECU 至传感器之间的线路断路。

（2）发动机加速无力。原因：传感器内部两套电阻之间不能够互相检测，ECU 无法获得当前加速踏板的正确位置，出现发动机加速无力的故障现象；电位计中某一套电阻失效导致 ECU 接收到错误信号。

（3）发动机不能加速。原因：电子加速踏板内电位计失效或线路断路。

2）检测方法

（1）线路检测。按照图 5-56 测量传感器与 ECU 之间线路的通断。

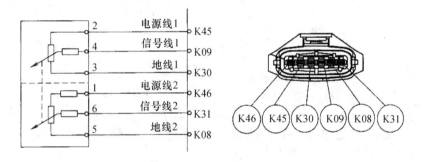

图 5-56　加速踏板位置传感器与 ECU

通电状态下，线束插头 1 号、2 号、4 号、6 号插片处应有 5 V 电压，3 号、5 号插片电压为 0 V。

（2）传感器测量。接入检测仪，选取读取数据流一项，通电状态下，不踩动踏板，"加速踏板 1 原始值—电压"为 0.7 V 左右，"加速踏板 2 原始值—电压"为 0.35 V 左右，加速踏板开度应为 0%。踩下踏板观察随着踏板开度的增大，两套电阻的电压也随之增大，但要始终保持电阻 1 的电压为电阻 2 电压的 2 倍关系。拆下传感器测量 5、6 针脚之间电阻为（1.2±0.4）kΩ，1、5 针脚之间电阻为（1.7±0.8）kΩ。

检测维修注意事项：检测时应注意检查加速踏板能否踩到全开位置，是否因车内驾驶座椅下方地毯过厚或位置不当将踏板顶住，无法踩到 100% 位置。

2. 燃油含水率传感器

1）失效模式及产生机理

故障灯常亮，故障码为"燃油含水率传感器故障"。

原因①：插拔过程中传感器针脚弯曲、传感器线路虚接，导致信号针脚输出电压信号偏差过大。

原因②：燃油中含水量过大，使两电极长期处于导通状态，系统便会一直点亮故障灯。

2) 检测方法

(1) 传感器测试。各针脚之间电阻情况：1-2 针脚之间电阻值无限大，2-3 针脚之间电阻值为 4 MΩ，1-3 针脚之间电阻值为 1.5～2.5 MΩ。

(2) 线路测试。按照图 5-57 测量线路的通断。

(3) 测量电压。打开点火开关，不启动发动机，拧下传感器，将线束插头插上，此时测量电压。电极 1 处电压为 0 V，电极 2 处电压为 5～6 V。短接两电极，测量电压：信号线针脚电压约 10 V，电极处电压约 0 V。

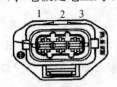

3. 共轨压力传感器

1) 失效模式及失效产生原因

(1) 共轨压力感器不工作。原因：电压过大导致内部电桥过载损坏、线路断路。

(2) 共轨压力传感器测得的共轨压力与实际值相差较大。原因：地线针脚搭铁不良，传感器内部电路故障。

2) 失效后的故障现象及产生机理

(1) 发动机无法启动。原因：启动时系统以共轨的压力为参量来控制喷油器的动作，在共轨压力已知的前提下，系统通过控制喷油器的开启、关闭的时刻来控制进入汽缸的燃油量。如果失去了共轨压力信号，系统便失去了燃油

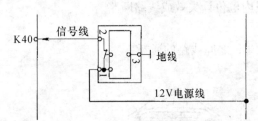

图 5-57 燃油含水率传感器插头端子和连线

1—电源针脚；2—信号线针脚；3—地线针脚

喷射控制的重要参量，此时，系统便控制发动机不能启动。同理，如果在发动机运转时突然失去了共轨压力信号，发动机会立即熄火。

(2) 加速无力或冒黑烟。原因：传感器检测的压力值与实际压力值相差较大时，系统按照传感器反馈的压力来控制燃油喷射，会使混合气过浓或过稀。

3) 检测方法

线路检测：

① 按照图 5-58 测量传感器针脚与 ECU 针脚之间的通断；

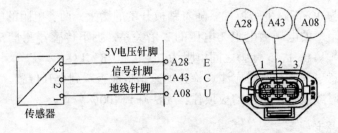

图 5-58 共轨压力传感器针脚与 ECU 的连线

② 打开点火开关，在不启动发动机情况下，测量 3 针脚与 1 针脚之间应有 5 V 电压；

③ 启动发动机接入检测仪，读取当前的实际共轨压力，同时检测 2 针脚输出电压。

4）检测维修时的注意事项

① 共轨压力传感器不得测量电阻，否则会使内部的电桥过载烧毁；

② 共轨压力传感器不得拆卸。

4. 喷油器的检测

1）失效后的故障现象及产生原因

（1）发动机无法启动/发动机抖动。原因①：2个以上喷油器堵塞，燃油中的杂质过多将喷油器喷孔堵塞（如果仅堵1个，会出现发动机抖动的现象）；

原因②：喷油器回油量过大，导致发动机轨压在建立后出现回落现象，引起发动机无法启动；

原因③：喷油器线路与进气管接触处磨损搭铁，出现"N缸喷油器无效应信号"故障码。

（2）发动机飞车。原因：燃油中杂质过多导致喷孔堵塞，发动机高速运转时，燃油压力将喷头压掉，大量燃油进入燃烧室；或者喷油器卡死，不能关闭或者关闭不严。

2）喷油器的检测

（1）元件检查。包括：

① 外线路检查。如图5-59所示，用万用表的欧姆挡，分别测量各喷油器电磁阀与ECU对应端子之间的电阻值，来判断外线路是否存在短路及断路故障。

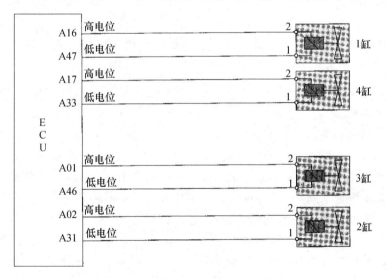

图5-59 喷油器与ECU连接图

② 电磁阀电阻值测量。关闭点火开关，分别拔下各喷油器电磁阀插头，测量各电磁阀侧1与2端子间的电阻。在正常情况下，两端子间的电阻值应在0.2～0.3Ω。

③ 电磁阀工作电流检查。发动机工作时喷油器的峰值电流为18A左右，保持电流为12A左右。

④ 电磁阀工作电压检查。启动发动机时，喷油器电磁阀端子处应有5V脉冲电压输入；或用试灯连接喷油器电磁阀两个端子，启动时试灯应时亮时灭。

（2）喷油器试验台检测。将喷油嘴安装在电控喷油嘴试验台上，进行测试滴漏、堵塞、回油量、雾化情况和密闭性。

3）检测维修注意事项

长城哈弗2.8TC发动机严禁进行手动断缸试验；在拆卸喷油器端油管接头时，用13号的开口扳手固定住喷油器油管接头然后再进行操作，避免在操作过程中喷油器油管接头跟着转，影响密封性；喷油器旧件返回时按照维修作业要领，进行包装，避免外界因素影响鉴定结果。

拓展知识——电控混合燃油喷射系统介绍

尽管高压共轨喷油系统有很多优点，但是不容忽视的问题是进一步提高其喷射压力是有问题的，这主要原因是高压共轨喷油系统的高压容积比较大，尤其和电控泵喷嘴相比，其闭死容积大得多，电控泵喷嘴喷射压力很高的关键是其高压容积或闭死容积很小，电控单体泵的喷射压力比泵喷嘴小，就是其有高压油管，使得其高压容积增大，而高压共轨喷油系统由于不仅有高压油管还有一个共轨管，因此进一步提高喷射压力就比较困难。另外，共轨压力调整比较复杂，采用电液比例进油节流阀调节，有比较大的滞后，如果缩短调节时间将可能导致共轨管内的燃油压力振荡超调。为防止压力波动太大，一般需要通过几个发动机工作循环才能建立一个新的稳定共轨管压力，而电控单体泵可以实现喷射循环间燃油压力的单独建立，而且响应速度快，但是电控泵喷嘴和电控单体泵的喷射压力随发动机转速的变化而变化，低转速时喷射压力比较低，而且电控单体泵和泵喷嘴的喷射特性取决于预先设计的凸轮型线，喷油开启和关闭特性取决于机械式喷油器内的调压弹簧特性，不能灵活调整。因此人们探索是否可以将电控泵喷嘴（或电控单体泵）和高压共轨喷油系统结合起来，各自发挥其优势，这样就出现了一些所谓的混合高压燃油喷射系统。

1. 电控单体泵和高压共轨喷油器组成的混合燃油喷射系统

如图5-60所示，混合燃油喷射系统是通过将现有的电控单体泵和高压共轨喷油系统的优点进行整合，采用电控单体泵来灵活建立和控制高压燃油供给，采用高压共轨喷油器来灵活实现燃油的喷射，从而构建一个新型电控混合燃油喷射系统。

该电控混合燃油喷射系统的控制主要通过安装在电控单体泵泵体内的常开式两位两通高速电磁开关阀（简称为常开电磁阀）、安装在高压共轨喷油器中的常闭式两位两通高速电磁开关阀（简称为常闭电磁阀）实现。其中常开电磁阀主要实现供油控制。因为该阀为常开电磁阀，当电磁铁不通电时，尽管单体泵的驱动凸轮顶起泵油柱塞，使泵油柱塞腔中的燃油被压缩，但是由于电磁阀的开启，压缩的燃油将通过此常开电磁阀流回低压油路，系统内不产生高压。当此常开电磁阀通电时，关闭阀口，泵油柱塞腔与低压油路的通道被切断，在高压油管内开始建立高压。

而高压共轨喷油器的常闭电磁阀主要实现喷油的电子控制。高压油管内产生的高压，在共轨喷油器内针阀上端形成的压力比下端高，针阀不能开启；当常闭电磁阀开启时，针阀上端的高压燃油与低压油路连通，从而降低针阀上端的压力使得针阀开启，燃油开始喷射。如果在常开电磁阀关闭的过程中常闭电磁阀一直打开，这时根据针阀的复位弹簧的特性可确定针阀的开启和关闭压力。如果在常闭电磁阀开启之前将常开电磁阀关闭，系统内将产生高压燃油，当常闭电磁阀开启时，喷油器开始喷油。这时，常开电磁阀关闭和常闭电磁阀开启之间的时间间隔将决定喷油的开启压力和喷射过程中的平均喷油压力。如果在常闭电磁阀关闭时保持常开电磁阀关闭,那么在针阀关闭后高压油管内还将维持高压,为下一次喷射提供条件,这时如果再次打开常闭电磁阀将能够再次喷射,从而实现多次喷射。如果在常闭电磁阀关闭的同时打开常开电磁阀卸油,则针阀关闭作用将同时来源于油压的降低和针阀复位弹簧力,有利于快速断油。

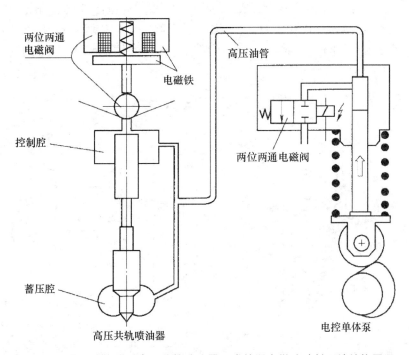

图 5-60　电控单体泵和高压共轨喷油器组成的混合燃油喷射系统结构原理

由此可见,该电控混合燃油喷射系统实现了供油和喷油的独立控制,相对于常规高压共轨喷油系统,该系统可以根据喷射需要及时产生高压,而不是在油轨中一直保持高压,从而降低了燃油系统的加工难度,提高了系统的安全性。

2. 电控单体泵、高压共轨喷油器加共轨管组成的混合燃油喷射系统

1)传统电控单体泵、高压共轨喷油器加共轨管组成的混合燃油喷射系统

图 5-61 是由传统电控单体泵、高压共轨喷油器和共轨管组成的混合燃油喷射系统。这是美国 Delphi 公司提出的一个技术。这里所谓"传统电控单体泵"是指其中的常开式两位两通高速电磁开关阀的阀芯依然由菌状的倒圆锥形阀加圆柱形的导向杆组成。

该系统当泵油柱塞 1 在凸轮轴的驱动下向下运动时,泵油柱塞腔 2 的体积增大,如果此时常开式两位两通高速电磁开关阀 14 开启,则燃油箱 12 的低压燃油可以通过低压油道,经电磁阀开启的阀口,进入泵油柱塞腔 2。当泵油柱塞 1 运动到下止点开始返回进行压油行程时,如果高速电磁开关阀 14 依然开启,则吸油行程中吸入的低压燃油在泵油柱塞 1 的推动下又被送回燃油箱 12。到了适当的时刻,电控单元(ECU)发出信号,关闭高速电磁开关阀 14,高、低压燃油油路被切断,这时泵油柱塞 1 继续运动才开始压缩泵油柱塞腔 2 内的燃油,使其压力升高,当此压力升高到一定的程度,足以克服共轨管 7 中燃油压力和单向阀复位弹簧 6 的预紧力时,单向阀 5 开启,泵油柱塞腔中的高压燃油进入

共轨管 7，同时也进入喷油器，此过程可以一直进行到泵油柱塞运动到上止点，也可以一直运动到某一时刻。电控单元使高速电磁开关阀 14 开启，使泵油柱塞腔 2 的高压燃油泄压，单向阀 5 关闭，使高压燃油的共轨管 7 和泵油柱塞腔 2 隔离，此后泵油柱塞 1 虽然继续向上运动，但是由于高速电磁开关阀 14 的开启，泵油柱塞腔的燃油只能被推出泵油柱塞腔 2，经过电磁阀的阀口，流回燃油箱，此过程一直进行到泵油柱塞 1 压油行程的上止点。过了上止点，在驱动凸轮和泵油柱塞 1 复位弹簧的作用下，泵油柱塞 1 下行，此后泵油柱塞腔的容积增大，燃油压力下降，因为电高速磁开关阀 14 已开启，使泵油柱塞腔 2 和燃油箱 12 连通，使低压燃油进入泵油柱塞腔 2，开始下一个吸油-压油循环。

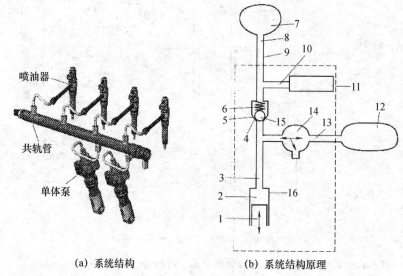

图 5-61 传统电控单体泵、高压共轨喷油器和共轨管组成的混合燃油喷射系统

1—泵油柱塞；2—泵油柱塞腔；3—高压油道；4—单向阀点锥形阀座；5—单向阀；6—单向阀复位弹簧；
7—共轨管；8、9、10—高压油道；11—高压共轨喷油器；12—燃油箱；13—低压油道；
14—高速电磁开关阀；15—单向阀阀芯；16—泵油柱塞套内孔

因为共轨管 7 始终保持高压燃油，喷油器 11 可以在任何时刻喷油，而且由于单向阀 5 的存在，使得喷油器 11 和泵油柱塞腔 2 之间无直接联系，因此减少了泵油过程对喷油过程的影响。

为了减小泵油柱塞 1 在其压油行程接近上止点时，驱动凸轮和挺柱体滚轮之间的接触压力，可以在泵油柱塞 1 运动到接近上止点时瞬时开启高速电磁开关阀 14，使泵油柱塞腔 2 的燃油压力不再继续升高。

另外，由于高速电磁开关阀可以在泵油柱塞 1 的吸油行程的任意时刻开启和关闭，控制其开启时间的长短，实际上就控制了吸油行程中的实际吸油量，这就是所谓的燃油吸油过程中的计量功能。但是该系统中的高速电磁开关阀 14 依然是传统的压力平衡式菌状倒圆锥形电磁阀，通电后，随着泵油柱塞的运动，压缩泵油柱塞腔 2 中的燃油，使其压力升高，高速电磁开关阀的阀芯处于高压环境，阀芯的阀杆处由于存在径向间隙，因此必然会产生高压燃油的泄漏，而且这种压力平衡式菌状倒圆锥形电磁阀在关闭期间，如果高压区域的燃油压力有波动，该电磁阀有可能瞬间开启，造成系统压力非正常振荡，进而影响系统的喷油特性。

2）新型电控单体泵、高压共轨喷油器加共轨管组成的混合燃油喷射系统

针对传统电控单体泵、高压共轨喷油器加共轨管组成的混合燃油喷射系统存在的问题，Delphi 公司又提出一个新的技术方案，如图 5-62 所示。

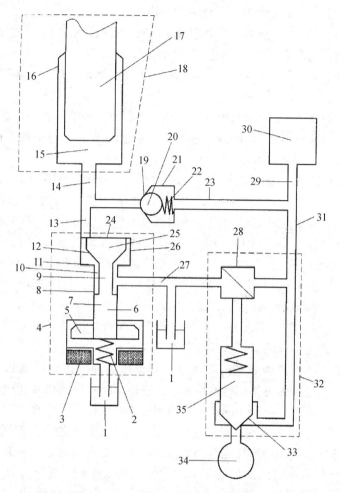

图 5-62　新型电控单体泵、高压共轨喷油器和共轨管组成的混合燃油喷射系统

1—燃油箱；2—电磁阀复位弹簧；3—电磁阀的静铁芯线圈；4—两位两通高速电磁开关阀；5—衔铁（动铁芯）；
6—电磁阀阀芯导向杆；7—电磁阀阀芯；8—电磁阀体内孔；9—电磁阀阀芯连接杆；
10、13、14、23、29、31—高压油道；11—电磁阀阀口；12—电磁阀倒圆锥形阀座面；
15—泵油柱塞腔；16—泵油柱塞套内孔；17—泵油柱塞；18—泵油单元；19—单向阀点锥形阀座；
20—单向阀阀芯；21—单向阀；22—单向阀复位弹簧；24—电磁阀阀芯的上端面；25—电磁阀倒圆锥形阀芯；
26、27—低压油道；28—喷油器的高速电磁阀；30—共轨管；32—高压共轨喷油器总成；
33—喷油器针阀圆锥形阀座面；34—燃烧室；35—喷油器针阀

（1）混合燃油喷射系统的构成。

① 新型电控单体泵，该单体泵包括泵油单元 18、具有自锁功能的常开式两位两通高速电磁开关阀 4。

② 高压共轨喷油器 32。

③ 共轨管 30。

④ 单向阀 21。

⑤ 燃油箱 1 等。

其中的高压共轨喷油器 32 包括高速电磁阀 28，该电磁阀 28 可以是两位两通电磁阀也可以是两位三通电磁阀。泵油单元 18、高速电磁阀 4 可以和喷油器 32 集成在一起（就像电控泵喷嘴一样），也可以分开（像电控单体泵油一样）。

泵油单元 18 包括泵油柱塞 17、泵油柱塞腔 15。泵油柱塞腔 15 通过油道 14、13 和电磁阀 4 连通，同时通过单向阀 21、油道 23 和 29 与共轨管 30 连通，而且还通过油道 31 进入喷油器的控制腔和蓄压腔。电磁阀 4 通过油道 27 和燃油箱 1 连接，同时喷油器 32 也通过油道 27 和燃油箱 1 连接。

该系统的泵油柱塞 17 在驱动凸轮的作用下，上行进入吸油行程时，如果菌状电磁阀 4 的阀口 11 开启，则位于燃油箱 1 的低压燃油可以通过油道 27、电磁阀 5 的环形槽、阀口 11、油道 13 和 14 进入泵油柱塞腔 15。

（2）混合燃油喷射系统的显著特点。电磁阀 4 是一个具有自锁功能的常开式菌状倒圆锥形阀芯的两位两通高速电磁开关阀，该电磁阀 4 的阀芯 7 的结构和传统的电控单体泵、泵喷嘴采用的结构相同，上端是一个菌状或倒圆锥形的圆锥体 25，其倒圆锥面 12 和阀体内圆柱形孔 8 的形成了一个阀口 11。阀芯 7 的下端是一个圆柱体 6，该圆柱体 6 和阀体相应的圆柱形孔 8 配合，作为整个阀芯 7 上下运动时的导向，而此导向圆柱体 6 和阀芯 7 上端的倒圆锥形体 25 之间通过一个较小直径的圆柱体 9 连接，该小直径圆柱体 9 和阀体的内孔 8 之间形成一个环形槽，同时，该导向圆柱体 6 在其最下端还连接一个衔铁 5（或动铁芯），该导向圆柱体 6 的下端面和一个圆柱形压缩弹簧 2 接触，此弹簧 2 实际是该电磁阀 4 的复位弹簧，即电磁阀断电时，该复位弹簧 2 使阀芯 7 开启，即阀口 11 保持开启状态。但是这种电磁阀 4 的高压燃油的作用区域和低压燃油的作用区域和传统的电控泵喷嘴、单体泵的两位两通高速电磁阀的恰恰相反，在这里，当电磁阀 4 通电时，阀芯 7 在电磁吸力的作用下，克服复位弹簧 2 的作用以及阀芯 7 的惯性力、摩擦力向下运动，关闭锥形阀口 11，切断了高、低压燃油通道的连接，此后，电磁阀 4 的上部倒圆锥体处于高压区域，而其下部即导向部分 6 和连接此两部分的 9 均处于低压环境，因此阀芯 7 导向部分 6 和与其配合的阀体内孔 8 之间形成的径向间隙处于低压环境，这样可以大大减小流经此间隙的燃油泄漏量，这正是该结构电磁阀的优点之一。由于其泄漏小，因此阀芯 7 和阀体内孔 8 的加工精度可以大大降低，加工成本也大大减小。传统的电控泵喷嘴、单体泵所应用的菌状或倒圆锥形的电磁阀阀芯的导向部分和阀体内孔之间形成的径向间隙，当电磁阀关闭后始终处于高压环境，因此不可避免地存在燃油的泄漏。随着喷射压力的不断升高，经过此间隙的泄漏会进一步增加，这就影响了喷射压力的升高。为了减小泄漏，不得不提高电磁阀阀芯的导向部分和阀体内孔加工精度，造成制造成本上升，可靠性降低。

该系统中，当电磁阀 4 通电时，关闭锥形阀口 11，切断了高、低压燃油通道的连接。随着泵油柱塞的向下的运动，泵油柱塞腔 15 内的燃油压力上升，当此压力上升到一定的程度，足以克服共轨管 30 中的燃油压力和单向阀复位弹簧 22 的预紧力时，单向阀 21 开启，高压燃油进入共轨管 30 和喷油器 32。同时，电磁阀 4 通电，阀芯 7 在电磁吸力的作用下，克服复位弹簧 2 的作用向下运动，关闭锥形阀口 11 后，其上端面 24 也受到泵油柱塞腔 15 内高压燃油向下的作用力，当此压力上升到一定的程度，足以克服电磁阀复位弹簧 2 的预紧力和阀芯 7 关闭阀口后仍然留在高压区域的倒圆锥形面上的高压燃油向上的作用力时，电磁阀 4 就可以断电，不用继续通电维持电磁阀 4 的阀口关闭状态，这就是所谓的自锁电磁阀，这是该系统的又一特长。这种自锁电磁阀可以减小功耗，提高电磁阀的使用寿命。而且，由于阀芯 7 上端面的高压燃油的作用，即便存在瞬间的压力波动，也不会像传统的电控单体泵或泵喷嘴出现电磁阀阀口开启的现象。但是这种电磁阀是非平衡电磁阀，传统的电控泵喷嘴、单体泵所应用的菌状或倒圆锥形电磁阀的阀口关闭后，其高压燃油作用在阀芯上的力是平衡的。

这种系统可以是一个高压油泵、一个共轨管和一个喷油器，也可以是一个高压油泵、共用一个共轨管和多个喷油器。

（3）该系统的工作过程。首先，泵油柱塞 17 在驱动凸轮的作用下向上运动，进入吸油行程，使泵油柱塞腔 15 的容积增大，泵油柱塞腔 15 内的燃油压力下降，由于此时电磁阀 4 不通电，电磁阀 4 的阀口 11 开启，燃油箱的低压燃油经过油道 27、电磁阀 4、油道 13 及油道 14 被吸入泵油柱塞腔 15，当泵油柱塞 17 运动到上止点后，开始返回进入压油行程，此后如果电磁阀 5 继续保持开启，则吸油行程吸入的低压燃油又会被泵油柱塞 17 压回燃油箱。到了一定的时刻，电磁阀 4 通电，阀芯 7 在电磁吸力的作用下向下运动，关闭阀口 11，切断了高、低压燃油的通道，从这时开始，封闭在泵油柱塞腔 15 内的燃油在泵油柱塞 17 的压缩下体积缩小，压力升高，由于此时电磁阀 4 已经被吸合，因此阀芯 7 的上端面 24 必然受到泵油柱塞腔 15 内高压燃油的作用。当泵油柱塞腔的燃油压力上升到一定的程度，足以克服电磁阀复位弹簧 2 的预紧力和阀芯 7 关闭阀口后仍然留在高压区域的倒圆锥形面上向上的作用力时，电磁阀 4 就可以断电，不用继续通电维持电磁阀 4 的阀口关闭状态。此后随着泵油柱塞 17 的继续运动，泵油柱塞腔 15 的燃油压力继续升高，此压力升高到一定程度，足以克服共轨管 30 中的燃油压力和单向阀复位弹簧 22 的预紧力时，单向阀 21 开启，高压燃油进入共轨管 30 和喷油器 32，此过程一直延续到泵油柱塞 17 运动到下止点。由于电磁阀 4 关闭阀口 11 后，泵油柱塞腔 15 的燃油压力上升，此高压作用到阀芯 7 的上端面 24 上后，即便是电磁阀 4 断电，由于阀芯 7 的上端面 24 作用着高压燃油，因此电磁阀仍然保持关闭。由于泵油柱塞腔 15 的燃油压力不断的升高，电磁阀 4 的阀口 11 的密封越可靠，但是这也限制了在泵油柱塞 17 的压油行程中不能开启电磁阀 4 的阀口 11。这和传统的电控单体泵、泵喷嘴的电磁阀的工作情况是不一样，传统的电控单体泵、泵喷嘴的高速电磁阀阀口关闭后，整个阀芯处于压力平衡状态，电磁阀可以在任何时候开启。

当泵油柱塞 17 运动到下止点后，又开始返回，进入新的吸油行程。由于吸油行程，泵油柱塞腔 15 的体积增大，因此泵油柱塞腔 15 的燃油压力下降。当下降到一定的程度后，电磁阀 4 的阀芯 7 在复位弹簧 2 的作用下向上运动，开启阀口 11，然后燃油箱的低压燃油才能被泵油柱塞吸入泵油柱塞腔 15，进入下一个吸油-泵油的循环。

由于喷油器 32 和共轨管 30 通过单向阀 21 被隔离，因此喷油器可以在任何时候喷油，实现灵活、柔性的喷油控制。

案例分析

【案例1】

哈弗GW2.8TC型共轨柴油机无法启动故障

一辆2007年后轮驱动的长城哈弗CUV，行驶里程约4×10^4 km，搭载GW2.8TC型增压共轨柴油机、5速手动变速器。因事故使油底壳撞碎，造成划瓦故障。在某保险公司定点修理厂修复后，柴油机始终启动不了。

1）故障诊断与排除

GW2.8TC型柴油机采用了BOSCH公司的CRS2.0（第二代）高压共轨式供油系统，系统的最大供油压力为145 MPa，供油过程由BOSCH EDC16C39型电控单元进行控制。GW2.8TC型柴油机电控系统主要由各种传感器、ECU、执行器及连接线束等组成。ECU根据加速踏板位置传感器、空气流量传感器、凸轮轴位置传感器、曲轴位置传感器等的信号，确定共轨内的燃油压力，ECU通过占空比信号控制高压油泵上的进油计量比例电磁阀，实现所需的共轨压力，再根据共轨压力传感器的信号，实现对进油计量比例电磁阀的反馈控制，从而实现共轨压力的闭环控制。通过喷油器上的电磁阀，控制供油提前角、供油量和供油规律。在电控高压共轨系统中，高压油泵是独立的燃油压力源，ECU除了直接控制供油系统内的有关执行器外，还控制EGR装置、预热塞、空调、电风扇等与柴油机工作有关的其他装置的工作。

进行试车，无启动迹象。用元征X-431故障诊断仪（V50程序）读故障码，无故障码。

GW2.8TC型增压共轨柴油机不能启动故障可能的原因有：防盗系统故障，电源电压不正确；主继电器不能闭合；熔丝、导线连接或插头不良；配气正时不正确；曲轴位置传感器损坏；凸轮轴位置传感器损坏；共轨压力传感器损坏；没有燃油或燃油品质不正确；燃油系统有空气；低压油路堵塞或漏气；预热电路（冬季）故障；高压油泵或进油计量比例电磁阀故障（不能建立高压）；ECU故障；喷油器电磁阀故障。

据原维修该车的技师介绍，他们已经仔细检查过防盗、主继电器、相关的传感器及执行器的插头连接、油路放气、燃油品质、配气相位、凸轮轴位置传感器、喷油器电磁阀及ECU的电源电路及搭铁电路等，均未发现故障；同时对比更换过曲轴位置传感器、共轨压力传感器以及ECU，但是故障依旧。

考虑到GW2.8TC型增压共轨柴油机的曲轴位置传感器、凸轮轴位置传感器及共轨压力传感器故障（如断路），进油计量比例电磁阀故障，喷油器电磁阀故障（两个以上），柴油机是不可能启动的，决定对上述内容进行重点检查。

① 曲轴位置传感器检查。测量曲轴位置传感器与信号轮间的间隙约为1.3 mm，曲轴位置传感器信号线圈的电阻为0.8 kΩ，启动时用示波器测量输出波形，上述检查都未发现异常。

② 凸轮轴位置传感器检查。测量凸轮轴位置传感器电源端子的电压为4.9 V，信号及搭铁电路、与ECU电路连接检查、波形检查等都正常。

③ 共轨压力传感器检查。测量共轨压力传感器电源端子的电压为5 V，信号及搭铁电路、与ECU电路连接检查等均正常；点火开关在ON位置时，用诊断仪读数据流，共轨压力传感器输出的信号电压值为0.5 V，正常，启动时共轨压力超过20 MPa（正常）。

④ 进油计量比例电磁阀检查。测量进油计量比例电磁阀的电阻值为2.5 Ω，与ECU电路连接检查等也正常。

⑤ 喷油器电磁阀检查。测量4个喷油器电磁阀的电阻值，在0.3~0.40之间，与ECU电路连接检查等也正常。用试灯的两个端子分别插在喷油器电磁阀线束侧的端子上，启动柴油机，试灯亮时灭，说明喷油器控制电路正常，启动时喷油器回油管回油正常，上述检查说明喷油器启动时应该能喷油。

上述检查，说明几个重要的传感器及执行器应该正常，而ECU已排除故障，同时说明启动时喷油器应该可以喷油。为何柴油机仍不能启动，可能是正时不对，经仔细检查正时记号，正确。同时用测量汽缸压力方法来验证，也正常，说明配气正时正常。

检查至此，未发现故障原因。但是凭经验，仍然怀疑是由重要的传感器及执行器故障造成的。是否是飞轮与曲轴的安装位置错误，导致曲轴位置传感器给 ECU 输入了错误的曲轴位置信号。拆下传动轴、变速器、离合器等，摇转柴油机使 1 缸处于上止点位置（可通过观察曲轴前端的带轮记号确定），发现"T"装配标记号果然不在正上方位置（顺时针偏离大约 300°曲轴转角），按记号装配好飞轮及离合器、变速器、传动轴后，启动柴油机，柴油机顺利启动。

2）维修小结

当飞轮与曲轴的安装位置错误时，飞轮上的曲轴位置传感器信号轮与曲轴的对应关系肯定错误，因此，曲轴位置传感器给 ECU 输入了错误的曲轴位置信号，因而不能确定正确的喷射基准时刻，柴油机无法启动。同时，由于曲轴位置传感器的线圈及电路正常，因此，用单通道的示波器进行波形检测正常并且无故障码输出。

该故障十分特殊，在其他车型电控柴油机上不可能发生。原因是 GW2.8TC 型增压共轨柴油机的原机采用的是仿五十铃公司的 4JBl 柴油机，而 4JBl 柴油机并不是电控柴油机，飞轮与曲轴的安装无定位要求。其他车型的电控柴油机飞轮与曲轴之间的安装已全部采用自动定位方式。为了从根本上避免飞轮与曲轴可能的安装错误，建议厂家应考虑飞轮与曲轴之间采用定位销或不等距螺栓孔的自动定位方式。最后需要说明的是：该车故障排除走了不少弯路，假设有双通道（或更多通道）的示波器，同时检测曲轴位置传感器及凸轮轴位置传感器的波形，通过观察两波形的相对位置，可以马上发现故障的原因。

【案例 2】

捷达 SDI 柴油汽车发动机熄火后无法启动

一辆 2004 年产的捷达 SDI 柴油汽车，行驶 7 000 km，发动机突然熄火后再无法启动。

1）故障诊断与排除

维修人员经初步检查后确定柴油泵不供油，用 VAS5051 调取故障码为 17970 和 17971，含义分别为喷射量调节器 N146 上极限停止值和喷射量调节器 N146 下极限停止值。拆下柴油泵后，发现泵内有水，更换燃油箱内燃油，清理燃油管路，更换新泵后，发动机启动顺利。事后维修人员建议用户换个加油站加油。过了一段时间，该车又出现同样的故障和故障码。拆下柴油泵，这次没有发现泵内有水，再次更换柴油泵后故障消失。客户将车开走几小时后，该车又无法启动了。难道是柴油泵又坏了吗？还是电路有故障导致电流过大烧坏柱塞泵呢？测量 167 号主供电继电器的 6/87 端子与分配插头的 5 号端子之间的电阻是 60Ω，发动机控制单元的 121 号端子与分配泵的 6 号端子之间的电阻是 0.6Ω，检查线路没有发现问题。于是决定分解柱塞泵，至此真相大白，原来柱塞泵内的柱塞已经断成几截，提取了泵内的燃油样品，看到油样呈褐色，正常的柴油颜色应该是浅黄色，由此确定是燃油质量太差，导致柱塞润滑不良而卡滞，最后抱死拧断。更换柱塞泵后，故障排除。

2）维修小结

该车故障在捷达柴油 SDI 轿车中是常见故障，很多车都是因为油品质量不过关，导致燃油泵的损坏。因此建议客户一定要到正规的、质量过关的加油站加油，以免造成不必要的损失。

【案例 3】

捷达 CDX 熄火后不能启动故障现象

一辆捷达 CDX 汽车，行驶里程达到 7 800 km，行驶中熄火之后不能启动。

由于在行驶中突然熄火，故先检查了正时带情况。结果张紧度正常，正时带无松脱和浸油等情况，正时无偏差。用 VAG1552 调码，仅有车速信号超差（偶发性故障码，发动机系统）。查阅防盗系统，无故障码。将发动机故障码清除后启动车，起动机工作有力，却根本启动不了。似乎喷油器不喷油，拆检柴油滤清器，发现进油管无油流出，柴油滤清器内所存柴油低于能被高压泵吸入的底线。于是向柴油滤清器内重新加注柴油，并从高压泵回油管和喷油器两处进行了排气，当二者均有油流出后连续启动两次，启动成功。

在急速状态下，观测数据流，未发现异常。认为该车不启动可能是由加油不及时或更换柴油滤清器时未加注柴油造成的。可就在车运行大约 5 min 后，发动机开始抖动，并随后熄火，再也启动不了。打开柴油滤清器上的预热阀，发觉柴油滤清器又没油了，而且从油箱过来的进油管仍无油，难道进油管漏油了？带着疑问从发动机舱检查到油箱，并把油浮子拆出，观察是否因油质不良而堵塞进油滤网，结果无异常。在不得已的情况下，分别将进回油管直接连接，仅是在进油管中加了几层滤纸，而回油管路则把预热阀取消，重新排气后启动车，发现车立刻启动了，而且一直都没有出现熄火现象。为什么油管装在柴油滤清器上就不能正常泵油呢？于是换了一个新柴油滤清器（怀疑原车柴油滤清器密封不良导致漏气），可装上后故障又出现了。由于进油管没有漏油、漏气的地方，那也就剩装在柴油滤清器上的预热阀了，如果是预热阀密封不良也能引起吸不上油。按照推测，换了一个新阀，再启动车就可以了，而且启动也不困难。最后检验旧的预热阀，堵住阀上的两个孔，通过另一个孔吹气，发现从管的根部有气排出。原来此阀在多次更换柴油滤清器时已造成损坏，但从外观上却不好辨别。此车更换新预热阀后，没再出故障。

另外值得注意的是，该阀上的两道密封胶圈是不可重复使用的，若胶圈出现破裂磨损后，就会造成类似本例的故障，像停车时间稍长就难启动或加速无力等，也曾出现因胶圈破裂漏气引起加速不良的故障。

【案例4】

一台解放 CA4DC2 共轨柴油机，在运行中出现了无法启动、也无故障码的奇怪现象

根据用户反馈，车辆在故障发生前期，在行驶中故障灯会突然亮一下，然后车辆就无法加速。停机后再次启动又正常，此次故障用户停机后无法启动，但可以推动着车。用户将车开到服务站后，服务站用诊断仪检测后发现存在油路故障，但对低压油路进行了清洗并更换滤芯，然后清除故障码，此时依然无法启动。服务站将车辆的喷油泵、ECU、喷油器、曲轴转速传感器等进行更换后依然无法启动。

1) 故障诊断与排除

① 将点火开关转到 ON 位置，ECU 自检正常，使用诊断仪检测无故障码。

② 打开起动机，检查喷油器回油，基本上看不到喷油器回油。使用诊断仪读取动态数据流，发现打开起动机时无柴油机转速信号，轨压峰值为 0.2 MPa。

③ 踩加速踏板，加速信号 1/2 的电位能随着加速踏板的移动而变化，初步判断 ECU 没有问题，怀疑曲轴转速传感器出现问题。

④ 关闭点火开关，拆下曲轴转速传感器进行检测，电阻为 980 Ω，正常。对曲轴转速传感器线束进行检查，电阻正常，但将曲轴转速传感器与柴油机线束插接好后，在 ECU 端的线束端口进行检测，却发现电阻为无穷大。由此判断柴油机线束与曲轴转速传感器的连接处接触不良。对柴油机线束与曲轴转速传感器的接口进行处理，重新插接，在 ECU 端的线束端口检测曲轴转速传感器电阻为 980 Ω。

⑤ 连接好线束，打开点火开关重新启动，柴油机还是不能启动，但发现喷油器回油大，且故障灯不灭。用诊断仪诊断出故障码：P0340—无相位信号；P0201-1 缸断路提示；P0202-2 缸断路提示；P0204-4 缸断路提示。

⑥ 对柴油机线束与相位传感器的接口进行处理，使相位传感器与柴油机线束插接良好。同时在 ECU 端检测各缸喷油器电阻，除四缸接触不良外，其余电阻值都正常。对喷油器线束接口进行处理，使其接触良好。

⑦ 连接好线束，将点火开关转到 ON 位置，清除故障码。打开起动机，还是无法启动柴油机，且四个喷油器回油大。

⑧ 更换四个喷油器总成，排空之后柴油机启动正常。

2) 维修小结

油品问题导致的油路故障是国Ⅲ柴油机常见的故障，解决此故障需要认真细心，从低压油路开始逐步查找，来不得半点马虎，稍有遗漏就可能走弯路。另外维修人员的维修操作规范也很重要，在检测电路时，不能用万用表的表笔直接插入各传感器、执行器接口及 ECU 接口进行检查，应使用转接线（如细铜丝）进行测量，否则很容易导致线束接口接触不良。

【案例5】
一辆长城风骏GW2.8TC发动机行驶过程中发动机熄火，然后无法启动

1）故障诊断与排除

① 经向用户了解，近期此车出现加速无力的现象，于是怀疑因油品问题导致无法建立轨压使发动机无法启动。启动时使用检测仪读取轨压为0.2 MPa。拆开燃油滤清器出油管，检查燃油发现燃油成黑红色，确定燃油为劣质燃油。

② 对高压油泵、燃油管路、油箱进行清洗，更换燃油滤芯，发动机仍无法启动。

③ 检查进油计量比例阀在点火开关打到ON挡时，该阀没有振动，怀疑进油计量比例阀损坏，更换新的进油计量比例阀故障依旧。使用检测仪显示故障码为：P0087—燃油压力低于最小限值，P0251—油量控制单元控制线开路。

④ 检查进油计量比例阀线束，在点火开关打到ON挡时，没有输出电压（正常时应该有脉冲电压）。

⑤ 对进油计量比例阀相关线束进行检查，当检查ECU插头时发现ECU附近地毯很潮湿，拔下ECU插头，ECU针脚受潮腐蚀，其中一个针脚已经断裂。

⑥ 更换ECU、清理发动机线束的ECU插头，发动机顺利启动。更换合格燃油，发动机加速性能恢复。

2）原因分析

① 低压油路堵塞、漏气导致燃油无法进入高压油泵。

② 高压油泵、喷油器故障。

③ 曲轴位置传感器、凸轮轴位置传感器、进油计量比例阀及相关线束故障。

④ ECU电源、搭铁线束断路或ECU本身损坏。

⑤ 正时传动带跳齿导致发动机机械系统故障。

3）总结

此车经常在工地使用，使用环境比较恶劣，并且用户对车辆的维护保养意识较差。用户在前几天洗车过程中因车门未关严导致驾驶室进水，ECU因使用环境潮湿而损坏造成发动机无法启动。加速无力是由于用户使用劣质燃油造成的，对低压油路及高压油路进行清洗更换合格燃油可排除。对于GW2.8TC发动机无法启动故障排除，应首先读取故障码，并读取启动轨压，否则会走很多弯路。

【案例6】

一辆江铃宝威车发动机原本难启动，现在也无法启动，该车行驶了1800 km，用户来电话反映车子发动机不能启动，需要支援。抢修人员前去检查了蓄电池电源（12.7 V）、油路（用万用表检测油轨有信号电压）及进气（拆开空滤罩，手摸有吸力）都正常。这时不能在抢修中顺利完全故障排除。

将车子拖回维修厂，插上诊断仪读出故障码有两个：P0504—主、副制动踏板信号比较不可信；P0340—没有相位传感器信号。对这两个故障码的相关内容作了初步检查及测量没有发现故障点。

打开点火钥匙并做点火，无法启动发动机。查看排气管尾端没有启动时的烟排出，看到这个现象可以把故障大方向定在进气、正时、油路三大方面。先拆开空滤罩盖而后启动发动机用手靠近进气口，有吸力进入，再结合KT600诊断仪表读进气温度及流量都有信号反馈，这样就排除了进气故障。

排除了进气后对油路进行检查，油路可以从油轨压力查起，启动发动机看油轨压力是否能建立起来。用万用表测量信号电压及诊断仪读出油轨压力，二者都有信号输出，这证明油轨压力已建立。接着对喷油器电压测量，这时测得喷油器线路中没有信号电压，在与KT60诊断仪读出的故障码分析后，故障锁定在相位这一块。对曲轴位置传感器及凸轮轴位置传感器做了示波，发现曲轴位置传感器信号良好，凸轮轴位置传感器没有信号输出。拆下凸轮轴位置传感器信号良好，凸轮轴位置传感器没有信号输出。拆下凸轮轴位置传感器查看没有异常，测量电阻值正常，说明传感器是好的，把凸轮轴传感器的线束拉出来拆掉上面的保护圈，里面的线是完好的，从插头端到ECU端都是通的。装上好的ECU，插上插头，启

动故障还是存在，读故障还是这两个故障码。看来不是 ECU、线束及传感器的故障，可能是假的故障。装回原来的 ECU，清除故障码，拔出凸轮轴位置传感器的插头启动发动机，再次读出故障码还是 P0340（没有相位传感器信号）。查到这里说明该线插与不插都是一样，故障都在。查到这里维修方向已没有，只能重新整理一遍思路后断定故障点还是在这三根线上，再次测量时发现从插头到 ECU 端没有打通，从凸轮轴传感器的插头端开始一套套测量通畅性，发现在插头的根部能对通，超出 5 cm 后就不通，说明中间存在断路，用刀片割开线束上的橡胶后发现里面的铜线已断路。接着测量发现共有两根线存在断路，一根是青色的信号线，另一根是白紫色的电源线。这两根线在弯曲时内部铜线断开，放平测量线路时内部铜线又连接。故障点已找到，用线连接好后插回试车故障排除。

习　　题

一、填空题

1. 柴油机电控系统由_____、_____和_____三部分组成。
2. 共轨电控燃油系统是一种燃油喷射压力与_____无关的供油方式，即喷射压力的产生和喷射过程相互分开。
3. 在电控直列泵燃油系统中，调速器执行机构的作用相当于用电磁作用力或液力代替离心力控制齿杆。
4. 喷油定时器是通过改变发动机曲轴与喷油泵轴之间的相位角来实现对_____控制的。
5. 电子控制分配式喷油泵喷油提前角的控制由_____控制。
6. 如果利用溢油环位置传感器、定时器活塞位置传感器、喷油嘴针阀升程传感器、着火时间传感器进行控制，就构成了和闭环控制，能进一步提高定时精度。
7. 喷油嘴由于无高压油管，所以可以消除长的高压油管中和的影响，高压容积大大减小，因此喷射压力可很高。
8. 电控泵喷嘴系统的最大特点是：燃油压力升高仍然是机械式的，喷油始点和终点由电磁阀控制，即_____和_____是由电磁阀控制的。
9. 电控共轨燃油系统喷射方式有三种：_____、_____和_____。
10. 低压供给系统主要由_____、_____及_____等组成。
11. 共轨喷油系统在带有集水槽的燃油滤清器，每隔适当时间必须将水放掉。
12. 共轨管储存燃油，同时压力波动的产生取决于的燃油分配和共轨管燃油容积的衰减。
13. 限压阀允许短时间共轨管内的最大压力为工作压力的。
14. 共轨喷油器目前常见的控制工作形式主要有两种：一种是_____，另一种是_____。
15. 压电晶体变形时，产生迁移会在相应的晶面上产生，这种由于变形而在晶体相应的晶面上产生电动势的特性，称之为正压电效应。
16. 燃油含水率传感器安装在油水分离器_____方。

二、选择题

1. 柴油机电控技术与汽油机电控技术相比有相似之处，比如，系统都由传感器、（　　）和执行器三大部分组成。
  A. 电控单元　　　　B. 喷射系统　　　　C. 电路　　　　D. 控制器
2. 柴油机电控喷射系统按控制方式分类，可分为位置控制和（　　）控制两大类。
  A. L 型　　　　　　B. D 型　　　　　　C. 时间　　　　D. 角度
3. 柴油机电控系统的执行器由执行电器和机械执行机构两部分组成，其功能是根据 ECU 送来的执行指令，调节喷油量和（　　）等，从而调节柴油机的运行状态。
  A. 怠速　　　　　　B. 喷油正时　　　　C. 进气量　　　D. 供油量

218

项目五　柴油机电控燃油供给系统检修

4. 柴油机电子控制喷油泵可分为分配式和柱塞式两种形式,分别是在传统的分配式喷油泵和柱塞式喷油泵基础上改造而成的,它的调速器和喷油提前角调节器采用(　　)进行控制。
   A. 电子控制系统　　B. 电机　　C. 机械　　D. 执行器
5. 电子控制柱塞式喷油泵的喷油量是由 ECU 控制(　　)的动作来实现的。
   A. 电动调速器　　B. 电动机　　C. 机械调速器　　D. 供油拉杆
6. 水温传感器、加速踏板位置传感器、进气温度传感器上面的参考电压是(　　)。
   A. 12 V　　B. 24 V　　C. 5 V　　D. 不确定
7. 设置电控节气门翻板的主要目的是(　　)
   A. 控制进气量　　B. 控制进气压力　　C. 控制空燃比　　D. 减少熄火时的抖动
8. 电控柴油机将凸轮轴位置传感器插头拔掉,启动发动机能否着火?(　　)
   A. 不能着火　　B. 能着火　　C. 不确定,应结合具体机型分析
9. 共轨柴油机中共轨压力调节阀安装在共轨上,肯定是采用了(　　)调节共轨压力的方式。
   A. 高压端　　B. 进油端　　C. 不确定
10. 凸轮轴位置传感器的安装位置经常在(　　)。
    A. 缸盖上　　B. 高压油泵上　　C. 缸盖上或高压油泵上
11. 加速踏板位置传感器一般采用了双电位计式,信号 1 与信号 2 的输出电压一般满足下列关系(　　)。
    A. 1 倍　　B. 2 倍　　C. 3 倍　　D. 4 倍
12. 当驾驶室仪表盘上的燃油含水率指示灯亮,说明(　　)。
    A. 发动机故障　　B. 燃油滤清器堵塞　　C. 油水分离器内的水面高度超过阈值
13. 发动机线束上连接传感器的 2 根接线不可以反接的是(　　)。
    A. 冷却水温度传感器　　B. 燃油温度传感器
    C. 曲轴转速传感器　　D. 进气温度传感器
14. 喷油器电磁阀一般为低电阻,其电阻值一般为(　　)。
    A. 0.2~0.4 Ω　　B. 0.6~1.0 Ω　　C. 1.0~2.0 Ω　　D. 2.0~6.0 Ω

三、判断题

1. 柴油机是压燃式,发动机在低温条件下着火相对困难。(　　)
2. 电控共轨高压泵是通过机油来润滑的。(　　)
3. 共轨上一定装有限压阀。(　　)
4. 加速踏板位置传感器失效后发动机能打着火但对发动机有影响,如高怠速、功率受限。(　　)
5. 寒流突然来袭,柴油机不上油可以在柴油中加入一些汽油来稀释一下。(　　)
6. 在电控高压共轨系统中,供油压力与发动机的转速、负荷无关,是可以独立控制的。(　　)
7. 第三代柴油机电控燃油系统是第二代的进一步发展,将喷油量和喷油时间控制融为一体。(　　)
8. 调节齿杆和滑动铁芯是连在一起的和铁芯一起联动,向减少喷油量的方向移动。(　　)
9. 喷油定时器是通过改变发动机凸轮轴与喷油泵轴之间的相位角即喷油提前角,来实现对喷油定时控制的。(　　)
10. 位置控制型电子控制分配式喷油泵喷油量的控制是由 ECU 控制电动调速器中控制套筒的位置来实现的。(　　)
11. 自供油泵压送来的燃油经高效滤清器滤除杂质后,供入汽缸体上的主供油管内。(　　)
12. 泵喷嘴预喷油结束后,泵油柱塞继续向下运动,导致高压油腔内的油压迅速上升。(　　)
13. 多段喷油法是将每一个工作循环中的喷油过程分成若干段来进行,每段喷油均是相互无关、各自独立的,其主要目的是控制燃烧速度。(　　)
14. 压电晶体可将喷油器的喷油量控制在小于 1.5 mm³/行程,且重复精度高,保证发动机工作平稳。(　　)

四、问答题

1. 位置控制式的电控柴油喷射系统主要在机械式柴油供给系统的哪些部件上作了改进?
2. 共轨电控喷射系统特点是什么?
3. 在分配泵上如何实现位置式电控?如何实现时间式电控?
4. 泵喷嘴系统是如何实现时间式电控的?
5. 共轨柴油机常用的传感器有哪些?
6. 压电晶体喷油器的工作过程是什么?
7. 为什么柴油机的电控技术普及不如汽油机?
8. 共轨系统的输油泵常见的有哪两种形式?电动输油泵有何优点及缺点?安装位置在哪儿?
9. 共轨上的流量限制阀有何作用?
10. 你认为高压共轨技术的难点在哪里?

项目六 电控发动机的故障诊断

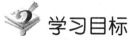

1. 掌握电控发动机故障诊断的基本原则与方法;
2. 理解电控发动机故障自诊断的基本原理;
3. 了解汽车电控部件的电子信号的类型;
4. 掌握电控发动机典型故障的诊断流程;
5. 能完成故障码的提取与清除;
6. 能运用数据流分析电控系统的常见故障;
7. 学会汽车典型电子部件信号的波形分析与故障诊断。

任务一 电控发动机故障诊断的基本原则与方法

资讯1 电控发动机故障诊断的基本原则

现代汽车发动机均采用电控燃油喷射系统,它是一个精密而又复杂的系统,大量新型电子装置和控制技术的应用,更增加了对其进行故障诊断的难度。各车型的发动机电子控制系统的组成、部件结构与安装位置尽管差异较大,但是其基本控制原理是相似的。如果能够遵循故障诊断的一些基本原则,就可能以较为简单的方法准确而迅速地找出故障。

电控发动机发生故障时诊断应按照先机械后电子、先一般后专项、先易后难的原则进行处理。由于当前对于常规发动机的故障诊断和维修已有丰富的经验,所以机械故障是比较易于解决的。电控发动机故障诊断排除的基本原则可概括为以下几点。

1. 先思后行

电控发动机有故障时,首先应仔细观察故障现象,根据故障现象进行故障分析,在了解可能故障原因的基础上再进行故障检查,以防止故障诊断的盲目性。既可避免对故障现象无关的部位作无效的检查,又可避免有关的故障部位,从而迅速准确地排除故障。

2. 先外后内

在发动机出现故障时,先对电子控制系统以外的可能故障部位予以检查,尤其先要排除发动机机械故障、进排气故障、燃油系统故障，然后再对发电机电控系统进行诊断，这样可避免对发动机电子控制系统的传感器、微机、执行器及线路等进行复杂且又费时费力的检查，而不能及时找到真正的故障原因。

3. 先简后繁

能以简单方法检查的可能故障部位优先检查。比如直观检查最为简单，可以用问、看、摸、听、闻等直观检查方法，将一些较为显露的故障迅速地找出来。直观检查未找出故障，需借助于仪器仪表或其他专用工具来进行检查时，也应对较容易检查的先予以检查。能就车检查的项目先进行检查。

4. 故障码优先

电子控制系统一般都有故障自诊断功能，当电子控制系统出现某种故障时，故障自诊断系统就会立刻监测到故障并通过发动机故障警告灯报警，与此同时以代码的方式储存该故障的信息。需要注意的是并不是所有的故障都通过发动机故障警告灯报警，因此对电子控制系统检查前，应先按制造厂提供的方法，读取故障码，并检查和排除故障码所指的故障部位。待故障码所指的故障消除后如果发动机故障现象还未消除，则可以运用故障症状表对发动机可能的故障部位进行检查。

5. 先熟后生

由于结构和使用环境等原因，发动机的某一故障现象可能是以某些总成或部件的故障最为常见，应先对这些常见故障部位进行检查，若未找出故障再对其他不常见的可能故障部位予以检查，这样做往往可以迅速地找到故障，省时省力。

6. 先备后用

电子控制系统的一些部件性能好坏、电气线路正常与否，常以其电压或电阻等参数来判断。如果没有这些数据资料，系统的故障诊断将会很困难，往往只能采取新件替换的方法，这些方法有时会造成维修费用猛增且费工费时。所谓先备后用是指在检修该型车辆时，应准备好维修车型的有关维修数据资料。除了从维修手册、专业书刊上收集整理这些维修数据资料外，另一个有效的途径是利用无故障车辆对其系统的有关参数进行测量，并记录下来，作为日后检修同类型车辆的检测比较参数。如果平时注意做好这项工作，会极大地方便系统的故障诊断。

总之，电控发动机故障远比普通发动机复杂得多，在诊断故障时需要掌握系统检修的基本原则和方法。原则上讲，在对电控发动机进行故障诊断时，需要首先系统全面地掌握电子控制系统的结构、原理和线路连接方法，明确电控系统中各部分可能产生的故障以及对整个系统的影响；运用科学的故障诊断方法对系统故障现象进行综合分析、判断，确定故障的性质和可能产生此类故障的原因和范围；制定合理的诊断程序进行深入诊断和检查，直到给予圆满的解决，使汽车恢复应有的性能和技术指标。

资讯 2 电控发动机故障诊断的方法

1. 电控发动机故障诊断的基本方法

电控发动机控制系统故障诊断十分复杂，虽然控制系统设有故障自诊断功能，可以利

项目六 电控发动机的故障诊断

用发动机的自诊断程序进行故障诊断，但是维修人员的能力和经验、各种普通和复杂的检测仪器也是不可或缺的。在实际工作中，往往采用人工直观诊断、电控系统故障自诊断、仪表诊断及诊断仪器诊断相结合的方法进行。

1）直观诊断

直观诊断方法，也称经验诊断或人工诊断，就是通过人的感觉器官或借助简单的工具来确定汽车故障的部位和原因的诊断方法。

随着汽车结构越来越复杂，尤其是电子技术在汽车上越来越广泛的应用，使得直观诊断方法越来越不能满足汽车故障诊断的要求；另外，直观诊断方法的诊断效率和准确性与诊断者的工作能力、工作经验有相当大的关系。所以，在汽车电控系统诊断中的运用逐渐减少。但是，由于直观诊断方法不需要任何仪器设备，只要对汽车结构和常见故障现象有一定的了解，就可以随时随地地进行诊断。而仪器诊断则不同，再先进的诊断仪器都会受到自身功能的限制，同时，仪器诊断也有其一定的局限性，对于某些故障，仪器诊断远不如直观诊断方法来得容易。例如，对密封件的泄漏问题以及电子控制系统中线路连接件的松动等故障，直观诊断就显示出了采用仪器诊断所无法相比的效果。因此，至今乃至未来直观诊断都不会被仪器诊断所完全取代。

直观诊断方法的基础是，进行故障诊断的操作人员必须首先掌握被诊断系统的结构和工作原理，对其可能产生故障的现象、原因有一定的了解，并能掌握关键部件的检查方法。当发动机工作不正常，而自诊断系统没有故障码输出时，尤其需要操作人员以直观诊断法进行检查、判断，以确定故障的性质和产生的部位。直观诊断的基本方法可以归纳为"看"、"问"、"听"、"试"、"嗅"、"摸"等。

（1）"看"。即目测检查，其目的是了解电控发动机的电控系统类型、车型，在进入更为细致的测试和诊断之前，能消除一些一般性的故障原因。

① 看车型和电控系统类型。注意看故障车型是何公司、何年代生产的，采用何种电控汽油喷射类型。因为不同公司不同年代生产的汽车，电控燃油喷射系统的形式不同，其故障诊断方法也略有不同。

② 拆除空气滤清器，检查滤芯及其周围是否有脏物、杂质或其他污染物，必要时更换，因为空气滤清器堵塞将影响空气量的检测精度。

③ 检查真空软管是否老化、破裂或挤坏，检查真空软管经过的途径和接头是否恰当。

④ 检查电控系统线束的连接状况，即传感器或执行器的连接器是否良好，线束间的连接器是否松动或断开，电线是否有破损或短路现象，连接器的插头和插座有无腐蚀现象等。

⑤ 检查每个传感器和执行器的安装有无松动，有无明显的外部损伤。

⑥ 运转发动机（如果可能）并检查进、排气歧管及氧传感器处是否有泄漏。

⑦看火花塞电极上的沉积物。火花塞电极有黑色沉积物说明混合气过浓或燃烧条件不好；火花塞电极颜色发白可能有燃烧室温度过高、混合气过稀、冷却液进入燃烧室等情况发生；火花塞上有油性沉积物说明机油进入燃烧室；火花塞电极发红说明汽油的标号可能过低。

（2）"问"。通过询问客户，可以快速掌握车辆行驶里程、运行条件、车辆维修经历等车辆基本信息，并可以了解故障产生的时间、工况、是否修理过等与故障有直接联系的信息。为此，必须认真听客户对故障现象的描述，尽管客户的描述可能被曲解或不全面，也可能是自相矛盾，但它时常有可能把握住问题的关键。

通常的做法是：在倾听客户的初步意见之后，进行一次初步诊断，随后询问一些有关的问题来帮助确定或否定初步诊断的结论，同时认真填写"客户调查表"，见表6-1。此表所含项目是电控发动机电控系统故障现象的写真记录，与诊断测试结果一起构成查找故障源的依据。

（3）"听"。主要是听发动机工作时的声音有无爆燃、有无敲缸、有无失速、有无进气管或排气管放炮等。

（4）"试"。主要是维修人员根据前述检查，有针对性地试车，以便进一步确定故障。

（5）"摸"。通过手摸感觉有关工作部件的温度、振动情况，来判断该部件的工作是否正常。但应严格按安全规定操作，温度过高或旋转的部件不能直接触摸。

表6-1 客户意见调查表

客户姓名		登记号	
		登记日期	
		车身代码	
接车日期		里程表读数/km	
故障发生日期			
故障发生频次	□经常□有时□仅一次□其他		
故障发生的条件	天气	□晴天□阴天□雨天□雪天□其他	
	气温	□炎热天□热天□冷天□寒冷天（大约 – ℃）	
	地点	□高速公路□一般公路□市内□上坡□下坡□粗糙路面□其他	
	发动机水温	□冷机□暖机时□暖机后□任何温度□其他	
	发动机工况	□启动□启动后□急速□无负载□行驶（□匀速□加速□减速）□其他	
故障现象	发动机不能启动	□不能运动□急速高□急速低□急速粗暴□其他	
	启动困难	□启动时运转转速低□其他	
	急速不良	□急速不稳□急速高□急速低□急速粗暴□其他	
	动力不足	□加速迟缓□回火□放炮□喘振□敲缸□其他	
	发动机熄火	□启动后立即熄火□踩加速踏板后□松加速踏板后□空调工作时□其他	
	其他		
故障指示灯状态		□常亮□有时亮□不亮	

2）利用随车自诊断系统诊断

随车诊断，是利用汽车上电控系统所提供的故障自诊断功能对电控发动机故障进行诊断的方法。电控发动机运行过程中故障警告灯点亮后（见图6-1），表明电控系统已经检测到故障并存储在发动机 ECU 的存储器中，此时可调取发动机电控系统的有关故障码，然后根据故障码表的故障提示，找出故障所在的部位。随着电子技术的发展与进步，发动机电控技术所占的比例越来越大，由于微机在测量方面的优越性，使得越来越多的电控系统在设计时已经考虑到故障诊断问题，即发动机电控系统中设计有故障自诊断功能，这就

项目六 电控发动机的故障诊断

为发动机故障诊断提供了极大的方便。

需要注意的是：随车自诊断系统通常只能提供与电控系统有关的电气装置或线路故障。因此，以直观诊断方法为主进行检查和判断的工作在任何时候对任何系统来说，都是不可替代的。

3）利用简单仪表诊断

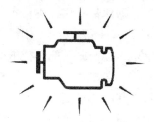

图 6-1 电控发动机故障警告灯点亮

简单仪表诊断就是利用万用表和示波器等通用仪表，对电控发动机故障进行诊断的方法。因为电控系统的各部件均有一定的电阻值范围，工作时有输出电压信号范围和输出脉冲波形，因此用万用表测量元件的电阻或输出电压，用示波器测试元件工作时的输出电压波形，用万用表测量导通性等可判断元器件或线路是否正常。

这种诊断方法的特点是：诊断方法简单、设备费用低，主要用于对电控系统和电气装置的诊断，因此，这种诊断方法可用于对故障进行深入诊断。其缺点是：对操作者的要求较高，在利用简单仪表诊断时，操作者首先会熟练使用万用表、示波器等仪表和仪器，同时对电控系统的结构和线路连接情况有相当详细的了解，才可能取得满意的诊断效果。

4）利用专门诊断仪器诊断

汽车的电子化迫使对汽车故障的诊断手段进行变革，随着汽车电子化的进程，各种汽车专用诊断仪器应运而生。这些专用诊断仪器大多数为带有微处理器的电子计算机系统，对汽车故障的诊断十分有效，其中包括各种大大小小的电控发动机故障分析仪、发动机微机综合分析仪，尤其以发动机微机分析仪所占比例最大，诊断效果最好。专用诊断仪器根据其体积大小可分为台式微机分析仪、便携式微机分析仪和袖珍型微机分析仪。在对发动机电控系统进行的故障诊断中，使用最广的是便携式发动机微机分析仪。采用微机分析仪后，大大提高了对电子控制系统的诊断效率。但是由于专用诊断仪器成本较高，因此各种微机分析仪一般适用于专业化的故障诊断和修理厂家。

5）故障征兆模拟试验方法

在故障诊断中最困难的情形是有故障，但电控系统没有故障码或无法提取故障码。在这种情况下必须进行彻底的故障分析，然后模拟与用户车辆出现故障时相同或相似的条件和环境。不论维修人员经验如何丰富，技术如何熟练，若对故障征兆不经验证就进行诊断，可能会在维修工作中忽略一些重要的东西，有时甚至会作出错误判断。例如对于那些只在发动机冷态下才出现的问题，或者由于车辆行驶时振动引起的问题等，这些问题决不能仅仅依靠发动机热态和车辆停驶时的故障征兆的验证来确诊。因此，振动、高温和渗水（受潮）可能引起难以再现的故障。这里介绍的故障征兆模拟试验是一种有效的措施，它可以在停车条件下在车辆上施加外部作用。

在故障征兆模拟试验中，故障征兆固然要验证，而且故障部位或零件也必须找出。为了做到这一点，在预先连接试验和开始试验之前，必须把可能发生故障电路范围缩小，然后再进行故障征兆模拟试验，判断被测试的电路是否正常，同时也验证了故障征兆。

（1）振动法。当怀疑振动可能是引起故障的原因时，即可采用振动法进行试验。基本试验方法主要有：

① 连接器。在垂直和水平方向轻轻摇动连接器。

② 配线。在垂直和水平方向轻轻地摆动配线。连接器的接头、振动支架和穿过开口

的连接器体都是应仔细检查的部位。

③ 零件和传感器。用手指轻拍装有传感器的零件，检查是否失灵。切忌不可用力拍打继电器，否则可能会使继电器开路。

(2) 加热法。当有些故障只是在热车或者冷车时出现，可能是因为有关零件或传感器受热引起的。可用电吹风或类似加热工具加热可能引起故障的零部件或传感器，检查是否出现故障，但必须注意：加热温度不得高于60℃（温度限制在不致损坏电子元器件的范围内），而且不可直接加热微机中的零件。

(3) 水淋法。当有些故障是在雨天或高湿度的环境下产生时，可用水喷淋在车辆上，检查是否发生故障。但应注意：不可将水直接喷淋在发动机电控零件上，而应喷淋在散热器前面间接改变湿度和温度；尤其应该防止水渗漏到微机内部（如果车辆漏水，漏入的水可能侵入微机内部，所以当试验车辆漏水故障时必须特别注意）。

(4) 电器全接通法。当怀疑故障可能是因用电负荷过大而引起的，可接通车上全部电气设备（包括加热器鼓风机、前照灯、后窗除霜器等）检查是否发生故障。

6) 微机数值分析法

微机数值分析法也称数据流分析法，是用汽车微机检测仪（或解码器），将电控发动机微机在工作中各个输入、输出信号的数值以数据流的方式显示出来，并通过定量、定性地分析各个信号数值在不同工况下的变化情况，以此判断发动机控制系统有无故障及故障的部位。这种方法适合于查找电控系统中几乎所有与微机连接的电子部件的各种形式的故障以及线路故障，特别是对无法用微机故障自诊断法测出的电子部件的机械故障等，也能通过微机数值分析判断出来。此外，电喷发动机在运行中偶尔产生的故障，也可以从故障瞬间各个信号数值的变化中找出故障的原因。

微机数值分析法是现代高科技技术在汽车维修上的应用结果。采用这种方法，由于故障结论不是由仪器自动给出，而是靠维修人员通过分析得到的，因此要求维修人员不但要熟悉仪器的使用，还要对各种车型电喷发动机控制系统的微机信号数值在各种工况下的标准值十分熟悉，这样才能充分发挥仪器的作用，完成故障诊断任务。

7) 微机信号波形分析法

信号波形分析法是用示波器对电控发动机控制系统中电信号的波形进行检测，并通过对测得波形的分析来判断故障的一种方法。这种方法主要用于判断传感器或微机的故障，特别是产生脉冲电信号的传感器（如车速传感器、爆燃传感器等）。它弥补了其他仪器无法对脉冲电信号进行全面检测和分析的缺陷。此外，由于示波器的反应速度极快，因而对于传感器或线路的瞬时故障也可以从其信号波形的瞬时异常上反映出来。

信号波形分析法适用范围广，不受车型及电控发动机种类的限制。该方法的缺点是技术难度较大，要求操作者有较高的知识和技术水平，不但要熟练使用示波器，还要熟悉各种信号的标准波形，并能从实际波形和标准波形的差别中分析出故障所在之处。

8) 部件互换法

部件互换法是将怀疑有故障的电子部件用正常的电子部件替代，以判断故障原因的一种方法。如果更换部件后故障消失，则说明被换下的部件有故障；反之，若更换部件后故障仍存在，则说明该部件正常，应进一步查找其他故障原因。这种方法简单易行，效率较高，经常在缺少被修车型技术资料或检测工具的情况下使用，对诊断无法用测量方法判定的故障非常有效。此外，在怀疑微机有故障时，往往也用这一方法来确认。

使用这种方法要注意：在更换电控部件前，应确认该部件的电源电路和信号电路无故障，防止更换新部件后，将新部件烧坏。

9）资料分析法

资料分析法是在故障诊断过程中，以汽车制造厂提供的有关电控发动机控制系统结构、原理及故障索引等技术资料为参考依据，对故障进行分析，从而查找出故障原因的一种方法。由于电控发动机控制技术发展很快，维修人员很难做到对所有车型的各种电控发动机结构、原理都十分熟悉，因此，在故障诊断过程中，充分合理地利用厂家提供的技术资料，往往能收到事半功倍的效果。在许多情况下，掌握足够的技术资料是进行故障诊断工作的必要条件。

当然，并不是所有故障现象都能在技术资料中找到现成的答案，资料都只能对故障诊断工作起一个辅助的作用，以科学客观的态度对待技术资料并合理地加以利用，才能解决实际中千变万化的故障诊断问题。

10）经验分析判断法

在全面掌握电控系统的工作原理及各种元件的结构的情况下，通过故障表现出来的现象，进行综合分析，去伪存真地抓住故障的实质。在上述几种主要诊断手段中，经验法是在任何情况下都必不可少的一种方法。尽管有先进的仪器，但是仪器不是万能的，仪器只能从宏观角度提出一个总的方向，而对具体故障的肯定和排除，最终还是要依靠人的智慧来解决。因此，掌握电控系统的类型、结构与工作原理是十分必要的。

2．电控发动机故障诊断的基本流程

电控发动机故障诊断比较复杂，若遵循故障诊断的基本流程则可以达到事半功倍的效果。电控发动机故障诊断基本流程如图 6-2 所示。

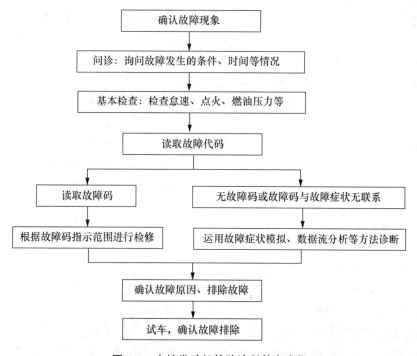

图 6-2　电控发动机故障诊断基本流程

1）确认故障现象

准确判断故障现象是故障诊断的前提。可以通过询问客户、怠速运转发动机、对发动机急加速等途径观察并判断故障现象，必要时可以进行路试。

2）问诊

问诊主要有三个目的：第一是询问客户以核实故障现象，第二是向客户咨询有关故障发生的情况和条件，第三是填写客户意见调查表。

3）基本检查

通过基本检查往往能将故障范围缩小到某一系统。尤其当故障码显示的是正常码而发动机存在明显故障征兆时，在诊断前进行基本检查，有利于快速、准确地排除故障。基本检查的内容和程序详见"任务训练"。

4）利用故障码进行诊断

电控发动机具有故障自诊断功能，维修人员可以利用人工方法或利用汽车诊断仪调取故障码，根据故障码所指的故障范围可以快速查找故障。故障码的读取、分析与诊断详见"任务二故障码的分析与运用"。

5）根据故障征兆进行诊断

当电控发动机故障自诊断系统无故障码或故障码与故障现象无逻辑关系时，可以采用故障征兆模拟、仪表测量、运行数据流、信号波形分析、尾气分析等方法进行故障诊断。

任务训练 电控发动机的基本检查

1. 电控发动机基本检查的内容

检查电控系统最常用的方法是采用人工经验诊断法，即采用"望、闻、问、听、摸"的方法进行检查，此外还常利用简单仪表仪器检查法以及经验分析判断法完成基本检查。发动机电控系统基本检查的主要内容包括以下几个。

① 目测检查。主要检查内容包括：检查空气滤芯是否脏污；检查真空软管是否存在破裂、堵塞、接错现象；检查传感器、执行器的线路、连接器是否良好；检查电子部件是否有明显外伤；检查发动机进排气管路是否有泄漏。

② 检查蓄电池的技术状态。主要检查蓄电池电解液的液面高度是否正常；用万用表测量蓄电池的空载电压，不应低于11.5 V；用高率放电计检查蓄电池的蓄电能力。

③ 检查发动机能否正常运转。如果不能运转，表明发动机存在机械故障。

④ 检查发动机 ECU 的电源与搭铁是否良好。

⑤ 检查怠速和点火正时，并进行运行性测试。

⑥ 检查燃油压力。

⑦ 利用简单仪表检查电子控制系统。主要检查项目包括：用万用表检测空气流量计电路、喷油器电路、电子节气门控制电路、废气再循环电磁阀驱动电路等是否正常，然后检查其他传感器及控制电路。

⑧ 进行路试，检查车辆的运行性能。

电控系统部件的检查，通常的步骤是先通过自诊断系统确定其故障部位，然后使用仪器进行测量，确定引起故障的具体部件。

2. 电控发动机基本检查的流程

电控发动机基本检查程序如图 6-3 所示，在检查过程中对于发现的问题应及时作好记录，为后续的故障诊断提供参考依据。

图 6-3　电控发动机基本检查流程

任务二　故障码的分析与运用

维修人员使用诊断仪器检测发动机电控系统时经常碰到以下几种情况：同时读出多个故障码；电控发动机有故障现象却无法读出故障码；读出故障码却查不出相应的故障。此时，维修人员往往会感到困惑和无从下手，进而开始抱怨检测设备的性能有问题。实际上，维修人员只有深刻理解汽车电控系统的原理、故障自诊断系统的原理后，才能有效地分析故障码，并顺利完成发动机电控系统的故障诊断。

资讯 1　发动机电控系统故障自诊断原理

现代汽车电控系统的微机内部有一个故障自诊断电路，它能在汽车运行过程中不断地监测电控系统各组成部分的工作情况,并能检测出电控系统大部分的故障。汽车电控系统故障自诊断功能的应用,使电控汽车的维修变得比以前更为简单和方便,深受用户的欢迎。发动机电控系统故障自诊断系统自1979年被美国通用汽车公司在电控燃油喷射系统中使用以后,汽车上几乎所有采用微机的控制系统中都增设了故障自诊断电路,它已成为新车出厂和修理厂检查时不可缺少的重要部分。

1. 发动机电控系统故障自诊断的功能

发动机电控系统故障自诊断系统的主要功能如下。

① 监测电控发动机的工作状态,若发现故障,以故障警告灯(装于仪表板上)点亮或闪烁的方式提醒驾驶员。

② 将监测到的故障以代码的形式储存在微机的随机存储器RAM中。汽车维修时,可以用人工或诊断仪调出故障码,以便进行故障查寻。

③ 当发动机电控系统的传感器及其电路发生故障或微机本身发生故障,汽车不能正常工作时,便起用备用系统,让汽车能够维持基本的运转,以便驾驶员将汽车顺利开到修理厂。

④ 在某一个执行机构发生故障时,微机故障自诊断系统能及时停止其他执行机构的工作,以确保汽车行驶安全或避免造成电控发动机的损坏。

2. 发动机电控系统故障自诊断原理

1) 故障自诊断的方法

(1) 值域判定法。控制单元ECU通过检测电控系统传感器的输入信号或者输出的执行器控制信号是否超出规定的范围,以此来判断该输入信号或输出信号是否有故障。

例如:一般车辆冷却液温度传感器设计的正常使用温度范围为 $-30 \sim 120$℃(或范围更大些),相对应的传感器输出电压为 $0.30 \sim 4.70$ V,如图6-4所示。所以当ECU检测到冷却液温度传感器的信号电压小于 0.15 V 或大于 4.85 V 时,就判定冷却液温度传感器信号系统发生短路或断路故障。

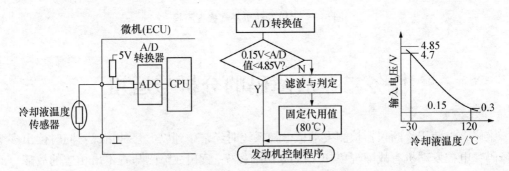

图6-4　冷却液温度传感器故障自诊断原理

(2) 时域判定法。当检测时发现某输入信号在规定的时间内没有发生变化或变化没有达到预先规定的次数时,自诊断系统就确定该信号出现故障。例如:氧传感器在发动机达到正常工作温度,控制系统进入闭环后,若发生下述的几种情况,则自诊断系统就判定氧传感器信号系统出现故障。

① ECU在一段时间内检测不到氧传感器的输出信号;

项目六　电控发动机的故障诊断

② 氧传感器信号在 0.45 V 上下的情况已超过一定时间；

③ 氧传感器有输出信号，但信号变化的频率低于正常值。

（3）功能判定法。当给执行器发出动作指令后，检测相应传感器的输出参数发生变化，若传感器输出信号没有按照程序规定的参数变化，就确认执行器或电路出现故障。例如：一般汽车 EGR 系统装有 EGR 阀高度传感器，用以检测 EGR 阀是否正常工作。但有的汽车并没设置 EGR 阀高度传感器，当发出开启 EGR 阀命令后，通过检测进气压力传感器 MAP 输出信号是否有相应变化，也可以确定 EGR 阀有无动作，若没有变化，则确认 EGR 阀及电路有故障。

（4）逻辑判定法。对两个具有相关联系的传感器进行数据比较，当发现两个传感器信号之间的逻辑关系违反设定条件时，就断定其定有故障。例如：检测到发动机转速大于某个转速时，节气门位置传感器输出信号小于某个值，则判定其出现故障。

（5）综合分析法。一些新型发动机电控系统对冷却液温度传感器诊断时会参照进气温度传感器和发动机启动后的工作时间，通过综合信息分析来诊断冷却液温度传感器输出的电压信号是否准确。早期的电控系统仅采用值域判断法来分析冷却液温度传感器的工作状态，当冷却液温度传感器的输出信号在 -30~120℃ 之间，但与发动机的真实工作温度不一致时，ECU 无法判断这是故障状态，而采用了综合分析法就可得到很好解决。

2）故障运行

电控发动机运行过程中，当传感器、ECU、控制系统电路等出现故障后，控制系统将采用故障运行模式，保证发动机的基本运转，使汽车可以开回家或开到附近的修理厂；当控制系统的执行器出现故障时，为了安全起见，往往采取安全保险措施，取消电控发动机的某些功能甚至停止电控发动机的工作。

（1）传感器的故障运行模式。由于传感器本身就产生电信号，因此微机对传感器的故障自诊断不需要专门的线路，而只需要在软件中编制传感器输入信号识别程序，即可实现对传感器的故障自诊断。工作时，各传感器的信号不断地输入微机，微机根据其内部设置的传感器信号，由监测软件判别输入的信号是否有异常。每一种被监测的传感器都设定了正常的信号范围。如果某一传感器信号电压超出正常范围或信号丢失，传感器信号监测软件就判定该传感器有故障或有关线路有问题，驱使故障警告灯闪亮，并将该故障的代码储存到微机内的 RAM 存储器中。

当传感器发生故障时，微机如果仍按通常方式继续控制汽车运行，就可能使其他部件也出现问题。如水温传感器信号电路发生断路或短路，或水温传感器本身有损坏故障时，则微机检测到的水温低于 -30℃ 或高于 120℃，如果此时仍按例行方式控制发动机运行，将会引起混合气空燃比太浓或太稀，将导致发动机失速、运转粗暴及尾气排放超标。为了避免这种情况的发生，微机判断出发动机冷却水温度传感器电路出现故障时，便会采用预先设置在存储器中的代用值来代替水温信号，这样可以确保汽车继续运行。水温传感器的代用值随发动机特性而定，通常发动机工作时采用的冷却水温度代用值为 80℃。电控发动机上常见传感器故障时的代用值见表 6-2。

（2）微机系统的故障自诊断与后备回路。微机内部如果发生故障，控制程序就不可能正常运行，微机就处于异常工作状态，从而导致汽车发动机工作异常。为了保证汽车在微

表 6-2 传感器故障

传感器或其电路故障	ECU 故障运行时采用的代用值
冷却液温度传感器信号（THW） 超过正常范围：＜-30℃或＞120℃	按冷却液温度 80℃控制发动机工作，防止混合气过浓或过稀
进气温度传感器信号（THA） 超过正常范围：＜-30℃或＞120℃	按进气温度为 20℃控制发动机，防止混合气过浓或过稀
节气门位置传感器信号 只有全开或全关两种状态，无法提供实际开度信号	通常采用节气门开度 25°的代用值
爆燃传感器信号 无论是否产生爆燃，ECU 无法收到该爆燃信号	ECU 根据转速和负荷等信号将点火提前角固定在一个适当值
凸轮轴位置传感器信号 不能提供 ECU 对汽缸的识别信号	ECU 采用曲轴位置信号，维持发动机的运转
空气流量计信号 ECU 无法按进气量计算基本喷油时间	ECU 根据启动信号、节气门位置信号、发动机转速信号等信号确定喷油时间，维持发动机运行
进气歧管绝对压力传感器信号 D 型喷射系统，ECU 无法计算基本喷油时间	ECU 根据启动信号、节气门位置信号、发动机转速信号等信号确定喷油时间，维持发动机运行

机本身出现故障时仍能继续运行，在微机内部出现异常情况时，微机故障自诊断系统也能显示其故障，记录下故障码，并自动调用备用回路完成控制任务，进入简易控制运行状态，用固定的控制信号使车辆继续行驶。采用备用系统工作时，微机控制将故障警告灯点亮。

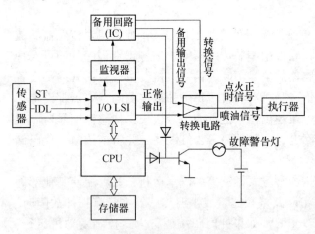

图 6-5 微机后备回路系统原理

图 6-5 所示为备用回路系统原理，由原理图可以看出监视器监视微机的工作，监视器中安装有独立于微机系统之外的计数器。微机正常运行时，由微机的运行程序对计数器定时进行清零处理，这样监视器中计数器的数值永远不会出现计数满而溢出的现象；当微机系统出现不正常运行时，微机便不能对这个计数器进行定时清零，致使计数器出现溢出现象。计数器溢出时，其输出端的电子由低电平变为高电平。计数器输出端电平的这一变化将直接触发备用回路。备用回路按照启动信号和怠速触点闭合状态等信号设定喷油持续时间和点火提前角，对喷油器和点火器等执行元件进行控制。系统根据计数器溢出判定微机发生故障，显示其故障，储存故障码。备用回路是根据存储于只读存储器（ROM）中的基本设置对汽车进行简单控制的，基本设置固定值的大小取决于车型。表 6-3 列出了日产公司的 ECCS 系统的后备基本设置参数。倘若是微机的 RAM 出现异常，则微机根据随机存储器（RAM）的记忆参数计算输出控制信号，这时微机反应会比正常情况慢很多。

表6-3 日产 ECCS 系统微机故障后备运行控制参数

控制项目	启动	怠速	一般工况
喷油持续时间/ms	12	2.3	4.1
喷油频率	每转一次		
点火提前角/(°)	（上止点前）10	（上止点前）10	（上止点前）10
闭合时间/ms	5.12		

（3）执行器的故障自诊断和故障保险。发动机电子控制系统中，执行器是决定发动机运行和汽车行驶安全的主要部件。当执行器发生故障时，往往会对汽车的安全行驶造成一定的影响。微机对于执行器故障的处理方法通常是：当确认为执行器故障时，由微机根据故障的严重程度采取相应的安全措施。为了保证这些安全措施的实施，在微机中又专门设计了故障保险系统。

在微机控制系统工作时，微机向执行器输出控制信号，而执行器无信号返回微机，因此要想对各执行器的工作情况进行诊断，一般需要增设专用故障诊断电路，即微机向执行器发出一个控制信号，执行器要有一条专用电路向微机反馈其控制信号的执行情况。点火器的故障诊断电路如图6-6所示，该系统中的点火监控信号 IG_f 就是用来判定点火系统工作是否正常的监视信号。

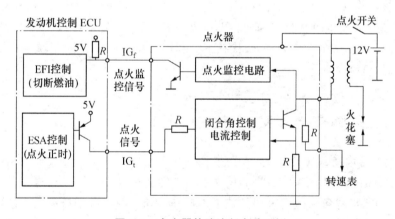

图6-6 点火器故障诊断电路示例

正常情况下，微机对点火器进行控制时，点火器每进行一次点火，便由点火器内的点火监视回路将点火执行情况以电信号的形式反馈给微机。当点火线路或点火器出现故障时，微机发出点火命令后，便得不到反馈的点火监控信号 IG_f，此时微机故障自诊断系统即判定点火系统有关部位有故障，然后显示故障，储存故障码。如果点火系统发生故障，发动机工作时便会使未燃烧的混合气从排气管进入排气净化装置（三元催化转换器），排气净化装置中的催化剂在未燃混合气进入后，将使催化剂温度大大超过允许值，造成三元催化转换器过量的氧化反应过热而烧坏；同时未燃烧的混合气在排气管内集聚过多，还会引起排气系统的爆炸。因此微机故障自诊断系统在给出点火系统故障信号的同时，便启用故障保险系统，立即切断燃油喷射系统电源，使喷油器停止喷油。

如果由于某种原因，偶尔出现一次"不正常"信号，微机故障自诊断系统并不判定为故障。一般"不正常"信号必须持续一段时间，例如点火器6次没有将点火监控信号 IG_f 输入微机，才被判定为故障。

3. 故障自诊断代码的存储

对于不同品牌的汽车，微机故障自诊断系统故障监测的项目不尽相同，故障码的存储方式也有所不同。发动机电控系统故障自诊断代码的存储形式一般有以下两种形式。

① 故障码存储在发动机 ECU 的随机存储器 RAM 中，因为发动机 ECU 由蓄电池直接供电，故障码在发动机 ECU 内可长期保存，清除故障码需断开发动机 ECU 的常电源，或直接断开蓄电池。

② 故障码存储在发动机 ECU 的可电擦写 ROM 中，断开发动机 ECU 的常电源无法清除故障码，只能采用汽车诊断仪清除故障码。

4. 发动机电控系统故障自诊断的模式

当前，对于发动机电控系统故障的诊断主要采用两种不同的模式。

1）静态诊断模式

静态诊断模式简称 KOEO 诊断模式。在进行这种模式的诊断时，只需打开点火开关，不启动发动机（KeyON，EngineOFF），在发动机静态时，将发动机电控系统中所存储的故障码读取出来，为故障检修作好准备。

2）动态诊断模式

动态诊断模式简称 KOER 诊断模式，即点火开关"开"，发动机运转（KeyON，EngineRUN）。这种诊断模式是在发动机运行状态下，利用微机故障自诊断系统测取故障码或进行混合气成分的监测。

资讯2　第二代随车诊断系统（OBD-Ⅱ）

1. 第二代随车诊断系统的特点

OBD 是"On-Board Diagnostics"的英文缩写，即随车诊断系统。在汽车自诊断技术的发展过程中，由于世界各大汽车公司的技术不相同，导致各种汽车自诊断系统的诊断座的形式、读取和清除故障码的方式各异，造成售后维修服务的困难。为此，20世纪70年代开始，各汽车生产商开始陆续采用第一代随车诊断系统（OBD-Ⅰ），早期的 OBD-Ⅰ随车诊断系统主要是检查发动机电控系统的传感器或其电路是否有故障。后来美国汽车工程师协会（SAE）提出了 OBD-Ⅱ随车诊断系统，该系统不仅要测试传感器而且要测试所有的排放控制装置，并要查证排放装置是否正常工作，主要目的是加强对汽车行驶过程中排放污染的监控。1996年以后在美国汽车市场销售的所有轻型车辆都必须采用第二代随车诊断系统（OBD-Ⅱ）。OBD-Ⅱ系统具有以下几个特点。

1）强化对排放的监控

OBD-Ⅱ系统能检测出与排放相关元器件的工作情况，提示驾驶员对与排放相关的系统进行维修、维护。OBD-Ⅱ系统有两种监测过程：连续监测和不连续监测。

① 连续监测包括检查发动机间歇不点火、燃油系统的监测（燃油修正）和全面的元器件监视。

② 非连续监测内容有催化转化器监测、废气再循环和燃油蒸发系统的监测、氧/空燃比传感器监测、氧传感器加热器检测和二次空气喷射系统监测。有些2000年以后生产的车辆OBD-Ⅱ系统还需监测节温器，2002年以后生产的车辆需要监测曲轴箱窜气通风（PCV）装置的工作状况。

图6-7　OBD-Ⅱ数据传输诊断插头

2）采用统一标准的诊断座

装有OBD-Ⅱ诊断系统的车辆采用统一的16端子诊断座（DLC），如图6-7所示。OBD-Ⅱ标准诊断座的端子用途见表6-4。

表6-4　诊断座端子说明

端子	用　　　途	端子	用　　　途
1	生产厂家自行设定	9	生产厂家自行设定
2	美国款车诊断用 BUS + 线，SAE-J1850	10	美国款车诊断用，SAE-J1850
3	生产厂家自行设定	11	生产厂家自行设定
4	直接在车身搭铁	12	生产厂家自行设定
5	信号搭铁	13	生产厂家自行设定
6	生产厂家自行设定	14	生产厂家自行设定
7	欧款车诊断用 K 线，ISO-09141	15	欧款车诊断用，ISO-09141
8	生产厂家自行设定	16	接蓄电池"＋"极

3）采用统一的故障码代号

OBD-Ⅱ诊断系统的故障码由1个英文字母和4个数字组成，各部分的含义如图6-8所示。下面以动力系统为例加以说明，故障码的百位，如P0×××和P1×××，表示动力系统或其分支系统出现问题；故障码的十位和个位数字表示动力系统的一部分出现故障。下面给出的是SAE定义的动力系统代码和其表示的分支系统：

P0100——燃油或进气系统故障；

P0200——燃油系统（只指燃油喷射系统）故障；

P0300——点火系统或发动机间歇不点火故障；

P0400——排放控制系统故障；

P0500——怠速控制、车速传感器故障；

P0600——计算机输出电路（如继电器、电磁阀等）故障；

P0700——变速差速器、变速器故障。

4）具有数据传输功能

OBD-Ⅱ具有数据传输功能，并规定了两个传输线标准：欧洲统一标准（ISO-09141）规定数据传输用"7"号和"15"号端子；美国统一标准（SAE-J1850）规定数据传输用"2"号和"10"号端子。

5）诊断系统多样化

OBD-Ⅱ系统除可获得故障码外，还能记录车辆行驶过程的有关信息，可提供传感器检测数值、控制状态、控制参数和执行器通/断等多种信息。

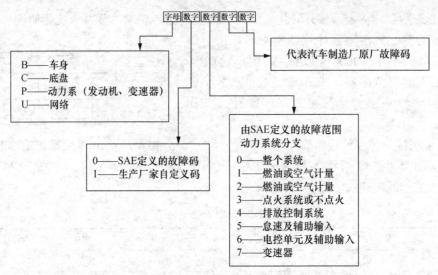

图 6-8 OBD-Ⅱ故障码的含义

2. OBD-Ⅱ的故障码

1) OBD-Ⅱ故障码的分类

OBD-Ⅱ系统将故障码分为 A、B、C 和 D 四种类型。

（1）A 类故障码。A 类故障码是与排放相关的故障码。微机诊断程序连续运行一个循环即可检测到该类故障，并点亮故障警告灯（MIL）。A 类故障码是最严重的一类，如发动机间歇不点火、混合气过浓或过稀等都会出现该类故障码。A 类故障码提醒驾驶员车辆排放系统有问题，容易造成催化转化器损坏。为方便诊断，当 A 类故障码被设置时，OBD-Ⅱ系统同时还储存了一个历史故障码、失效记录和一个冻结帧现场数据。

（2）B 类故障码。B 类故障码是次严重的一类排放问题。在 MIL 点亮之前，这类故障应在两次连续的行驶过程中都至少发生一次。若在一次行驶过程中发生，而在下一次行驶过程中没有发生，则系统认为该故障还未"成熟"，MIL 不点亮。当 MIL 灯点亮的条件满足时，所储存的历史故障码、失效记录和一个冻结帧现场数据与触发 A 类故障码时完全相同。

说明：OBD-Ⅱ需要微机能快速留下或存储所有故障出现时的数据，便于用诊断仪提取这些数据，这些被存储的数据就被称为冻结帧数据。

故障指示出现时，常见强制储存的状态信息有故障码、计算的负荷值（负荷率）、发动机转速、短时间内和长时间内燃油修整次数、车速（m/h）、发动机冷却液温度、进气歧管绝对压力、开环/闭环状态等。

（3）C 类故障码。C 类故障码是进行与排放关系不大的故障测试得出的，它监测是发动机主要传感器和执行器的故障，如空气流量传感器、水温传感器、凸轮轴位置传感器等，所以 C 类故障码点亮 MIL。

（4）D 类故障码。D 类故障码是进行与排放关系很小的故障测试得出的，它监控的是对发动机工作性能影响较小的传感器和执行器信号，如进气温度传感器等，一般情况下 D 类故障码不点亮 MIL。

2) OBD-Ⅱ故障码的自动清除

一旦故障码已设置，若电控发动机工作状况恢复正常，只有通过了三次连续的行驶过程，OBD-Ⅱ自诊断系统才控制 MIL 灯熄灭。若经过 40 个行驶过程并不再有故障出现后，微机可清除该故障码及冻结帧数据。像间歇不点火、混合气过浓或过稀这样的故障码，需要 80 个无故障的行驶过程，才能清除故障码。

行驶过程（或循环）不只是一次点火循环，而是一次暖机循环，即启动发动机，行驶车辆让冷却液温度至少升高 72℃。

（3）OBD-Ⅱ故障指示灯的特点

MIL 一般为淡黄色的 "Check Engine" 或 "Service Engine Soon" 标识字样的指示灯。若将一个传感器有意断开，MIL 不一定会点亮，这取决于该传感器影响排放的程度（优先级）和 OBD-Ⅱ 自诊所需的行驶循环数。OBD-Ⅱ 系统故障指示灯有如下工作特点。

① 当微机检测出电路或系统故障时，能点亮 MIL；

② 如果出现发动机间歇不点火，会损坏催化转化器，MIL 将闪烁；

③ 没有监测到与排放有关的任何元器件或系统的故障，或故障指示灯电路有问题，MIL 不亮。

任务训练　故障码的读取与清除

1. 故障码的读取方法

要读取微机随机存储器（RAM）中存储的故障码，首先要进入故障自诊断测试状态。由于汽车制造厂家的不同，进入故障自诊断测试状态的方法也有一定的区别，归纳起来主要有两种方法。

1）人工读取法

即利用跨接导线、专用诊断开关、点火开关的约定操作、加速踏板的约定操作等方法读取故障码，这种方法目前已很少采用。利用人工法读取故障码，一般通过故障警告灯的闪烁来显示故障码。如图 6-9 所示，故障指示灯闪烁的故障码为 13 和 22，通过查阅维修手册可得知故障码的含义。

图 6-9　表示故障码为 13 和 22

2）汽车诊断仪读取法

采用 OBD-Ⅱ 随车诊断系统的车辆都利用诊断仪读取故障码。将汽车诊断仪与故障诊断插头（DLC）相连，便可直接进入故障自诊断测试状态，进行故障码的读取，故障码一般以数字的形式直接显示在诊断仪屏幕上。

2. 故障码的清除方法

1）断电源清除法

故障码存储在随机存储器（RAM）中的发动机电控系统，断开通往发动机微机控制系统的电源线或熔丝 10 s 以上，就可清除或清掉微机控制系统存储的故障码。

注意：不要轻易拆下蓄电池负极接线柱，以防止有音响、防盗等带密码的系统锁死。

在清除故障码后，启动发动机，看发动机故障码指示灯是否又闪亮。若又闪亮，说明系统仍存在故障，还需进一步诊断。

2）利用诊断仪清除法

故障码存储在可擦写 ROM 中的发动机电控系统，断开发动机 ECU 的常电源无法清除故障码，只能采用汽车诊断仪清除故障码，操作时参阅诊断的提示即可完成。

3. 汽车诊断仪

汽车诊断仪分为原厂专用型与通用型两类。

1）原厂专用型诊断仪

即各汽车生产厂家为自己所生产的车型而设计的，它主要是为了检测本公司所生产的指定车型，如通用公司的 Teeh 2、大众汽车公司的 VAG1551 和 VAG1552、宝马公司的 ISID、奔驰公司的 HHT 等。图 6-10 所示为宝马 ISID 专用诊断仪。

2）通用型诊断仪

根据其来源，目前使用的主要有两种：进口诊断仪与国产诊断仪。进口诊断仪常见的是美国施耐宝（Snap-On）公司生产的 Scanner（红盒子）和欧瓦顿勒公司（Owa-tonna Tool Company）生产的 OTC 解码器。国产诊断仪主要有金奔腾彩圣系列解码器、元征解码器、金德 K 系列诊断仪等，图 6-11 所示为金奔腾汽车诊断仪。通用型诊断仪一般包括主机、测试卡、诊断接头及诊断接线，测试卡可随车型变化选装。

图 6-10　宝马 ISID 汽车诊断仪

图 6-11　金奔腾汽车诊断仪

4. 故障码读取与清除实操流程

1）实操注意事项

① 诊断时一定要保证测试卡到位再通电源，诊断完成后一定要先断开电源，然后再从主机上拔下测试卡。

② 被测车辆蓄电池电压应在 11～14 V 之间，并且供电稳定，因为诊断仪的供电电压一般为 12 V。

③ 诊断工作进行前，应关闭汽车上所有附属电气设备。

④ 点火开关在汽车微机诊断插座与本仪器连接好后才能打开。此时汽车应处于节气门关闭状态，即怠速触点闭合。车辆水温与油温应达到正常的工作温度。

⑤ 点烟器座应有 12 V 供电电压。

⑥ 汽车诊断座与发动机 ECU 的连线应保证无断路。

2）连接诊断仪

① 打开诊断仪器箱，连接好汽车诊断仪的测试卡、诊断接头和诊断连接线。

② 在车辆上找到诊断座（DLC）。几种典型诊断座的位置如下：桑塔纳 2 000 时代超人的诊断座位于变速杆的前方，奥迪 A6 诊断座位于转向盘的下方，捷达轿车诊断座位于转向盘下方熔断器盒内，宝来轿车诊断座位于空调面板的下方。

③ 关闭点火开关，将诊断仪诊断接头连接到车辆的诊断座上。

3）进入功能界面

① 打开点火开关，诊断仪由诊断插座获得电源。

② 诊断仪开机，显示金奔腾欢迎界面，继续显示金奔腾诊断仪的主机号和主机版本号，然后按确定键继续。

③ 进行车型选择，依次选定生产洲→生产国家→车辆制造公司→具体车型。

④ 按确定键显示主菜单界面，金奔腾诊断仪主菜单界面如图 6-12 所示。

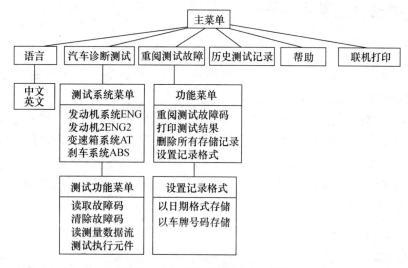

图 6-12　汽车故障微机诊断仪菜单

⑤ 在主菜单中选择汽车诊断测试，按确定键进入诊断座说明页面，然后按退出键进入测试系统菜单。

⑥ 在测试菜单目录中选择发动机系统，按确定键进入测试功能菜单，在测试功能菜单上就可以选择读取故障码功能。

4）读取故障码

① 在测试功能菜单中选择读取故障码功能，按确定键诊断仪会显示当前发动机 ECU 存储器中存储的故障码。

② 如果有多个故障码，选择其中一个按确定键，屏幕上会显示这个故障码的具体解释。

5）清除故障码

① 在测试功能菜单中选择清除故障码功能，按确定键诊断仪会显示"是否删除故障码"，按确定键。

② 屏幕提示再次读取故障码，确认故障码是否删除。

注意：

① 故障未诊断完毕，尽量不清除故障码；维修过程中要清除故障码，要记录故障码，然后再清除。

② 故障检修完毕后，务必清除故障码，防止对下次的故障诊断造成误判。

6）退出功能界面

按与进入功能界面相反的顺序退出诊断功能界面。

7）断开诊断仪

① 退出到欢迎界面，然后关机。

② 此时，可断开诊断仪与车辆的连接。

任务三　数据流的分析与运用

资讯1　数据流的基本知识

1. 数据流的概念

汽车数据流是电子控制单元（ECU）与传感器和执行器交流的数据参数，通过诊断接口由诊断仪读出的数据称为数据流。

汽车ECU中具有数据流记忆功能，这些记录下来的数据能真实反映传感器和执行器的工作电压和状态，有助于维修人员随时了解汽车的工作状态，为汽车故障诊断提供依据，另外，通过数据流还可以设定汽车的运行数据。现代汽车制造厂家在汽车电控系统中都设置了故障码和数据流记忆功能。所以，读取故障码和进行数据流分析成为现代汽车维修故障诊断中的首要工作。

2. 数据流参数的分类

1）根据显示方式分类

根据各数据在诊断仪上显示的方式不同，数据参数可以分为两大类：数值参数和状态参数。

① 数值参数。数值参数是有一定单位、一定变化范围的参数，它通常反映出电控装置工作中各部件的工作电压、压力、温度、时间及速度等。

② 状态参数。状态参数是那些只有两种工作状态的参数，如开和关、闭合和断开、高或低、是或否等，它通常表示电控装置中的开关和电磁阀等元件的工作状态。

2）根据ECU控制原理分类

根据ECU的控制原理，数据参数又分为输入参数和输出参数。

① 输入参数。是指各传感器或开关信号输入给ECU的各个参数。输入参数可以是数值参数，也可以是状态参数。

② 输出参数。是ECU送出给执行器的输出指令。输出参数大多是状态参数，也有少部分是数值参数。

资讯2　数据流的分析方法

1. 数据流获取方法

1）诊断仪获取法

不论是专用型和通用型诊断仪都具有故障码读取与清除、动态数据参数显示、传感器和执行器功能测试、电脑控制参数调整与设定等功能。运用诊断仪的动态数据显示功能不仅可以对控制系统的运行参数进行分析，还可以观察发动机 ECU 的动态控制过程。因此，汽车诊断仪具有从发动机内部分析过程的诊断功能，它是进行数据分析最常用的诊断仪器。

2）电路在线测量方式

电路在线测量方式是通过对控制模块电路的在线检测将控制模块各输入、输出的电信号直接传送给电路分析仪的测量方式。电路分析仪器一般有两种：一种是汽车万用表，另一种是汽车示波器。有关示波器的波形分析在任务五中详细介绍。

汽车万用表的测量参数比较多，为实现某些特殊功能（如测量温度、转速），有些万用表还有相应的配套件，如热电偶探头、电感式拾取器、AC/DC 感应式电流钳等。汽车万用表常见的测量功能如下。

① 测量交、直流电压。考虑到允许的变动范围及可能产生的过载，汽车万用表应能测量大于 40 V 的电压值。

② 测量电阻。汽车万用表应能测量大于 1 MΩ 的电阻。

③ 测量电流。汽车万用表应能测量大于 10 A 的电流，范围太小使用不方便。

④ 记忆数值。应能记忆瞬间最大值和最小值，便于检查电路的瞬间故障。

⑤ 测量二极管。主要测量二极管的单向导通性能及正向导通时的电压降。

⑥ 测量温度。配置温度传感器后可以检测冷却液温度、尾气温度和进气温度等。

⑦ 测量大电流。配置电流传感器后可检测 100 A 以上的大电流。

⑧ 测量脉冲波形的频宽比和点火线圈一次电流的闭合角。该功能主要用于检测喷油器、怠速稳定阀、EGR 电磁阀和点火系统的工作状况。

⑨ 测量转速。

⑩ 测量传感器输出的电信号频率。

3）元器件模拟方式

元器件模拟方式测量是通过信号模拟器替代传感器向控制模块输送模拟的传感器信号，并对控制模块的响应参数进行分析比较的测量方式。信号模拟器有两种：一种是单路信号模拟器，另一种是同步信号模拟器。

① 单路信号模拟器。它是一个单通道信号发生器，只能输出一路信号，模拟一个传感器的动态变化信号。主要信号有可变电压信号（0～15 V）、可变交流频率信号（0～15 Hz）和可变电阻信号。

② 同步信号模拟器。它是两通道以上的信号发生器，主要用于产生有相关逻辑关系的信号，如曲轴转角和凸轮轴传感器的同步信号，用于模拟发动机运转工况，完成在发动机未转动的情况下对控制模块进行动态响应数据分析的试验。同步信号模拟器的功用有两个：一是用对比方式比较传感器品质好坏，二是分析电脑控制系统的响应数据参数。

2. 数据流的分析方法

利用数据流进行故障分析的方法主要有以下几种。

1）数据对比法

通过仪器读取数据，然后与厂家提供的标准数据进行比较，查看数据差异情况。如果与标准数据不相符，则应检查相应的元器件。下面以桑塔纳 2000 为例来说明。图 6-13 为 03 显示组关于冷却液温度和进气温度的动态数据处于正常时的情况。

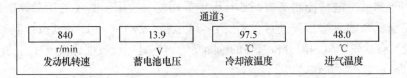

图6-13　03显示组动态数据处于正常时的情况

当进气温度传感器线路断路时其动态数据流如图6-12所示,此时所显示的冷却液温度为-46.5℃。通过比较图6-13和图6-14的测试结果,可以发现进气温度数据不正常。它提示维修人员需对进气温度传感器及相关线路进行检查。如果没有厂家的标准数据,也可以参考正常车辆的数据流,将故障车辆的数据与正常车辆的数据进行对比,为故障诊断提供参考依据。

图6-14　进气温度传感器线路断路时03显示组动态数据情况

2) 数据动态判断法

当维修人员怀疑某个传感器的性能变差,用常规手段又无法检查时,可以观察其数据流的变化,下面以桑塔纳2000为例来说明。此时应对04组数据进行观察,如图6-15所示。

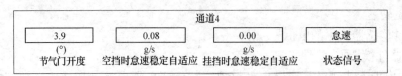

图6-15　04组数据变化正常时的情况

当踩下加速踏板时,该组数据将发生变化。数据变化越明显,说明系统灵敏度越高。如果数据流没有变化或变化不明显(见图6-16),说明节气门和节气门传感器及线路有问题或损坏,应重点检查。

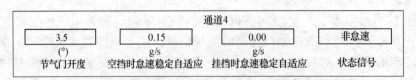

图6-16　04组数据变化不正常时的情况

3) 关联分析法

发动机ECU对故障的判断可以依据几个相关传感器的信号进行比较,当发现它们之间的关系不合理时,会给出一个或几个故障码,或者指出某个信号不合理。此时不要轻易判断是该传感器不良,需要对相关传感器作进一步的检测,以得出正确结论。

例如,本田雅阁给出节气门位置传感器信号不正确,用万用表和诊断仪检查该传感器的数据流没发现问题。此时用诊断仪检查发动机转速信号,发现其数据不正确,当节气门开度增大、发动机转速上升时，转速传感器给发动机 ECU 的是错误的转速信号。故障原因是当发动机 ECU 接收到不正确的转速信号后，不能判断转速信号是否正确（因无比较量），而是比较接收到的节气门位置信号，其信号与接收到的转速信号不相符，所以给出节气门位置传感器的故障码。

任务训练　宝来轿车数据流的读取与故障分析

1. 读取数据流的检测条件
① 发动机怠速运转或者车辆在行驶中；
② 发动机冷却液温度不低于 85℃；
③ 关闭所有用电设备；
④ 关闭空调；
⑤ 若是自动变速器车辆，将变速杆置于"P"或"N"位置；
⑥ 故障存储器内无故障码。

2. 读取数据流
1) 连接诊断仪
① 打开诊断仪器箱，连接好汽车诊断仪的测试卡、诊断接头和诊断连接线；
② 在空调面板的下方找到诊断座（DLC）；
③ 关闭点火开关，将诊断仪诊断接头连接到车辆的诊断座上。
2) 进入功能界面
① 打开点火开关，诊断仪由诊断插座获得电源；
② 诊断仪开机，显示金奔腾欢迎界面，继续显示金奔腾诊断仪的主机号和主机版本号，然后按确定键继续；
③ 进行车型选择，依次选定生产洲→生产国家→车辆制造公司→具体车型；
④ 按确定键显示主菜单界面，金奔腾诊断仪主菜单界面如图 6-12 所示；
⑤ 在主菜单中选择选择汽车诊断测试，按确定键进入诊断座说明页面，然后按退出键进入测试系统菜单；
⑥ 在测试菜单目录中选择发动机系统，按确定键进入测试功能菜单，在测试功能菜单上就可以选择读测量数据流。
3) 数据流显示组的内容
宝来轿车数据流 001 组的显示界面如图 6-17 所示，显示界面中的第二行从左至右依次为每个显示组的第 1、2、3、4 显示区，各组数据流的显示方式基本相同，只是显示区的内容不尽相同。宝来轿车数据流各显示区的内容及规定值见表 6-5。这里仅给出了 001～005 显示组的内容，其他组的具体内容可参阅宝来轿车维修手册。

```
Read measuring value block1              →
800 r/min       2.00ms       3       12° V.OT
```

图 6-17　宝来轿车数据流 001 组的显示界面

表6-5 宝来轿车数据流各显示组的具体内容

显示组	显示区	名 称	显示规定值
001	1	发动机转速（怠速转速）	发动机代码 AGN：760～880 r/min 发动机代码 AGU：800～920 r/min
	2	发动机负荷	发动机代码 AGN：1.00～2.50 ms 发动机代码 AGU：0.50～1.50 ms
	3	节气门角度	0°～5°
	4	点火角（单位为V，OT指上止点前）	6～12 V. OT
002	1	发动机转速（怠速转速）	发动机代码 AGN：760～880 r/min 发动机代码 AGU：800～920 r/min
	2	发动机负荷	发动机代码 AGN：1.00～2.50 ms 发动机代码 AGU：0.50～1.50 ms
	3	喷油时间	发动机代码 AGN：2.00～5.00 ms 发动机代码 AGU：1.00～3.00 ms
	4	吸入的空气量	发动机代码 AGN：2.0～4.0 g/s 发动机代码 AGU：1.8～4.0 g/s
003	1	发动机转速（怠速转速）	发动机代码 AGN：760～880 r/min 发动机代码 AGU：800～920 r/min
	2	发动机控制单元供电电压	10.00～14.50 V
	3	冷却液温度	80～105℃
	4	进气温度	-45～108℃
004	1	节气门角度	0°～5°
	2	怠速空气量自适应值（自动变速器未挂入前进挡）	发动机代码 AGN：-1.70～1.70 g/s 发动机代码 AGU：-1.10～1.10 g/s
	3	怠速空气量自适应值（自动变速器挂入前进挡）	发动机代码 AGN：-1.70～1.70 g/s 发动机代码 AGU：-1.10～1.10 g/s
	4	工况	怠速、部分负荷、全负荷、超速
005	1	发动机转速（怠速转速）	发动机代码 AGN：760～880 r/min 发动机代码 AGU：800～920 r/min
	2	发动机转速（怠速规定值）	发动机代码 AGN：800 r/min 发动机代码 AGU：860 r/min
	3	怠速调节装置	-10%～10%
	4	吸入空气量	发动机代码 AGN：2.0～4.0 g/s 发动机代码 AGU：1.8～4.0 g/s

3. 数据流的故障分析

读取数据流后，可参阅表6-6中的内容进行故障分析并确定相应的故障排除方法。

项目六 电控发动机的故障诊断

表 6-6 宝来轿车数据流各显示组的具体内容

显示组	显示区	显示屏显示	可能的故障原因	检修措施
001	1	小于 760~800 r/min	节气门控制单元卡住或损坏 漏气严重（怠速稳定功能无法补偿）	检查节气门控制单元 检查进气系统密封性
		大于 880~920 r/min	怠速开关关不上（损坏） 漏气严重（怠速稳定功能无法补偿） 节气门控制单元卡住或损坏	检查进气系统密封性 检查节气门控制单元
	2	小于 0.5~1.0 ms	只有超速切断工况出现	
		大于 1.50~2.50 ms	空气流量计损坏 节气门控制单元损坏 怠速不良 转向盘在止点位置 用电设备在使用 已挂入前进挡	检查空气流量计 检查节气门控制单元 更换损坏的火花塞或喷油器 将转向盘置于中间位置 关闭用电设备 将变速杆置于 P、N 挡
	3	大于 5°	ECU 与节气门控制单元未自适应匹配 节气门电位计损坏 节气门拉索已调整 节气门卡住	进行 ECU 与节气门控制单元自适应 检查节气门控制单元 调整节气门拉索 修理节气门操纵机构
002	3	小于 1.00~2.00 ms	活性炭罐出油量过多 喷油器喷油量过多	检查活性炭罐电磁阀 检查喷油量
		大于 3.00~5.00 ms	发动机有额外负荷（用电设备、空调、挂挡、转向极限位置等）	排除额外负荷（用电设备、空调、转向回位等）
	4	小于 1.8~2.0 g/s	进气歧管与空气流量计之间漏气	排除漏气处
		大于 4.0 g/s	已挂入前进挡（自动变速器） 发动机有额外负荷	将变速杆置于 P 或 N 位置 排除额外负荷
003	2	小于 10.00 V	发电机损坏，蓄电池亏电严重 蓄电池短时负荷过高 ECU 的供电或接地有接触电阻 休眠电流过大	检查发电机，蓄电池充电 将发动机转速升高 检查 ECU 的供电和接地 排除漏电电流
		大于 14.50 V	发电机电压调节器损坏 辅助启动或快速充电电压过高	检查并更换电压调节器 取消辅助供电设备
	3	小于 80℃	发动机过冷 冷却液温度传感器及其线路	检查冷却系统 检查冷却液温度传感器
		大于 105℃	散热器脏污 冷却风扇不工作 节温器损坏 冷却液温度传感器及其线路	清洁散热器 检查冷却风扇功能 检查节温器 检查冷却液温度传感器
004	2	低于 -1.10~-1.70 g/s	节气门后漏气	排除漏气处
		高于 1.10~1.70 g/s	有额外负荷 进气区收缩或有异物	关闭空调和用电设备 排除收缩处及异物

任务四　基本设定与编程

资讯1　发动机 ECU 的基本设定

1. 基本设定的概念

基本设定是通过数据通道将一些数据写入到控制器中，将数据调整到生产厂家指定的基本值，或将某些元器件参数写入控制单元。

基本设定可以人为地创造一个特定的初始状态，然后由汽车诊断仪命令电控单元做一次基本设定的过程，它由电控单元控制，不能人工干预。利用相同的仪器进行基本设定时，不同车型基本设定的"通道"不一样。"基本设定"（BASICAETFING）这一功能（FUNCTION）取决于仪器，但是基本设定的"通道"（CHANEL）取决于电控系统所采用的软件。例如奥迪、捷达、红旗轿车都采用相同的故障阅读仪 VAG1551，其基本设定功能的命令代码都是"04"，但通道不同。

2. ECU 的自适应功能

1）ECU 的自适应功能

发动机在怠速运转时，当节气门变脏污后，节气门开度会增大。这是因为节流阀体变脏后，在相同的开度下，进气量会减小，将不足以维持发动机的额定怠速运转，发动机 ECU 会将节气门开度增大。对于怠速控制采用步进电动机的车型，当步进电动机变脏污后，它的开启步数会增大，清洗干净后开启步数会减少。这说明电控单元具有学习功能，不但能够检测到元件参数的变化，还能够适应这种变化。

2）自适应与基本设定的关系

为使电控单元知道某些元件的初始基本参数，就需要基本设定，在未作基本设定之前，假如电控单元收到了一个节气门怠速位置的电压信号，但并不知道其开启角度，这是因为电控单元还不知道节气门最小怠速位置、最大怠速位置的电压值等基本参数。如果电控单元知道了节气门最小怠速位置、最大怠速位置的电压值，就知道了怠速节气门电位计的电压范围。电控单元知道了怠速节气门电位计的几个中间位置的电压值就知道了怠速节气门电位计的特性。这样，当电控单元收到任一位置的信号电压时，都能判断出节气门的开度。基本设定就是让电控单元了解节气门体的基本参数，这样才会在以后的运行过程中自动地调整它与节气门的动作。

3. 基本设定的适用条件

当发动机 ECU 记忆的节气门开度最大、最小值与实际行驶中的节气门开度不相符时，会导致电动机控制节气门时不正常，此时需要对发动机 ECU 进行基本设定。通常碰到以下几种情况时需要做基本设定。

① 清洗怠速阀或节气门体；

② 更换怠速阀或节气门体；

③ 大修发动机或更换新发动机后；

项目六　电控发动机的故障诊断

④ 更换发动机 ECU 后。

资讯 2　发动机电控单元编程

1. 编程的概念

编程也称为擦写编程，通过编程可将新程序装入控制单元内。为使一种控制电脑可以在不同配置的汽车上使用，控制电脑中应存储不同的程序，通过对控制器编程就可以解决这个问题。一般在编程时，还需要进行设码，就是将发动机控制单元与相关控制单元进行匹配，调用和激活相关功能和特性曲线。

2. 编程的适用情况

控制器编程不正确可能造成车辆排放值升高、油耗增加、发动机工作不佳及换挡冲击，严重的情况表现为车辆启动不了，甚至元件损坏。以下几种情况需要对控制单元进行编程：

① 车辆更换了控制单元；

② 改进或增加控制单元的功能；

③ 汽车因软件瑕疵而出现性能故障；

④ 车辆进行了改装和加装。

任务训练 1　大众轿车的基本设定

1. 基本设定的前提条件

大众轿车对节气门和控制单元进行基本设定的前提条件如下：

① 蓄电池电压高于 11 V；

② 关闭所有用电设备；

③ 转向盘置于中间位置；

④ 发动机冷却液温度在 80～90℃；

⑤ 自动变速器置于 N 或 P 位置；

⑥ 发动机电控单元故障存储器中无故障码。

2. 基本设定的操作步骤

1) 基本设定的操作步骤

大众轿车基本设定的步骤如下：

① 将诊断仪 VAG1552 连接到车辆的诊断座上；

② 接通点火开关，诊断仪开机；

③ 在主菜单界面输入地址码"01"（发动机电控系统），单击"确定按钮"；

④ 在功能菜单中输入功能码"04"（基本设定），单击"确定按钮"；

⑤ 输入设定组号"060"；

⑥ 当显示区域 4 显示 ADP. OK 时，表示基本设定已完成；

⑦ 单击"确定按钮"，输入功能码"06"（结束输出）。

2) 基本设定无法完成的原因

在对节气门和电控单元进行基本设定的过程有可能中断，出现这种情况的原因可能有

以下几种:
① 基本设定过程中蓄电池电压下降过多;
② 在自适应过程中启动了发动机或踩下了加速踏板;
③ 节气门不能灵活移动,有卡滞;
④ 节气门控制组件或其线路有故障;
⑤ 发动机控制单元损坏。

任务训练2　奥迪发动机ECU的编码

1. ECU编码的前提条件
① 蓄电池电压高于11.5 V;
② 关闭所有用电设备;
③ 诊断线路连接正常;
④ 点火开关接通,不启动发动机;
⑤ 发动机电控单元故障存储器中无故障码。

2. ECU编码的操作步骤
使用诊断仪VAG1552为奥迪A6　2.4 L发动机控制单元进行编码的操作步骤如下:
① 连接VAG1552到汽车发动机的诊断接口;
② 接通点火开关;
③ 选择地址码01 (发动机系统), 按Q键确认;
④ 输入"07", 选择"控制单元编码", 按Q键确认输入;
⑤ 显示屏显示的界面如图6-18所示;

```
Code control unit help              →

Feed in code number xxx（0 - 32000）
```

图6-18　输入编码界面

⑥ 此时,输入与车辆相适应的编码,按Q键确认输入。
以奥迪A6、中国款、前驱车、五挡手动变速器车型为例,根据表6-7所示的奥迪A6编码规则可知此款车型的控制单元编码为08002。输入完该编码,按Q键确认输入。
⑦ 如果编码输入正确,VAG1552显示屏将重新刷新一次,并且显示刚输入的控制器编码(见图6-19),表示编码成功。

```
4A0  907 404 2.4 V6/V5 MOTR HS D01       →

Coding 08002      WSCXXXXXX
```

图6-19　输入编码成功界面

表 6-7　奥迪 A6 发动机控制单元编码规则

国家/排放法规		驱动/附加功能		变速器		车　型	
代码	含义	代码	含义	代码	含义	代码	含义
0		0	前驱动	0	五挡手动变速器	0	
1		1		1		1	
2	欧盟成员国 1	2	四轮驱动	2		2	AUDI A6
3		3		3		3	
4	欧盟成员国 2	4	带 ESP 前驱	4	自动变速器	4	
5		5		5		5	
6		6		6		6	
7		7	带 ESP 四驱	7			
8	中国	8					

任务五　波形分析与应用

现代汽车采用的电控系统越来越多，许多电控系统中元器件的信号变化速率非常快，变化周期甚至可达几毫秒，用传统的万用表和诊断仪器很难捕捉到这些信号，增加了故障诊断的难度。汽车示波器为维修人员快速判断汽车电控系统及电子元器件的故障提供了很大帮助。随着汽车维修人员技术水平的提高，汽车示波器在汽车故障诊断中的应用逐渐增多。

资讯 1　汽车电子信号

1. 汽车电子信号的类型

当今汽车系统中存在五种基本类型的电子信号，这些电子信号就是控制系统中各个传感器、控制单元和其他设备之间相互通信的基本语言，它们各自有不同的特点，构成用于不同通信的目的。

1）直流（DC）信号

① 在汽车中产生的电源直流信号有蓄电池电压和控制单元输出的传感器参考电压。

② 汽车中能产生模拟直流信号的传感器有发动机冷却液温度传感器、燃油温度传感器、进气温度传感器、节气门位置传感器、热线式空气流量传感器和进气压力传感器等。

2）交流（AC）信号

在汽车中产生交流信号的传感器和装置有车速传感器（VSS）、轮速传感器、磁电式曲轴转角传感器（CKP）、凸轮轴（CMP）传感器和爆燃传感器（KS）等。

3）频率调制信号

在汽车中产生可变频率信号的传感器和装置有数字式空气流量计、数字式进气压力传感器、光电式车速传感器（VSS）、霍尔式车速传感器（VSS）、光电式凸轮轴和曲轴转角（CKP）传感器、霍尔式凸轮轴（CAM）和曲轴转角（CKP）传感器。

4）脉宽调制信号

在汽车中产生脉宽调制信号的电路或装置有初级点火线圈、电子点火正时电路、废气再循环（EGR）控制电磁阀、活性炭罐电磁阀、喷油器、怠速控制马达和怠速控制阀等。

5）串行数据（多路）信号

若汽车中具备自诊断能力和其他串行数据送给能力的控制模块，则串行数据由发动机控制电脑（PCM）、车身控制电脑（BCM）和防滑制动系统（ABS）或其控制模块产生。

2. 汽车电子信号的五个判定依据

发动机控制电脑需要对接收到的各种电子信号进行分析判断，主要是分析这些电子信号具有哪些重要特性，为控制程序的计算、推理提供依据，最后指挥不同的执行器动作完成相应的功能。这些电子信号的特征就是判定依据，主要有五种判定依据。

① 幅值。电子信号在一定点上的即时电压。

② 频率。电子信号在两个事件或循环之间的时间，一般指每秒的循环数（Hz）。

③ 脉冲宽度。电子信号所占的时间或占空比。

④ 形状。电子信号的外形特征，包括它的曲线、轮廓和上升沿、下降沿等。

⑤ 阵列。组成专门信息信号的重复方式。例如，凸轮轴位置传感器传送给发动机控制电脑的上止点同步脉冲信号，或传给解码器的有关冷却水温度的串行数据流等。

对汽车电子信号的分析和判断可以用五种判定尺度中的一个或多个特征。表6-8显示五个判定根据与五种电子信号类型的关系。

汽车电控系统要正常工作，必须去识别并接收用于通信的电子信号，换言之就是，必须能"读"与"写"计算机电子通信的通用语言。用汽车示波器将可以"截听"到汽车计算机中电子对话，这既可以用来解决测试点问题，也可以用来验证维修工作完成后的工作是否正常。如果一个传感器、执行器或控制电脑产生了不正确判定尺度的电子信号，该电路可能遭到"通信中断"的损失，它会表现与动力及排放有关的故障码（DTC）。

表6-8 五个判定根据与五种类型的相关关系

信号类型	判断依据				
	幅度	频率	外形	脉冲宽度	阵列
直流	√				
交流	√	√	√		
频率调制	√	√	√		
脉宽调制	√	√	√	√	
串行数据	√	√	√	√	√

资讯2 汽车示波器的使用

1. 汽车示波器使用注意事项

① 测试点火高压线时，必须使用专用的电容探头，不能将示波器探头直接接入点火次级电路。

② 使用汽车示波器时，注意远离热源（如排气管，催化器等），温度过高会损坏仪器。

③ 汽车示波器在测试时要注意测试线尽量离开风扇叶片、传动带等转动部件。

④ 测试时确认发动机盖的液压支撑是好的，防止发动机盖自动下降时伤及头部或损坏汽车示波器。

⑤ 路试中，不要将汽车示波器放在仪表台上，最好是拿在手中测试。

2. 信号频率和时基选择

时基/频率表的用途是根据信号频率来选择时基或判断显示波形的频率。根据信号频率确定时基设定值见表6-9。

时基/频率表的使用方法：可以通过显示屏显示波形的循环次数的方法用汽车示波器判定信号频率。表6-9内左侧第一列为确定的频率数，其他列为当前时基数。

表6-9 时基频率转换表

确定的频率数/Hz	示波器显示的波形循环次数				
	1	2	3	4	5
10	10 ms	10 ms	50 ms	50 ms	50 ms
20	5 ms	10 ms	20 ms	20 ms	50 ms
30	5 ms	5 ms	10 ms	20 ms	20 ms
40	5 ms	5 ms	10 ms	10 ms	20 ms
50	2 ms	5 ms	10 ms	10 ms	10 ms
60	2 ms	5 ms	5 ms	10 ms	10 ms
70	2 ms	5 ms	5 ms	5 ms	10 ms
80	2 ms	5 ms	5 ms	5 ms	10 ms
90	2 ms	5 ms	5 ms	5 ms	5 ms
100	1 ms	2 ms	5 ms	5 ms	5 ms
200	500 μs	1 ms	2 ms	2 ms	5 ms
300	500 μs	1 ms	1 ms	2 ms	2 ms
400	500 μs	500 μs	1 ms	1 ms	2 ms
500	200 μs	500 μs	1 ms	1 ms	1 ms
600	200 μs	500 μs	500 μs	1 ms	1 ms
700	200 μs	500 μs	500 μs	1 ms	1 ms
800	200 μs	500 μs	500 μs	500 μs	1 ms
900	200 μs	500 μs	500 μs	500 μs	1 ms
1 000	100 μs	200 μs	500 μs	500 μs	500 μs
2 000	50 μs	100 μs	200 μs	200 μs	500 μs
3 000	50 μs	100 μs	200 μs	200 μs	200 μs
4 000	50 μs	50 μs	200 μs	100 μs	200 μs
5 000	20 μs	50 μs	100 μs	100 μs	100 μs

3. 示波器的设置方法

用示波器测试一个未知的信号时，如何设置示波器是一件相当复杂的事。本部分说明用汽车示波器捕捉波形时，设置示波器的基本方法，有助于理解并掌握示波器设置的要领。

1）设置项目

为了显示一个波形，有必要对示波器作如下设定：

（1）电压比例；

（2）时基；

（3）触发电平（也可以将触发模式置于"自动"挡）；

（4）耦合方式（AC 交流、DC 直流或 GND 接地）。

① 直流（DC）耦合方式：可以测量交流和直流电压信号。

② 交流（AC）耦合方式：此方式能过滤信号中的直流部分，只显示交流分量，常用于两线磁电式传感器信号的波形观察，以及信号中的噪声和发电机漪涟电压等情况。

③ 接地 GND 方式：此方式用于判定接地位置或 0 V 电压水平或显示示波器 0 V 电压参考点。

2）设置要领

① 当用自动设置功能（Auto Range）能够看清楚显示的波形时，可以手动设置（Manual）来进一步微调。

② 如果显示屏上仍不能看到清晰的波形，可以根据推断，假设电压比例和触发电平，暂且先不设定时基。

③ 用数字万用表测量信号电压，并根据测出的电压来设置电压挡比例。

④ 将触发电平设定在信号电压的一半以上，在设定电压比例和触发电平后，唯一未设定的就是时基了。

⑤ 这时手动设定时基，大多数信号应在 1 ms～1 s 之间。

⑥ 时基/频率表可以用来帮助选择时基，可以首先用汽车示波器上的游动光标测量信号频率，然后确定所希望的显示波形的循环次数（个数），最后从表 6-9 中找到信号频率与循环次数（个数）的交点，这就是要确定时基数。

3）无法捕捉波形的应对策略

① 检查触发模式是否在"自动"（Auto）模式下。如果在"自动"模式下汽车示波器有可能不触发。

② 检查汽车示波器的屏幕显示是否在冻结（Hold）状态。若屏幕已被冻结，就按一下解除键。

③ 确认信号是否真的存在。可以用万用表先检查电压，如果确信信号是存在的，但用汽车示波器和万用表不能够捕捉到，就检查测试导线和接线柱的连接情况。

④ 检查耦合方式是否在"接地"（GND）模式。若在"接地"模式，任何信号都无法进入。

⑤ 检查触发源是否定义在所选择的通道上。

项目六 电控发动机的故障诊断

任务训练 传感器的波形读取与故障分析

1. 波形分析的方法

1）对比分析法

将示波器拾取的传感器信号与该传感器的标准信号作对比，即可判断该传感器的信号是否有异常。发现异常后，可用万用表、诊断仪等诊断工具对该传感器作进一步检测，或者直接用换件法更换该传感器，然后再用示波器检查该传感器输出信号是否恢复正常。在实际维修工作中若没有传感器输出信号的标准波形，可以与相同车辆的传感器输出信号作对比。

例如，氧化锆氧传感器输出高电位，则表明混合气过浓；输出低电位，则表明混合气过稀，正常输出电位应该在 0.2～0.8 V 之间变化，图 6-20 所示为氧传感器的标准波形和异常波形，通过对比即可发现问题。

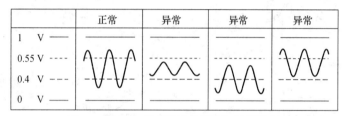

图 6-20 氧传感器的标准波形与异常波形

2）动态观察法

动态观察法一般是首先让发动机怠速运转，同时观察某些电控部件的电子信号波形，必要时可以记录或打印出来；然后将发动机缓慢加速或急加速，这时观察该电子信号的变化是否正常。

图 6-21 所示为热线式空气流量计的怠速、缓加速、急加速工况下的正常波形信号。若传感器的波形信号不正常，可用万用表或诊断仪作进一步的检查，必要时也可用换件法更换该传感器，然后再用示波器检查该传感器在怠速、缓加速与急加速工况下的输出信号是否恢复正常。

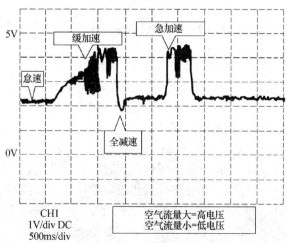

图 6-21 热线式空气流量计在加速时的正常波形

253

2. 波形拾取与故障分析

1）模拟式进气压力传感器波形的读取与分析

① 波形读取。模拟式进气压力传感器连接器为三线端子，它们是 5 V 参考电压线、正负极线和信号输出线。读取波形时，将示波器检测线探针接到压力传感器的信号输出线，示波器的接地线接到压力传感器的接地线。

② 波形分析。发动机加速时，进气压力传感器信号电压将增大；发动机减速时，其信号电压将降低；全减速时，近似为 0 V。高电位表示高的进气歧管压力（低真空），这时发动机负荷大；低电位表示低的进气歧管压力（高真空），这时发动机负荷小。当节气门打开时，进气歧管压力升高，信号电压从怠速时 1～1.5 V 变化到节气门全开时的 4.5 V。模拟式进气压力传感器的正常波形如图 6-22 所示，若检测的波形不对，则考虑更换该传感器。

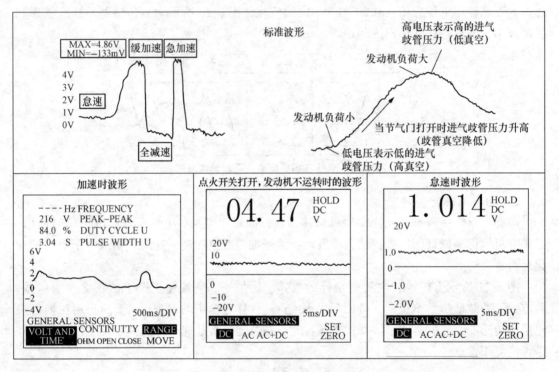

图 6-22　MAP 传感器实测波形

2）电磁感应式凸轮轴位置传感器的波形读取与分析

① 波形读取。电磁感应式凸轮轴位置传感器的连接器为三线端子，它们是两个输出信号线和一根接地屏蔽线。读取波形时，将示波器检测线探针接到传感器的信号输出线，示波器的接地线接到传感器的接地屏蔽线。

② 波形分析。根据电磁感应原理，当触发轮的齿头接近传感器的磁头时，传感器输出正电压信号；当触发轮的齿头离开传感器的磁头时，传感器输出负电压信号，整个波形类似三角波信号波形。电磁感应式凸轮轴位置传感器输出的正常波形如图 6-23 所示。

传感器输出的信号电压和频率随车速的变化而改变，波形的上下波动应在 0 V 上下对称；峰值电压应相差不大，若某一个峰值电压低于其他峰值电压，则应检查触发轮是否缺

项目六 电控发动机的故障诊断

角或偏心；最小峰值电压也应相差不大，若某一峰值电压高于其他峰值，则应检查触发轮是否有缺角或偏心。

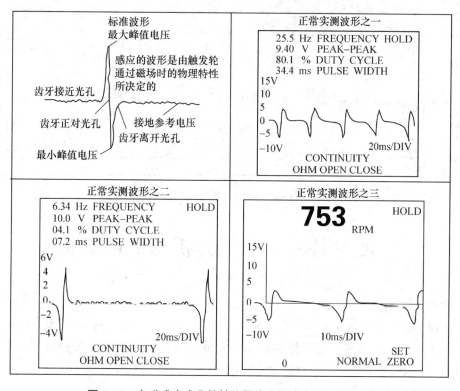

图 6-23 电磁感应式凸轮轴位置传感器输出的正常波形

3）霍尔式凸轮轴位置传感器标准波形特点

① 波形拾取。霍尔式凸轮轴位置传感器的接线端子有三个：一个电源正极、一个电源负极、一个信号输出线。读取波形时，将示波器检测线探针接到传感器的信号输出线；示波器的接地线接到传感器的接地线。

② 波形分析。霍尔式凸轮轴位置传感器的标准波形如图 6-24 所示。波形的下线几乎到 0 V，若离 0 V 电压太高，说明电阻太大或接触不良；水平上线和峰值电压应为参考电压；电压转变应垂直下降，输出的电压幅值不变，频率随车速的变化而变化。

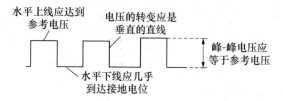

图 6-24 霍尔式凸轮轴位置传感器标准波形

4）爆燃传感器标准波形特点

① 波形拾取。爆燃传感器的接线端子有两个，两个都是信号输出线。读取波形时，将示波器检测线探针接到传感器的信号输出线，示波器的接地线接到 ECU 的接地线。

② 波形分析。爆燃传感器的波形与爆燃程度有关，震动越大，电压峰值越大。当波

形达到一定高的频率时,会发生爆燃并产生敲缸。爆燃传感器的量程为 5～15 kHz。图 6-25 为爆燃传感器标准波形。

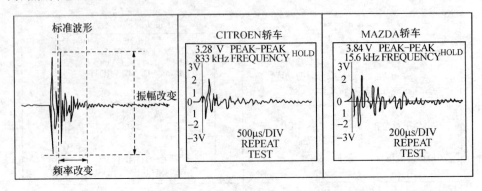

图 6-25　爆燃传感器标准波形

拓展知识——废气分析与故障诊断

1. 废气分析原理

要了解一台发动机运转时的燃烧状况,可用废气分析设备进行分析,主要目的是可协助维修技术人员快速地判断故障原因。无三元催化转化器发动机主要分析值有 CO/HC/CO_2/O_2,有三元催化转化器发动机主要分析值有 CO_2/O_2/空燃比 λ 值。

1) 汽车正常排放值

汽车正常运行时,发动机尾气排放物中一氧化碳(CO)、二氧化碳(CO_2)、氧气(O_2)和碳氢化合物(HC)的体积含量总和应为 15%～16%。

发动机怠速工况和转速在 2 000 r/min 时尾气排放的体积含量正常值应见表 6-10。

表 6-10　发动机怠速工况和转速在 2 000 r/min 时尾气排放物体积含量正常值

排放物	排放物体积含量	
	催化转化器前	催化转化器后
CO	0.8%～1.5%	<0.1%
CO_2	13%～16%	13%～16%
O_2	1%～2%	1%～2%
HC	$<300 \times 10^{-6}$	$<50 \times 10^{-6}$

2) 汽车排放物的生成原因

① CO 的生成原因及影响因素。汽车尾气中的 CO 主要来自可燃混合气不完全燃烧。CO 的含量过高,表明燃烧系统有故障,如混合气不洁净、活塞环胶结、燃油供应过多、空气量少、点火提前角过大、燃油压力过高或电控系统故障等。

② CO_2 的生成原因及影响因素。CO_2 能够反映出燃烧的效率。当混合气充分燃烧时,尾气中 CO_2 的含量达到峰值,无论是否装有催化转化器,峰值为 13%～16%。当发动机混合气出现过浓或过稀时,CO_2 的含量都将降低。

③ O_2 的生成原因及影响因素。汽车尾气中的 O_2 含量是反映混合气空燃比的最好指标。燃烧正常时，O_2 的含量应为 1%～2%。当混合气偏浓时，O_2 的含量降低；当混合气偏稀时，O_2 的含量升高；当混合气浓度偏向失火点时，O_2 的含量上升很快。

④ HC 的生成原因及影响因素。HC 来自未完全燃烧的汽油和供油系统中汽油的蒸发和滴漏。HC 的含量高，说明汽油没有充分燃烧。其原因主要有汽缸压力不足、发动机温度过低、混合气过浓或过稀、点火正时不准确、点火系统间歇性不跳火、温度传感器不良、喷油器漏油或堵塞和燃油压力过高或过低等。

⑤ NO_x 的生成及影响因素。NO_x 是 N_2 和 O_2 在发动机高温、高压下的燃烧产物。燃烧温度越高，燃烧越充分，形成的 NO_x 也就越多。

2. 利用尾气排放值进行故障分析

利用汽车尾气排放数值，可以有效了解发动机的燃烧过程，对发动机工作情况能作出准确判断。通常可以采用简易工况法对汽车尾气进行检测，这需要使用一个整套的检测设备，它包括一台底盘测功机（用于按规定对汽车加载）和一台发动机尾气分析仪。根据采用的尾气分析仪不同，可以分为四气体分析法和五气体分析法。

1）四气体分析法

利用四气体分析仪所检测得到的排放含量数值，可以综合分析发动机故障，见表 6-11。

表 6-11　四气体排放状况与发动机故障综合分析

CO	CO_2	O_2	HC	可能的原因
低	低	低	很高	间歇性失火、汽缸压力不正常
很高	低	低	很高/高	混合气浓
很低	低	很高/高	很高/高	混合气稀
高	正常	正常	低	点火太迟
低	正常	正常	高	点火太早
变化	低	正常	变化	EGR 阀泄漏
很低	很低	很高	很低	空气喷射系统故障
低	低	高	低	排气系统漏气

2）五气体分析法

在断开空气喷射系统的条件下，利用五气体尾气分析仪所检测得的排放物含量数值，也可以综合分析发动机故障，见表 6-12。

表 6-12　五气体排放状况与发动机故障综合分析

CO	CO_2	O_2	HC	NO_x	可能的原因
很高	很低	很低	很高	很低	节温器或冷却液温度传感器有故障（发动机在冷态运转）
很低	很高	很低	很低	很低	节温器或冷却液温度传感器有故障（发动机在冷态运转）
很低	很低	很高	很低	很低	催化转化器后漏气
很低	很高	很低	很低	中	喷油器有故障；催化转化器工作有效
很高	很高	很低	很高	很高	喷油器有故障；催化转化器未工作；真空泄漏；混合气浓

续表

CO	CO₂	O₂	HC	NOₓ	可能的原因
很高	很低	很低	低	很低	混合气浓；喷油器泄漏；化油器调整不当；功率阀泄漏；油面过高（油压高）；空气滤清器过脏；燃烧蒸发排放控制系统有故障；PCV阀系统有故障；电控系统有故障；曲轴箱被未燃汽油污染
高	很低	很低	低	很高	同上原因，且催化转化器未工作
很高	很低	很高	很高	很低	混合气浓且点火系统失火
很低	很低	很高	高	很高	混合气稀；点火失火；真空泄漏或空气流量传感器与节气门体间的管路漏气；EGR不良或真空管安装错误；化油器调整错误；喷油器不忍受；氧传感器不良；电控系统有故障；油面过低（或燃油压力低）
低	很低	很低	低	低	汽缸压力低；气门升程不足
低	很低	很低	低	很高	点火太早；高压线与地短路或开路
低	很低	很低	低	高	电控系统对真空泄漏补偿
很低	很高	很低	很低	很低	燃烧效率高且催化转化器工作有效

案例分析

【案例1】

帕萨特B5急加速无力的故障检修

1）故障现象

一辆帕萨特B5 GSi轿车，累计行程已超10×10^4 km。该车在缓加速时发动机工作尚可，但在急加速时发动机加速无力、抖动并回火"放炮"。

2）故障诊断与排除

首先用VAG1552故障检测仪读取故障码，无故障码显示。观察数据流，除喷油时间偏长（5.5 ms）外，其余也正常。

由于无故障码，数据流也正常，所以先从非电控部分着手。先后检查了燃油管路、高压线、点火线圈、火花塞和配气机构等，并无异常。拆下喷油器，发现有积炭附着在喷油器头部。将喷油器用超声波清洗机清洗过后，故障有所好转，但加速时还有回火"放炮"现象。这时再查数据流，发现喷油时间短了一些，约4.8 ms，但与标准值相比还偏长。

从喷油时间来分析，影响因素很多，如发动机负荷、冷却液温度、空气流量、进气温度及氧传感器反馈的信号等都能直接影响喷油时间。于是先后测量了冷却液温度传感器和进气温度传感器的电阻值，均正常。由于急速状态下没有开空调，没有转动转向盘，全车用电器均处于关闭状态，所以不存在负荷增大的问题。氧传感器反馈给ECU的氧含量信号采样率为8次/10s，也正常。那会不会是空气流量传感器的问题呢？于是更换了空气流量传感器，试车，故障排除。

3）故障分析

这是一起典型的空气流量传感器在检测空气流量过程中信号失准的故障。由于ECU得到的空气流量信号数据与发动机在当时工作状态下的标准信号数据不一致，而这一变化后的数据又没有超出ECU内存中的数据，所以无故障码。同时由于ECU检测不到该空气流量传感器有故障，所以仍根据空气流量传感器所给出的错误信号来确定喷油持续时间，这必然会造成喷油持续时间不正常。不过，由于氧传感器的反馈信号修正了喷油器喷油持续时间，所以发动机在转速变化的速率不大时，故障现象不明显，因为它会在平均每10 s时间内反馈给ECU 8~10次氧含量信号，使得发动机在这一情况下还可以勉强工作；但当转速变化的速率加大时，由于氧传感器给ECU的氧含量信号采样率远远没有发动机转速的变化来得快，这时也就修正不了喷油持续时间，所以造成在发动机急加速时回火"放炮"。

【案例2】

发动机怠速不稳，松开加速踏板有时熄灭

1）故障现象

一辆行驶了12 000 km的2012款舒适型宝来轿车，其发动机怠速时工作不稳定，行车中松开加速踏板时发动机有时会熄火。

2）故障诊断与排除

用VAG1552故障检测仪读取故障码，未读得故障码。读取数据流，发现除宽带氧传感器的λ值在0.7~0.9之间波动外，其他参数（空气流量、喷油器控制信号宽度、节气门开度、点火提前角）值都正常。氧传感器的λ值表明，发动机始终在混合气过浓的状态下运行。采用尾气分析仪检测尾气成分，发现HC的体积分子数超过$10\,000\times 10^{-6}$，CO的体积分子数为4.6%，证实混合气确实过浓。

根据这种情况，首先检查了燃油压力，发现燃油压力值正常，为300 kPa；然后用示波器检查各缸喷油器的控制信号，发现第4缸喷油器的控制信号波形如图6-26所示（正常喷油脉宽信号如图6-27所示），可知其喷油脉宽信号高于正常值达到10 ms，且喷油器停止喷油时没有由喷油器线圈磁场的衰减而产生的峰值电压。随后检测确认第4缸喷油器、电源电路和控制电路无故障，此时，判断发动机控制模块有故障。于是拆检控制模块，发现其电路板上有许多水珠，进行吹风干燥处理后，故障现象消失。

3）故障分析

一汽大众的迈腾、宝来和奥迪等车型上应用了宽带氧传感器技术，这种传感器被应用在三元催化转换器的上游。当车辆处于巡航状态时，λ值将保持在1附近的稳定状态；当混合气处于加浓状态时，λ值将小于并向下移动；当混合气减稀时，λ将向上移动。对车辆读取数据流发现λ值偏低，然后用尾气分析法发现混合气确实偏稀，排除了氧传感器故障可能。进而检查喷油信号，发现喷油脉冲信号不正常，这时一定要将喷油器和其控制电路故障排除，最后检修电子控制模块。这一故障检修过程给我们的提示是：发现电子元器件的信号异常时，首次要排除电子元器件及其控制电路，最后检查电子控制单元。

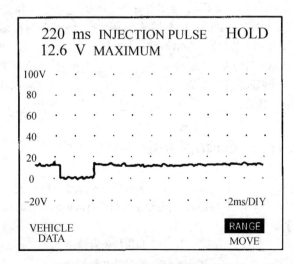

图6-26　第4缸喷油器控制信号波形

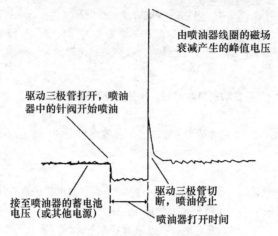

图 6-27 正常喷油器控制信号波形

习 题

一、填空题

1. 电控发动机发生故障时诊断应按照_____、先一般后专项、先易后难的原则进行处理。

2. 直观诊断方法,也称经验诊断或人工诊断,就是通过人的_____或借助简单的工具来确定汽车故障的部位和原因的诊断方法。

3. 电控发动机故障诊断的基本流程中第一步要做的是_____。

4. 电控发动机在运行过程中,当传感器及其电路出现故障后,电控制系统将采用_____,保证发动机的基本运转,使汽车可以开回家或开到附近的修理厂。

5. OBD-Ⅱ是第二代随车诊断系统,OBD 的英文全称是_____即随车诊断系统。

6. 装有 OBD-Ⅱ诊断系统的车辆采用统一的 16 端子诊断座,其中第 4 端子的作用是_____;第 16 端子的作用是_____。

7. 人工法读取故障码,一般是通过_____的闪烁来显示故障码的。

8. 根据数据在诊断仪上显示的方式不同,数据参数可以分为_____和_____。

9. 电路在线测量方式是通过对控制模块电路的在线检测将控制模块各输入、输出的电信号直接传送给电路分析仪的测量方式。电路分析仪器一般有两种:一种是_____,另一种_____。

10. 利用数据流进行故障分析的方法主要有_____、_____和关联分析法。

11. 汽车电子信号的五个判断依据是幅值、_____、_____、形状和阵列。

12. 波形分析最常用的方法有_____和_____。

二、选择题

1. 将点火开关置于 ON 位置,发动机故障警告灯点亮表明( )。
   A. 发动机无故障   B. 发动机有故障
   C. 警告灯通过自检   D. 警告灯没有通过自检

2. 电控发动机在冷机状态下有明显故障,但电控系统却没有故障码,这时采用哪种故障诊断的基本方法效果比较好?( )
   A. 直观诊断   B. 利用故障自诊断
   C. 利用汽车诊断仪   D. 故障征兆模拟法

3. 下面哪个功能不是发动机电控系统故障自诊断系统的主要功能( )。
   A. 存储故障码   B. 停用辅助电器设备

项目六 电控发动机的故障诊断

  C. 点亮故障警告灯   D. 采取故障运行模式

 4. 哪种故障自诊断方法最适用于发动机控制单元判断水温传感器信号是否异常？（ ）
  A. 值域判断法   B. 时域判断法
  C. 逻辑判断法   D. 功能判断法

 5. OBD-II 系统一般将故障码分为几种类型？（ ）
  A. 三种   B. 四种   C. 五种   D. 六种

 6. 行驶过程（或循环）不只是一次点火循环，而是一次暖机循环，即启动发动机，行驶车辆让冷却液温度至少升高（ ）。
  A. 62℃   B. 72℃   C. 82℃   D. 92℃

 7. 下面哪种品牌的诊断仪是专用型诊断仪（ ）。
  A. 金奔腾   B. 金德   C. VAG1551   D. Scanner

 8. 利用汽车诊断仪调取了电控发动机的故障码后，关于故障码的含义说法正确的是（ ）。
  A. 诊断仪可显示故障码的含义   B. 诊断仪不能显示故障码的含义
  C. 诊断仪可以显示部分故障码的含义   D. 查阅维修手册才能搞清故障码的含义

 9. 宝来轿车数据流 001 组显示的数据有发动机转速、发动机负荷、节气门开度和（ ）。
  A. 喷油时间   B. 吸入的空气量   C. 进气温度   D. 点火提前角

 10. 汽车尾气五气体分析与四气体分析相比多出的那种气体是（ ）。
  A. CO_2 B. O_2 C. NO_x D. HC

 11. 霍尔式凸轮轴位置传感器的输出信号波形为（ ）。
  A. 正弦波   B. 方波   C. 三角波   D. 一条直线

 12. 汽车万用表不具备的功能是（ ）。
  A. 测量压力   B. 测量温度   C. 测量转速   D. 测量点信号频率

三、判断题

 1. 在电控发动机出现故障时，应先对电子控制系统以外的可能故障部位予以检查，尤其先要排除发动机机械故障、进排气故障、燃油系统的故障，然后再对发电机电控系统进行诊断。（ ）

 2. 电控发动机一般都有故障自诊断系统，该系统监测到的所有故障都会通过发动机故障警告灯报警，与此同时以代码的方式存储该故障的信息。（ ）

 3. 电控发动机的基本检查是通过人工经验诊断法，即采用"望、闻、问、听、摸"的方法完成检查。（ ）

 4. 电控发动机故障自诊断采用的时域判定法是指 ECU 通过检测电控系统传感器的输入信号或者输出的执行器控制信号是否超出规定的范围，以此来判断该输入信号或输出信号是否有故障。（ ）

 5. OBD-II 随车诊断系统不仅要测试传感器而且要测试所有的排放控制装置，并要查证排放装置是否正常工作，主要目的是加强对汽车行驶过程中排放污染的监控。（ ）

 6. 捷达和桑塔纳轿车可以采用断电源的方法清除发动机故障码，即断开通往发动机电控系统的电源线或熔丝 10 s 以上，就可以清除 ECU 存储的故障码。（ ）

 7. 汽车数据流是 ECU 与传感器和执行器交流的数据参数，通过诊断接口可由诊断仪调取出来。（ ）

 8. 当冷却液温度传感器有故障时，ECU 采用的冷却液温度替代值为 25℃。（ ）

 9. 故障检修完毕后，必须清除故障码，防止对下次的故障诊断造成误判。（ ）

 10. 汽车 ECU 中具有数据流记忆功能，这些记录下来的数据能真实反映传感器和执行器的工作电压和状态，有助于维修人员随时了解汽车的工作状态。（ ）

 11. 基本设定是通过数据通道将一些数据写入到控制器中，将数据调整到生产厂家指定的基本值，或将某些元器件参数写入控制单元。（ ）

 12. 电控单元具有学习功能，能够检测到元件参数的变化，但不能适应这种变化。（ ）

13. 将示波器拾取的传感器信号与该传感器的标准信号作对比，即可判断该传感器的信号是否有异常。发现异常后，即可更换该传感器。（   ）

14. 完成基本设定和编程的前提条件之一是发动机控制单元的存储器内无故障码。（   ）

四、问答题

1. 电控发动机故障诊断的基本原则是什么？
2. 电控发动机故障诊断的基本方法有哪些？
3. 电控发动机基本检查的内容有哪些？
4. 什么是OBD-II标准？
5. 什么是汽车的自诊断？
6. 电控系统故障自诊断的功能有哪些？故障自诊断的方法又有哪些？
7. 如何读取和清除发动机电控系统的故障码？
8. 举例说明利用数据流完成故障分析的方法。
9. 简述利用金奔腾诊断仪读取宝来轿车数据流的步骤。
10. 简述大众轿车进行基本设定的条件和操作步骤。
11. 汽车电子信号有哪些类型？判定汽车电子信号的依据是什么？
12. 霍尔传感器的波形有何特点？如何通过此波形计算出发动机的转速？
13. 如何读取和分析模拟式进气压力传感器的输出信号波形？
14. 发动机各种废气排放物生成的原因是什么？

参考文献

1. 李勇勤. 电控柴油机维修及典型故障解析［M］. 北京：化学工业出版社，2012.
2. 许炳照. 柴油机电控系统检修［M］. 北京：国防科技大学出版社，2013.
3. 王尚勇. 现代柴油机电控喷油技术［M］. 北京：机械工业出版社，2013.
4. 孙凤英. 宝来轿车维修手册［M］. 北京：机械工业出版社，2005.
5. ［美］Elisabeth H. Dorriest. 汽车发动机电子控制技术［M］. 付百学，等译. 北京：北京理工大学出版社，2010.
6. 王盛良. 汽车发动机电控技术与检修［M］. 北京：机械工业出版社，2013.
7. 刘威. 汽车发动机电子控制系统检修［M］. 北京：机械工业出版社，2013.
8. 曹红兵. 汽车发动机电控技术原理与维修［M］. 北京：机械工业出版社，2008.
9. 朱良. 汽车发动机电控系统检修［M］. 北京：人民邮电出版社，2013.
10. 石义贤，杨维俊. 电控发动机结构原理及典型故障案例［M］. 北京：机械工业出版社，2010.
11. 李春明. 汽车发动机燃油喷射技术［M］. 第4版. 北京：北京理工大学出版社，2013.
12. 嵇伟. 汽车电喷发动机常见故障诊断与分析［M］. 北京：机械工业出版社，2008.
13. 祁先来，刘新平. 汽车发动电控系统检测技能实训［M］. 北京：人民邮电出版社，2008.
14. 刘言强. 汽车电控发动机维修技能实训教程［M］. 北京：国防工业出版社，2006.
15. 张葵葵. 电控发动机原理与检测技术［M］. 北京：机械工业出版社，2007.
16. 栾琪文. 汽车电控柴油机结构原理与维修［M］. 北京：机械工业出版社，2006.
17. 郭彬. 数据流分析及在汽车故障检测诊断中的应用［M］. 南京：江苏科学技术出版社，2008.
18. 嵇伟，那日松. 轿车电喷发动机故障诊断与分析［M］. 北京：机械工业出版社，2008.
19. 贺建波，贺展开. 汽车传感器的检测［M］. 北京：机械工业出版社，2005.
20. 冯崇毅，鲁植雄，何丹娅. 汽车电子控制技术［M］. 北京：人民交通出版社，2005.
21. 黄凌. 轿车电控发动机维修技能实训［M］. 北京：北京理工大学出版社，2005.
22. 曹振峰. 怎样维修电控发动机［M］. 北京：机械工业出版社，2006.
23. 王尚勇. 现代柴油机电控喷油技术［M］. 北京：机械工业出版社，2013.
24. 贺展开. 汽车维修工实训教程（上）［M］. 北京：机械工业出版社，2005.